Programación y motores de videojuegos

Francisco Javier Cortés Campo

Marcombo

Programación y motores de videojuegos

Primera edición, 2025

© 2025 Francisco Javier Cortés Campo

© 2025 MARCOMBO, S. L. www.marcombo.com

Gran Via de les Corts Catalanes 594, 08007 Barcelona

Contacto: info@marcombo.com

Diseño de la cubierta: cuantofalta.es

Maquetación: Reverté-Aguilar, S.L.

Corrección: Nuria Barroso

Directora de producción: M.ª Rosa Castillo

ISBN: 978-84-267-3972-8

D.L.: B 4248-2025

Impreso en Servicepoint

Printed in Spain

Libro ecológico
Impreso con papel procedente de bosques gestionados de manera eficiente, libre de cloro.

Presentación

La industria de los videojuegos está moviendo en España alrededor de 2500 millones de euros, según la Asociación Española de Videojuegos (AEVI). Es un sector estratégico para España, ya que nuestro país es el tercer mercado en este sector dentro de la Unión Europea y es la segunda industria cultural de España, solo por detrás de la editorial y el principal motor del ocio y entretenimiento global, con cifras de negocio muy superiores a otras tradicionales, como la cinematográfica o la musical.

Es por esto que desde la educación pública se facilita la formación del alumnado en esta importante industria, a través del curso de especialización en **Desarrollo de videojuegos y realidad virtual**. Este libro desarrolla los contenidos del módulo **Programación y motores de videojuegos** recogidos en el Real Decreto 261/2021, de 13 de abril. Los contenidos están divididos en ocho capítulos que abarcan desde la historia de los videojuegos hasta la realización de un ejemplo práctico de videojuego, pasando por la programación orientada a objetos en C#.

El primer capítulo muestra el origen y la evolución de los videojuegos hasta el desarrollo millonario de la industria del ocio audiovisual.

En el segundo capítulo se explican los conceptos fundamentales de programación orientada a objetos paso a paso, con múltiples ejemplos en el lenguaje C#, que será utilizado posteriormente en el motor de desarrollo de videojuegos UNITY.

El tercer capítulo se centra en los patrones de diseño, ya que son una pieza fundamental en el desarrollo de los videojuegos. Dada la gran cantidad de patrones existentes y los que siguen apareciendo, en este libro vemos ejemplos de los tres tipos principales.

A partir del capítulo cuatro comenzamos el desarrollo de un tutorial que UNITY pone a disposición de todo aquel que quiera iniciarse en este maravilloso mundo del diseño de videojuegos. El primer paso es la descarga, instalación y configuración del motor de desarrollo de videojuegos UNITY. Desde este capítulo y hasta la finalización del libro, en cada capítulo se muestra una parte teórica y otra parte práctica en la que se va avanzando en la creación de un videojuego completo, denominado Tanks. Todos los pasos del tutorial son descritos con multitud de imágenes en las que se indica el paso a realizar.

El capítulo cinco está dedicado íntegramente a conocer la interfaz gráfica de UNITY, lo que nos permite seguir desarrollando contenidos como las escenas de un videojuego, la configuración de cámaras, la estructura de un proyecto, etc.

El capítulo seis nos permite desarrollar el concepto de objeto del videojuego y sus componentes, y muestra cómo realizar scripts para trabajar con las funciones de eventos durante el juego.

El capítulo siete se centra en la caracterización de los elementos de físicas y colisiones de videojuegos. Vemos las funciones que nos permitirán crear el comportamiento físico de los objetos, rotar y cambiar de posición dichos objetos.

Finalmente, en el último capítulo se desarrollará la mecánica del videojuego Tanks y, para ello, se verá el concepto de *corrutina*, muy importante para el desarrollo de la lógica de un videojuego. El último paso, una vez vistos todos los contenidos de este libro, será la creación de los ejecutables del videojuego Tanks, para PC y para Android.

Todos los capítulos están repletos de imágenes que ilustran paso a paso las acciones a realizar y su seguimiento puede ser visto como una actividad a desarrollar durante el curso, la cual lleva a la creación de un videojuego totalmente operativo.

Al final de cada capítulo se presenta un cuestionario tipo test y se proponen una serie de actividades, aunque a partir del capítulo cuatro se puede considerar que el seguimiento de las explicaciones, para el desarrollo del videojuego completo Tanks, es la mejor actividad a realizar para comprender los contenidos teóricos expuestos en cada capítulo.

A mi compañera de vida

Índice

RESULTADOS DE APRENDIZAJE

RA 1	Identifica los principales referentes de la historia y la cultura del videojuego valorando su incidencia en la sociedad actual.
RA 2	Aplica los conceptos fundamentales de programación orientada a objetos, teniendo en cuenta el lenguaje de programación utilizado en el motor de videojuegos.
RA 3	Configura entornos de desarrollo, herramientas y motores de desarrollo de videojuegos, aplicando las técnicas necesarias y teniendo en cuenta los avances tecnológicos en el sector.
RA 4	Establece la arquitectura interna de videojuegos determinando la programación de scripts del motor de desarrollo.
RA 5	Crea efectos de aceleración, colisiones, gravedad y otras fuerzas inherentes a los objetos del juego, controlando fundamentos del sistema de física relacionado con los videojuegos.
RA 6	Define el interfaz de usuario del videojuego teniendo en cuenta su rapidez y la facilidad de utilización.

Origen y evolución de los videojuegos

En esta unidad va a estudiar:

- Los pioneros en la creación de videojuegos
- Hitos en la historia del videojuego
- Evolución de las videoconsolas
- El mercado español de los videojuegos
- La industria del videojuego

Con su estudio, va a ser capaz de:

- Comprender la evolución de los videojuegos.
- Ver la evolución de las videoconsolas.
- Reconocer las ventajas de una industria multimillonaria.

1.1 Los pioneros en la creación de videojuegos

Podemos decir que la historia de los videojuegos tiene su inicio en el año 1952, cuando el profesor británico Alexander S. Douglas creó el primer juego de ordenador denominado *OXO*, también conocido como *Ceros y Cruces*. Era una versión del tres en raya para la computadora EDSAC de la Universidad de Cambridge y utilizaba un marcador de teléfono giratorio para el control del juego.

En 1962, **Steve Russell**, en el MIT (Massachusetts Institute of Technology) inventó el **Spacewar!** , un videojuego de combate espacial para el PDP-1 (Procesador de Datos Programado-1), que después sería la base de un ordenador de vanguardia que se encontraba principalmente en las universidades.

Spacewar! fue el primer videojuego que se podía jugar en múltiples puestos informáticos. Es considerado el primer videojuego de ordenador. Pero los ordenadores para jugar eran tan caros que no se pudo llegar a producir.

Figura 1.1 Steve Russell en 2011.

Figura 1.2 ¡Spacewar! en un PDP-1 del Museo Histórico de Ordenadores.

Después de este primer hito de la historia de los videojuegos, en el año 1967, se creó un prototipo de sistema multijugador de videojuegos que se podía jugar en un televisor. Era conocido como **"La caja marrón"**. Fue inventada por los desarrolladores de Sanders Associates, liderados por Ralph Baer.

Figura 1.3 Ralph Baer y la "caja marrón".

Baer, conocido como el padre de los videojuegos, otorgó su creación a Magnavox, naciendo así la **primera consola doméstica de videojuegos, en 1972**. Magnavox creó **Odyssey**, una consola doméstica que se conectaba al televisor y venía con doce juegos, entre los cuales estaba **Ping Pong**.

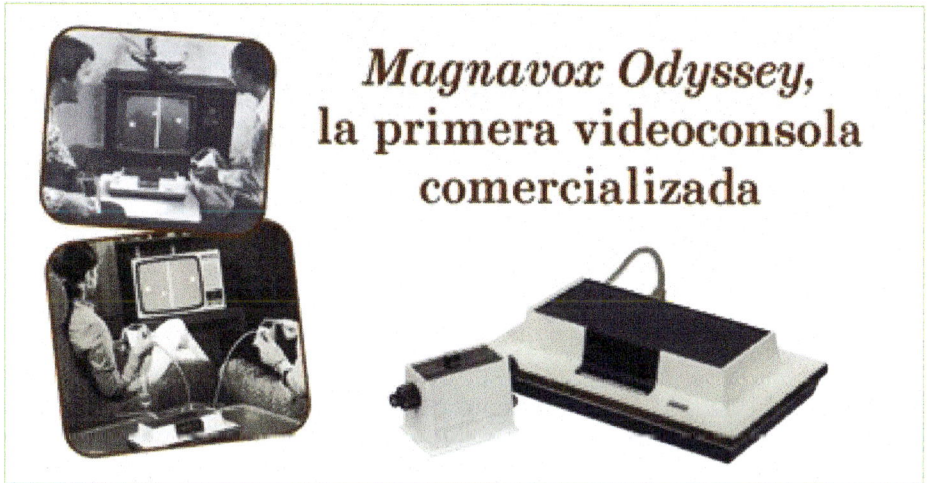

Figura 1.4 Videoconsola Magnavox Odyssey.

El videojuego Pong se considera como unos de los primeros videojuegos de la historia. Desarrollado por Atari en 1975, el juego iba incluido en la consola Atari Pong. Se calcula que se vendieron unas 50 000 unidades.

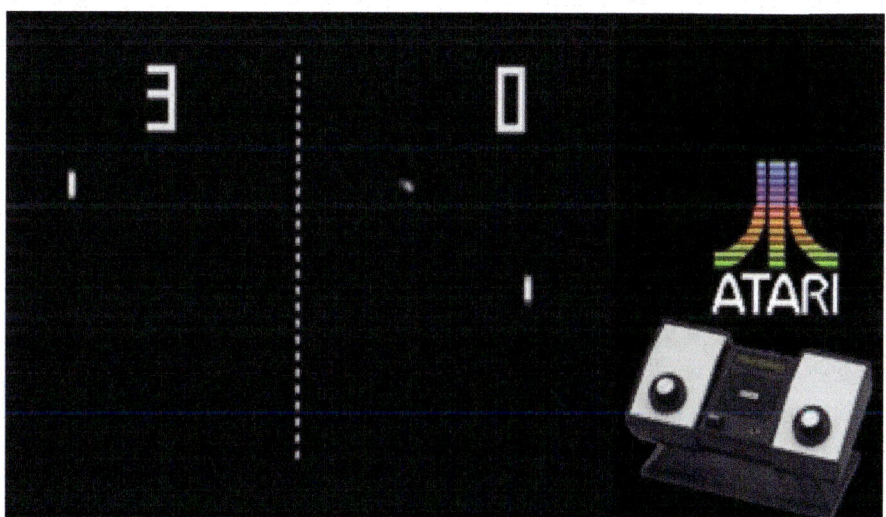

Figura 1.5 Videojuego Pong para Atari.

Dos años después, en 1977, Atari lanzó el Atari 2600, también conocido como **Video Computer System**, una consola doméstica que daba inicio a la **segunda generación de consolas de videojuegos**. La primera multijugador, con joysticks, juegos en color, y la posibilidad de guardar las partidas en los cartuchos.

Figura 1.6 Videoconsola 2600 de Atari.

Figura 1.7 Máquina arcade con el videojuego Space Invaders.

El lanzamiento del juego de arcade **Space Invaders**, de Taito, tuvo lugar en 1978. Primero se lanzó en Japón para máquinas recreativas y tuvo tanto éxito que en el país hubo una escasez de monedas de 100 yenes.

En 1979, cuatro exempleados de Atari fundan **Activision**, el primer desarrollador de juegos de terceros (que desarrolla software sin hacer consolas). Atari presenta **Asteroids**, que será el juego más vendido de la empresa.

En 1984, un matemático ruso programa **Tetris** para PC. Pero para que se pueda publicar tiene que ceder los derechos al Gobierno soviético. En 1988, Nintendo compra esos derechos y lo lanza para su consola Game Boy: vende treinta y cinco millones de copias.

1.2 Hitos en la historia del videojuego

La **evolución** de la industria de los videojuegos ha estado ligada a una serie de hitos, determinados particularmente por juegos que han marcado un antes y un después, o por fenómenos sociales que han afectado de manera directa a dicha industria. Juegos como Doom, Quake, Final Fantasy, Zelda, Tekken, Gran Turismo, Metal Gear, The Sims o World of Warcraft, entre otros, han marcado tendencia y han contribuido de manera significativa al desarrollo de videojuegos en distintos géneros.

Vamos a recapitular en una cronología los hitos (algunos de los cuales ya hemos mencionado) en la historia del videojuego:

- 1962: Steve Russell inventa el videojuego **Spacewar!**

- 1978: Aparece **Space Invaders**.

- 1979: Atari presenta **Asteroids**.

- 1980: Aparece el famoso juego **Pac-Man**.

- 1981: La creación de **Donkey Kong** por Nintendo, que introdujo en este universo al personaje **Mario**.

- 1982: Lanzamiento por parte de Microsoft de su primer juego Flight Simulator.

- 1984: La **aparición del Tetris**. Otros juegos de este año: **Gauntlet** y **1942**.

- 1986: Nintendo lanza el juego de aventuras The Legend of Zelda. Otros juegos de este año: Street Fighter, Castelvania.

- 1988: Primera versión del juego de rol **Final Fantasy**.

- 1989: Se lanza **SimCity**, de momento para ordenador. SEGA lanza **Sonic el erizo**, que quiere competir con Mario.

- 1993: **Doom**, "un juego de disparos", y **Mortal Kombat**.

- 1994: Primer juego de **Warcraft**.

- 1996 - Nintendo publica para Game Boy un juego de rol llamado **Pokémon**. Sony anuncia el juego **Crash Bandicoot**. Debuta el personaje de Lara Croft en **Tomb Raider**.

- 1997: Se lanzó al mercado *Grand Theft Auto* para la PlayStation de Sony.

- 1999: Se inicia la serie *Medal of Honor* creada y producida por Steven Spielberg.

- 2001: Microsoft lanza **Halo: Combat Evolved**.

- 2003: Microsoft lanza el primer *Call of Duty*.

- 2005: Se lanza Guitar Hero.

- 2017: Epic Games lanza Fortnite.

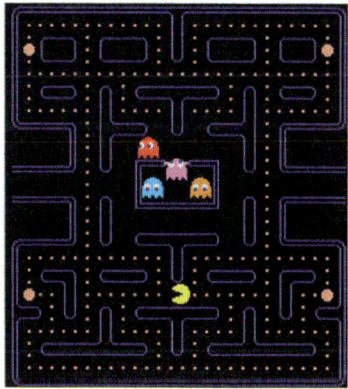

Figura 1.8 Videojuego Pac-Man.

Figura 1.9 Donkey Kong.

Figura 1.10. Fortnite.

CURIOSIDADES

La Pulga es el primer videojuego español de la historia. Fue creado y desarrollado por dos extremeños, Francisco Portalo Calero y Francisco Suárez García, Paco & Paco, en 1983.

CURIOSIDADES

Existe una película titulada Tetris que fue dirigida en 2023 por Jon S. Baird centrada en los derechos de autor por la comercialización del videojuego.

1.3 Evolución de las videoconsolas

Por otra parte, y de manera complementaria a la aparición de estas obras de arte, la propia evolución de la informática ha posibilitado la vertiginosa evolución del desarrollo de videojuegos.

- 1972: Primera consola para videojuegos. La empresa Magnavox lanza la consola **Odyssey**.

- 1977: **Atari** lanza la **consola 2600**.

- 1979: Creación de la compañía Activision. Primer desarrollador de juegos de terceros.

- 1983: Aparece el **Commodore 64**, un ordenador doméstico que permitía jugar.

- 1986: Nintendo lanza la consola **NES**, de 8 bits, empieza a distribuirse en Estados Unidos.

- 1989: La primera versión de consola portátil **Game Boy** llega al mercado.

- 1989: Sega empieza a vender la consola de 16 bits **Mega Drive** (llamada **Génesis** en Estados Unidos).

- 1991 - Nintendo lanza la **SuperNES**, de 16 bits, para hacer la competencia a la Mega Drive de Sega.

- 1994: Sony lanza en Japón la consola **Playstation**. Un año después llega al resto del mundo. Aparece a la vez que la **Sega Saturn**. En el enfrentamiento comercial, se impone Sony gracias a juegos como **Gran Turismo** y **Resident Evil**.

- 1995: Nintendo empieza a vender la consola de cartuchos **Nintendo 64**.

- 1999: **Sega** lanza su última consola, **Dreamcast**. Pero ya no puede hacer frente a la competencia de **Nintendo**.

- 1999: La compañía Epic MegaGames cambia su nombre por **Epic Games**. Unreal Engine es un motor de juego creado por la compañía Epic Games. La versión más estable es **Unreal Engine 4**, el cual fue lanzado en 2014 bajo un modelo de suscripción. Desde 2015 puede descargarse gratuitamente, con su código fuente disponible en GitHub.

- 2000: Sony actualiza su consola: **Playstation 2**, de 128 bits, con DVD.

Figura 1.11 Game Boy de Nintendo.

Figura 1.12 Play Station 2.

- 2001: **Microsoft** entra en el mercado de las consolas con la **Xbox**. Su juego estrella es **Halo: Combat Evolved**. Un año después, introduce **Xbox Live**, para jugar en línea.

Figura 1.13 Xbox.

- 2004: PSP. PlayStation Portable
- 2005: Xbox 360
- 2006: PlayStation 3, Nintendo Wii y Nintendo DS
- 2013: PlayStation 4
- 2020: PlayStation 5, Xbox Series X y Xbox Series S

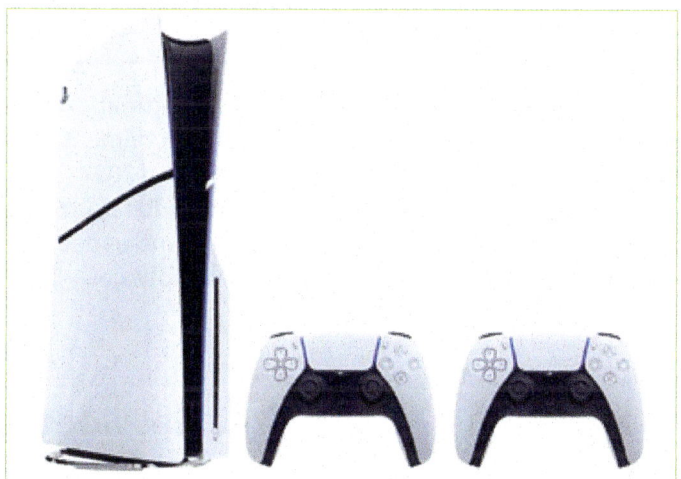

Figura 1.14 Play Station 5.

Jugar en PC era caro en la época de PS3 y Xbox 360. Aunque los ordenadores ofrecían mucho mejor rendimiento, era difícil competir con el atractivo precio de las consolas. Con PS4 y Xbox One eso cambió, ya que incluso al año de lanzarse las consolas ya se podían hacer ordenadores equivalentes en rendimiento al mismo precio. Con PS5 y Xbox Series X ambas compañías lo han subsanado parcialmente, ofreciendo un rendimiento equivalente a la gama alta actual de gráficas en lugar de optar por lanzar consolas equivalentes a gama media, como ocurrió con PS4 y Xbox One.

1.4 El mercado español de los videojuegos

Según se muestra en la página web de la Asociación Española de Videojuegos (AEVI) en su Anuario de 2023, **el sector registró una facturación de 2339 millones de euros, lo que representa un crecimiento del 16.3% respecto al año anterior.** Este aumento hace que España se sitúe como el tercer mercado de la Unión Europea, solo precedido por Alemania y Francia. Este crecimiento de la facturación se atribuye al incremento tanto de las ventas físicas como en línea, con aumentos del 24.85 y del 10.25%, respectivamente.

Figura 1.15 Asociación Española de Videojuegos.

El mercado físico experimentó un crecimiento en todas sus categorías, incluyendo ventas de software, hardware y accesorios, lo que resultó en un aumento de la facturación de casi 206 millones de euros en comparación con el año anterior. Por su lado, el **mercado en línea continuó creciendo en 2023** con un leve aumento en la facturación de aplicaciones (+0.6%) y un notable crecimiento en las plataformas en línea (+23.2%). En lo que respecta a la división por productos, durante 2023 se vendieron 6.5 millones de videojuegos, 1.1 millones de videoconsolas y 3.15 millones de accesorios.

El crecimiento en ventas se vio acompañado de un aumento en el número de usuarios, **superándose ya los veinte millones de videojugadores**, de los cuales, ya un 49% son mujeres. Los grupos de edad que han experimentado el mayor incremento en el número de videojugadores con respecto a 2022 son los comprendidos entre los **veinticinco y treinta y cuatro años y los de treinta y cinco a cuarenta y cuatro años**. Además, se refleja que los españoles dedican una **media de 7.7 horas a la semana al juego**, siendo los smartphones y las consolas los dispositivos más utilizados.

— PARA SABER MÁS —
https://www.aevi.org.es/web/

1.5 Ocio audiovisual. La industria del videojuego en la actualidad

Como indica el profesor de la UCLM, David Vallejo, en su introducción a *Arquitectura del Motor de Videojuegos*, la expansión del videojuego es tan relevante que en la actualidad se trata de una industria multimillonaria capaz de rivalizar con las industrias cinematográfica y musical.

La evolución de los videojuegos está estrechamente ligada a la evolución del hardware que permite la ejecución de los mismos. Esta evolución atiende, principalmente, a dos factores:

1. La potencia de dicho hardware

2. Las capacidades interactivas del mismo

En el primer caso, una mayor potencia de hardware implica que el desarrollador disfrute de mayores posibilidades a la hora de, por ejemplo, mejorar la calidad gráfica de un título o de incrementar la inteligencia artificial de los enemigos. Este factor está vinculado al multiprocesamiento. En el segundo caso, una mayor riqueza en términos de interactividad puede contribuir a que el usuario de videojuegos viva una experiencia más inmersiva (por ejemplo, mediante realidad aumentada) o, simplemente, más natural (por ejemplo, mediante la pantalla táctil de un smartphone).

Independientemente de la evolución del hardware que permite la ejecución de los videojuegos, el objetivo principal al que se enfrenta esta industria es ofrecer una experiencia de entretenimiento al usuario basada en la diversión, ya sea a través de nuevas formas de interacción, como por ejemplo la realidad aumentada o la tecnología de visualización 3D, a través de una mejora evidente en la calidad de los títulos, o mediante innovación en aspectos vinculados a la jugabilidad.

Finalmente, resulta especialmente importante destacar la existencia de motores de juego (*game engines*), como por ejemplo Unity o Unreal Engine o motores de renderizado, como por ejemplo Ogre 3D.

Figura 1.16 Motor de renderizado Ogre 3D.

Unity es un motor de videojuego multiplataforma creado por Unity Technologies. Unity está disponible como plataforma de desarrollo para Microsoft Windows, Mac OS, Linux. La plataforma de desarrollo tiene soporte de compilación con diferentes tipos de plataformas (web, PC, móviles, videoconsolas, dispositivos de realidad extendida).

Figura 1.17 Motor de videojuegos Unity.

Este tipo de herramientas, junto con técnicas específicas de desarrollo y optimización, metodologías de desarrollo, o patrones de diseño, entre otros, conforman un aspecto esencial a la hora de desarrollar un videojuego. Al igual que ocurre en otros aspectos relacionados con la Ingeniería del software, desde un punto de vista general resulta aconsejable el uso de todos estos elementos para agilizar el proceso de desarrollo y reducir errores potenciales. En otras palabras, no es necesario, ni productivo, reinventar la rueda cada vez que se afronta un nuevo proyecto.

RESUMEN

- La historia de los videojuegos tiene su inicio en el año 1952, cuando el profesor británico Alexander S. Douglas creó el primer juego de ordenador denominado *OXO*.

- En 1962, Steve Russell, en el MIT (Massachusetts Institute of Technology) inventó el Spacewar! , un videojuego de combate espacial para el PDP-1. Fue el primer videojuego que se podía jugar en múltiples puestos informáticos.

- En el año 1967 se creó un prototipo de sistema multijugador de videojuegos que se podía jugar en un televisor. Era conocido como "La caja marrón".

- En 1972, Magnavox creó Odyssey, una consola doméstica que se conectaba al televisor y contenía doce juegos, entre los cuales estaba Ping Pong.

- En 1977, Atari lanzó el Atari 2600, también conocido como Video Computer System, una consola doméstica que daba inicio a la segunda generación de consolas de videojuegos.

- El lanzamiento del juego de arcade Space Invaders, de Taito, tuvo lugar en 1978. En 1979, cuatro exempleados de Atari fundan Activision, el primer desarrollador de juegos de terceros.

- La evolución de la industria de los videojuegos ha estado ligada a una serie de hitos, determinados particularmente por juegos que han marcado un antes y un después.

- 1980: Pac-Man.

- 1981: Donkey Kong para Nintendo

- 1984: Tetris

- 1988: Juego de rol Final Fantasy

- 1989: Sonic el erizo de SEGA

- 1993: Doom y Mortal Kombat

- 1994: Warcraft.

- 1996: Pokémon para Game Boy. Tomb Raider.

- 1997: *Grand Theft Auto* para PlayStation

- 1999: *Medal of Honor*

- 2001: Halo: Combat Evolved

- 2003: *Call of Duty*

- 2005: Guitar Hero

- 2017: Fortnite

- Por otra parte, y de manera complementaria a la aparición de estas obras de arte, la propia evolu-

ción del hardware ha posibilitado la vertiginosa evolución del desarrollo de videojuegos:

- 1972: Magnavox lanza la consola Odyssey

- 1977: Atari lanza la consola 2600

- 1983: Commodore 64

- 1986: Consola NES

- 1989: Game Boy llega al mercado

- 1989: Mega Drive

- 1991: SuperNES

- 1994: PlayStation

- 1995: Nintendo 64

- 1999: Dreamcast

- 2000: PlayStation 2

- 2001: Xbox

- 2004: PSP. PlayStation Portable

- 2005: Xbox 360

- 2006: PlayStation 3, Nintendo Wii y Nintendo DS

- 2013: PlayStation 4

- 2020: PlayStation 5, Xbox Series X y Xbox Series S

- El sector de la industria del videojuego registró una facturación de 2339 millones de euros, lo que representa un crecimiento del 16.3% respecto al año anterior. Este aumento hace que España se sitúe como el tercer mercado de la Unión Europea, solo precedido por Alemania y Francia.

- La evolución de los videojuegos está estrechamente ligada a la evolución del hardware que permite la ejecución de los mismos. Una mayor potencia de hardware implica que el desarrollador disfrute de mayores posibilidades a la hora de, por ejemplo, mejorar la calidad gráfica de un título o de incrementar la inteligencia artificial de los enemigos.

- Es importante destacar la existencia de motores de juego (*game engines*), como por ejemplo Unity o Unreal Engine. Este tipo de herramientas, junto con técnicas específicas de desarrollo y optimización, metodologías de desarrollo, o patrones de diseño, entre otros, conforman un aspecto esencial a la hora de desarrollar un videojuego.

1. Steve Russell inventó el juego:

a) Asteroid

b) SpaceWar

c) Pong

d) Pac-Man

2. Ralph Baer creó un prototipo de sistema multijugador de videojuegos que se podía jugar en un televisor en:

a) 1972

b) 1967

c) 1962

d) 1977

3. La primera consola, con joysticks, juegos en color, y la posibilidad de guardar las partidas en los cartuchos fue:

a) Magnavox Odyssey

b) Atari 6200

c) Magnavox

d) Atari 2600

4. El videojuego Pac-Man salió en:

a) 1977

b) 1979

c) 1980

d) 1981

5. El videojuego Tetris salió en:

a) 1984

b) 1979

c) 1982

d) 1980

6. La consola de 16 bits Mega Drive empezó a venderse en:

a) 1988

b) 1987

c) 1990

d) 1989

7. España es:

a) El tercer mercado de videojuegos de la UE

b) El primer mercado de videojuegos de la UE

c) El cuarto mercado de videojuegos de la UE

d) El segundo mercado de videojuegos de la UE

8. El número de usuarios online en España durante 2023 superó los:

a) 10 millones

b) 15 millones

c) 20 millones

d) 25 millones

9. La plataforma de desarrollo Unity tiene soporte de compilación para:

a) Web

b) PC

c) Dispositivos móviles

d) Todas las anteriores

10. La evolución de los videojuegos está estrechamente ligada a la evolución:

a) Del Hardware

b) Del Software

c) Del mercado

d) Todas las anteriores

ACTIVIDAD 1

Realice una búsqueda de información sobre los video-juegos La Abadía del Crimen y Capitán Morcilla. Qué tipos de juegos eran, quién lo desarrolló, etc.

ACTIVIDAD 2

Lleve a cabo una búsqueda de información sobre las revistas *MicroHobby* y *Micromanía*. De qué trataban, qué tipo de artículos publicaban, etc.

Conceptos fundamentales de la programación orientada a objetos

```
1   public class HolaMundo
2   {
        0 referencias
3       public static void Main()
4       {
5           System.Console.WriteLine("Hola mundo!");
6       }
7   }
```

En esta unidad va a estudiar:

- Objetos
- Clases
- Métodos
- Relaciones entre clases
- Herencia
- Interfaces
- Estructuras dinámicas (pilas, colas, listas)
- Clases y métodos genéricos

Con su estudio, va a ser capaz de:

- Crear distintas clases.
- Instanciar objetos de las clases creadas.
- Comprender el uso de la herencia.
- Utilizar estructuras dinámicas.
- Trabajar con clases y métodos genéricos.

2.1 Introducción

Los programas están formados por una serie de instrucciones que obedecen los ordenadores.

El objetivo de dichas instrucciones es indicarles cómo realizar una tarea (por ejemplo, ejecutar un juego, enviar un mensaje de correo electrónico, etc.). Las instrucciones están escritas en un estilo particular, acorde con las reglas del lenguaje de programación que elija el programador.

Bjarne Stroustrup, un investigador de los Laboratorios Bell, creó C++ durante la década de 1980. Este lenguaje permitió la creación y reutilización de secciones independientes de código, en un estilo conocido como "programación orientada a objetos" (en C podía usarse el operador ++ para sumar uno a un elemento, de ahí que C++ sea uno más que C).

En 2002 Microsoft anunció la aparición del lenguaje **C#**, similar a C++ y Java, pero mejorado. Este desarrollo era parte importante de la iniciativa "punto net" de Microsoft. Debido a la similitud entre C# y sus predecesores, los lenguajes C, C++ y Java te serán más comprensibles si alguna vez necesitas utilizarlos.

— CURIOSIDADES —

En música, el símbolo # significa "un semitono más alto". Con esto, Microsoft parece querer indicar que C# está por encima de Java y C++.

2.2 Objetos

La idea fundamental de los lenguajes orientados a objetos es combinar en una sola unidad, datos y métodos que operen sobre esos datos. Como hemos dicho anteriormente, tal unidad se denomina "objeto". Los métodos dentro de los objetos son el único medio de acceder a los datos privados (atributos) de un objeto.

La *identificación de objetos* se obtiene examinando la descripción del problema (análisis gramatical somero del enunciado o descripción) y localizando los nombres o cláusulas nominales.

Una vez identificados los objetos será preciso *identificar los atributos y las operaciones* (métodos) que actúan sobre ellos. Los atributos describen las características individuales que poseen todos los objetos. Las operaciones (métodos) cambian el comportamiento del objeto de alguna forma, es decir, cambian valores de uno o más atributos contenidos en el objeto.

Resumiendo, un objeto es una entidad que contiene los atributos que describen el estado de un objeto del mundo real y las acciones que se asocian con él.

```
1  public class Persona
2  {
3      private string? nombre;
4      private string? apellido1;
5      private string? apellido2;
6      private DateTime fechaNacimiento;
7
```

Figura 2.1 Clase Persona.

2.3 Clases

Una **clase** describe objetos que van a tener la misma estructura y el mismo comportamiento. Una vez definida se puede utilizar para crear objetos de esa clase.

En la programación orientada a objetos (POO), las **propiedades** (características o atributos) de un objeto pueden ser tipos de datos primitivos y también pueden ser otros objetos de otras clases (*por ejemplo, la clase Persona puede tener el atributo fechaNacimiento que es un objeto de la clase DateTime*). Son datos encapsulados dentro del objeto, junto con los métodos (programas) y las relaciones (punteros a otros objetos). Las propiedades se pueden heredar.

En C# se puede declarar que un campo aceptará valores nulos con el símbolo **?** después del tipo de dato.

Una **propiedad** (característica o atributo) debe empezar con una letra o un guion bajo. Si tiene varias palabras, no puede nombrarse con espacios entre ellas. Evidentemente no se pueden usar palabras reservadas para nombrar variables.

El atributo *fechaNacimiento* es un objeto de tipo *DateTime*. Para interactuar con este atributo habrá que conocer los métodos que utiliza.

El contenido de una clase se divide principalmente en dos partes. Por un lado, se tendrán las variables o propiedades miembro (*nombre, apelllido1, apellido2, fechaNac*

CURIOSIDADES

Las variables en C# son case sensitive, es decir, el atributo edad es diferente al atributo Edad.

```
32      public string getNombre()
33      {
34          if (nombre == null)
35              return "Sin especificar";
36          else
37              return nombre;
38      }
```

Figura 2.2 Método getNombre de la clase Persona.

Por otro lado, se tendrán las funciones o métodos miembro (*getNombre(), setNombre(String nom)*).

Las propiedades darán a conocer el estado del objeto, mientras que los métodos definirán el comportamiento del objeto.

A partir de una clase se puede definir varios objetos. *Un objeto es una instancia de una clase creada en tiempo de ejecución.*

```
72  public class EjemploUsoClase1
73  {
        0 referencias
74      public static void Main()
75      {
76          Persona Fran = new ("Fran", "Cortés", "Campo");
77          Persona Elena = new ("Elena", "Castillo", "Lara");
78          Persona SinIdentificar = new (2023, 5, 23);
```

Figura 2.3 La clase principal crea tres objetos (Fran, Elena y SinIdentificar) de la clase Persona.

Cada uno de estos objetos tendrá, generalmente, un estado peculiar propio y otras características, aunque compartirán operaciones comunes.

```
Console.WriteLine("El nombre de la primera persona que hemos creado es: "+Fran.getNombre());
Console.WriteLine("El nombre de la segunda persona que hemos creado es: " + Elena.getNombre());
Console.WriteLine("El nombre de la tercera persona que hemos creado es: " + SinIdentificar.getNombre());

SinIdentificar.setNombre("Juan");
SinIdentificar.setApellido1("Perez");
SinIdentificar.setApellido2("Muñoz");

Console.WriteLine("Ahora el nombre de la tercera persona es: " + SinIdentificar.getNombre());
```

Figura 2.4 La clase principal visualiza el atributo nombre de los tres objetos que ha creado.

Figura 2.5 Salida al ejecutar el programa.

```
El nombre de la primera persona que hemos creado es: Fran
El nombre de la segunda persona que hemos creado es: Elena
El nombre de la tercera persona que hemos creado es: Sin especificar
Ahora el nombre de la tercera persona es: Juan
```

2.4 Métodos

Los **métodos** describen el comportamiento asociado a un objeto. Representan las acciones que pueden realizarse por un objeto o sobre un objeto. Un *mensaje* es la invocación de un método sobre un objeto. La ejecución de un método puede conducir a cambiar el estado del objeto o dato local del objeto. Todos los métodos que alteran o acceden a los datos de un objeto se definen dentro del objeto.

La definición de un método se compone de dos partes:

- **Cabecera del método**, que contiene un conjunto de posibles modificadores, el tipo devuelto, el nombre del método y una lista de parámetros entre paréntesis ( ) y finalmente una lista de excepciones que el método puede lanzar.

- **Cuerpo del método**, que contiene las sentencias entre llaves { } que implementan el comportamiento del método (incluidas posibles sentencias de declaración de variables locales).

En C#, al igual que en C y los demás lenguajes derivados de él, todo son funciones, incluyendo el propio cuerpo de programa **Main**. De hecho, la forma básica de **definir** una función será indicando su nombre seguido de unos paréntesis vacíos, como hacíamos con "Main".

2.5 Tipos de métodos

Métodos **constructores**: Suelen tener el mismo nombre de la clase y sirven para crear objetos. Se pueden considerar como métodos de instancia particulares que *son invocados automáticamente cuando se crea un nuevo objeto de la clase.*

Si no se define ningún constructor, se genera uno por defecto, el cual no tiene argumentos y lo único que hace es inicializar las variables del objeto a su valor por defecto (normalmente, cero). En una misma clase pueden existir varios constructores distintos, mientras que se definan con distinto tipo de argumentos o número de argumentos. Por ejemplo, la siguiente clase tiene tres constructores:

```csharp
public Persona(string nom, string ape1, string ape2, int anio, int mes, int dia)
{
    this.nombre = nom;
    this.apellido1 = ape1;
    this.apellido2 = ape2;
    this.fechaNacimiento = new DateTime(anio, mes, dia);
}

2 referencias
public Persona(string nom, string ape1, string ape2)
{
    this.nombre = nom;
    this.apellido1 = ape1;
    this.apellido2 = ape2;
    this.fechaNacimiento = new DateTime();
}

1 referencia
public Persona(int anio, int mes, int dia)
{
    this.nombre = null;
    this.apellido1=null;
    this.apellido2=null;
    this.fechaNacimiento = new DateTime(anio, mes, dia);
}
```

Figura 2.6 Métodos constructores. Son distintos, ya que cada uno de ellos recibe un número diferente de parámetros de entrada.

Métodos de acceso y actualización: Se encargan de acceder a las variables miembro de un objeto y cambiar su valor. Suelen ser métodos simples y pequeños. Coloquialmente se les llama métodos *get* y *set*..

Figura 2.7 Métodos get. Se utilizan para obtener el valor de una propiedad.

```csharp
public string getNombre()
{
    if (nombre == null)
        return "Sin especificar";
    else
        return nombre;
}
0 referencias
public string getApellido1()
{
    if (apellido1 == null)
        return "Sin especificar";
    else
        return apellido1;
}

0 referencias
public string getApellido2()
{
    if (apellido2 == null)
        return "Sin especificar";
    else
        return apellido2;
}
```

```csharp
public void setNombre(string nombre)
{
    this.nombre = nombre;
}

1 referencia
public void setApellido1(string apellido1) {
    this.apellido1 = apellido1;
}

1 referencia
public void setApellido2(string apellido2)
{
    this.apellido2 = apellido2;
}
```

Figura 2.8 Métodos set. Se utilizan para modificar el valor de una propiedad.

2.6 Visibilidad de métodos y de sus propiedades

Existen distintos niveles de ocultación que se implementan en lo que se denomina **visibilidad**. Es una característica que define el tipo de acceso que se permite a atributos y métodos y que podemos establecer como:

- **Público**: Se pueden acceder desde cualquier clase y cualquier parte del programa.

- **Privado**: Solo se pueden acceder desde operaciones de la clase.

- **Protegido**: Solo se pueden acceder desde operaciones de la clase o de clases derivadas (*cuando se utiliza la herencia es la clase que hereda los atributos y métodos de la clase base*) en cualquier nivel.

Como norma general, a la hora de definir la visibilidad tendremos en cuenta que:

- El estado debe ser privado. Los atributos de una clase se deben modificar mediante métodos de la clase creados a tal efecto.

- Las operaciones que definen la funcionalidad de la clase deben ser públicas.

- Las operaciones que ayudan a implementar parte de la funcionalidad deben ser privadas (si no se utilizan desde clases derivadas) o protegidas (si se utilizan desde clases derivadas).

2.7 Modificadores

Los modificadores de contenido no son excluyentes (pueden aparecer varios para un mismo atributo). Son los siguientes:

- Modificador **static**. Hace que el atributo sea común para todos los objetos de una misma clase. Es decir, todas las clases compartirán ese mismo atributo con el mismo valor. Es un caso de miembro estático o miembro de clase: un atributo estático o atributo de clase o variable de clase.

Por ejemplo, si hablamos de coches convencionales, podríamos suponer que el atributo "numeroDeRuedas" va a valer 4 para cualquier objeto que pertenezca a esa clase (cualquier coche). Por eso, se podría declarar como "static".

De igual modo, si una función está precedida por la palabra "static", indica que es un "método de clase", es decir, un método que se podría usar sin necesidad de declarar ningún objeto de la clase.

Desde una función "static" no se puede llamar a otras funciones que no lo sean.

- Modificador **final**. Indica que el atributo es una constante. Su valor no podrá modificarse a lo largo de la vida del objeto. Por convenio, el nombre de los atributos constantes (final) se escribe con todas las letras en mayúsculas.

Imagine que está diseñando un conjunto de clases para trabajar con expresiones geométricas (figuras, superficies, volúmenes, etc.) y necesita utilizar muy a menudo la constante pi con abundantes cifras significativas, por ejemplo, 3.14159265. Utilizar esa constante literal muy a menudo puede resultar tedioso además de poco operativo (suponga que en el futuro hubiera que cambiar la cantidad de cifras significativas). **La idea es declararla una sola vez**, asociarle un nombre simbólico (un identificador) y utilizar ese identificador cada vez que se necesite la constante.

EJERCICIO 2.1

Cree una clase llamada *Personaje*. Tendrá los atributos *número de vidas*, *fuerza* y *arma*. Cree un constructor que reciba los tres atributos y otro que no reciba nada e inicialice los atributos a los valores que usted desee. Cree también los métodos *get* y *set* necesarios.

Cree el programa principal que genere un objeto de tipo *Personaje*. El programa mostrará por pantalla los valores de los atributos del objeto creado.

2.8 Relaciones entre clases

Se pueden distinguir diversos tipos de relaciones entre clases:

- **Clientela**. Cuando una clase utiliza objetos de otra clase (por ejemplo, al pasarlos como parámetros a través de un método).

- **Composición**. Cuando alguno de los atributos de una clase es un objeto de otra clase.

- **Anidamiento**. Cuando se definen clases en el interior de otra clase.

- **Herencia**. Cuando una clase comparte determinadas características con otra (clase base), añadiéndole alguna funcionalidad específica (especialización).

La relación de **clientela** la habrá utilizado desde que ha empezado a programar en C#, pues desde su clase principal (clase con método Main) ha estado declarando, creando y utilizando objetos de otras clases.

Por ejemplo, si utiliza un objeto String dentro de la clase principal de su programa, este será cliente de la clase String (como sucederá con prácticamente cualquier programa que se escriba en C#). Es la relación fundamental y más habitual entre clases (la utilización de unas clases por parte de otras).

Es posible que haya tenido en cuenta la relación de **composición** si ha definido clases que contenían (tenían como atributos) otros objetos en su interior, lo cual es bastante habitual.

Por ejemplo, si escribe una clase donde alguno de sus atributos es un objeto de tipo DateTime, ya se está produciendo una relación de tipo composición (tu clase "tiene" un DateTime, es decir, está compuesta por un objeto DateTime y por algunos elementos más).

La relación de **anidamiento** (o anidación) es quizá menos habitual, pues implica declarar unas clases dentro de otras (clases internas o anidadas). En algunos casos puede resultar útil para tener un nivel más de encapsulamiento y ocultación.

En el caso de la relación de **herencia** también la habrá visto ya, pues seguro que ha utilizado unas clases que derivaban de otras, sobre todo, en el caso de los objetos que forman parte de las *interfaces gráficas*. Lo más probable es que haya tenido que declarar clases que derivaban de algún componente gráfico (JFrame, JDialog, etc.).

2.9 Herencia

El concepto de **herencia** es algo bastante simple y sin embargo muy potente: cuando se desea definir una nueva clase y ya existen clases que, de alguna manera, implementan parte de la funcionalidad que se necesita, es posible crear una nueva **clase derivada** de la que ya tienes. Al hacer esto se posibilita la reutilización de todos los atributos y métodos de la clase que se ha utilizado como **base** (**clase padre** o **superclase**), sin la necesidad de tener que escribirlos de nuevo.

Una **subclase** hereda todos los miembros de su **clase padre** (atributos, métodos y clases internas). Los **constructores** no se heredan, aunque se pueden invocar desde la **subclase**.

Por ejemplo, un ALUMNO tendrá las mismas características que una PERSONA y además tendrá un atributo "Ciclo" que indicará en qué ciclo formativo se encuentra matriculado.

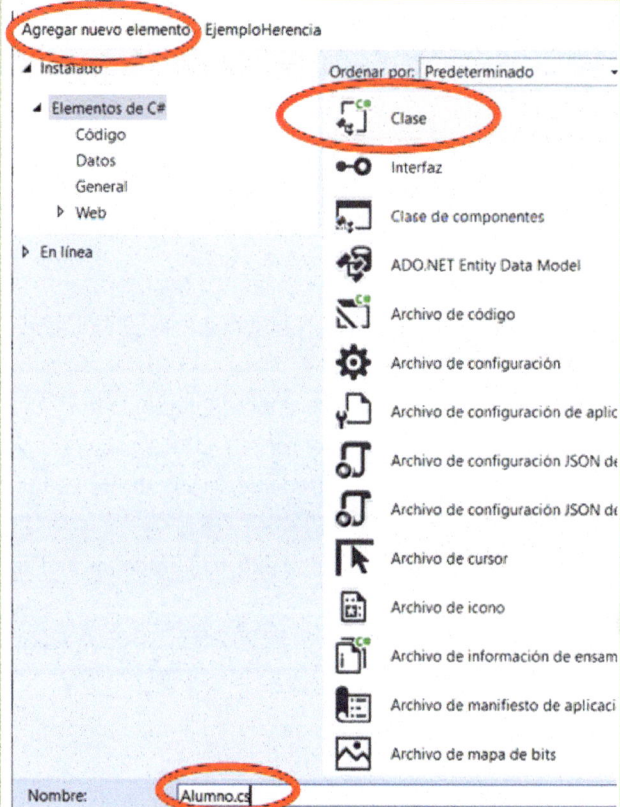

Figura 2.9 Crear la clase Alumno en C#.

```
using System;
using System.Transactions;

namespace EjemploHerencia
{
    1 referencia
    public class Alumno: Persona
    {
        private int id_ciclo;
        private string? nombre_ciclo;

        0 referencias
        public Alumno(string nom, string ape1, string ape2, int id_ciclo, string nombre_ciclo): base(nom,ape1,ape2)
        {
            this.nombre = nom;
            this.apellido1 = ape1;
            this.apellido2 = ape2;
            this.id_ciclo = id_ciclo;
            this.nombre_ciclo = nombre_ciclo;
        }
}
```

Figura 2.10 Clase Alumno en C#.

```
1    using System;
2
3    namespace EjemploHerencia
4    {
        0 referencias
5        class Program
6        {
            0 referencias
7            static void Main()
8            {
9                Alumno Fran = new("Fran", "Cortés", "Campo",1,"CE Videojuegos");
10
11               Console.WriteLine("El nombre de la primera persona que hemos creado es: " + Fran.getNombre());
12               Console.WriteLine(Fran.getNombre()+" está matriculado en "+Fran.getNombre_ciclo());
13           }
14        }
15   }
```

```
El nombre de la primera persona que hemos creado es: Fran
Fran está matriculado en CE Videojuegos
```

Figura 2.11 Programa principal en el que creamos un objeto de tipo Alumno y mostramos sus atributos.

EJERCICIO 2.2

Cree dos clases llamadas *Héroe* y *Orco*. Ambas clases heredarán de la clase Personaje. Además de los atributos heredados, ambas clases tendrán un atributo *tipo*.

La clase *Héroe* tendrá un constructor que recibirá como parámetro de entrada solo el valor del atributo *arma*. Su atributo *número de vidas* será igual a 3 y su fuerza será igual a 100. El atributo *tipo* será igual a *jugador*.

La clase *Orco* tendrá un constructor que recibirá como parámetro de entrada solo el valor del atributo *arma*. Su atributo *número de vidas* será igual a 1 y fuerza será igual a 10. El atributo *tipo* será igual a *enemigo*.

Cree el programa principal que genere un objeto de tipo *Héroe* y dos objetos de tipo *Orco*. El programa mostrará por pantalla los valores de los atributos de los tres objetos.

2.10 Interfaces

Una *interfaz* es una especie de plantilla para la construcción de clases. Normalmente, una interfaz se compone de un conjunto de declaraciones de cabeceras de métodos (sin implementar, de forma similar a un método abstracto) que especifican un protocolo de comportamiento para una o varias clases. Las Interfaces sirven para establecer la forma que debe de tener una clase.

Además, una clase puede implementar una o varias interfaces: en ese caso, la clase debe proporcionar la declaración y definición de **todos** los métodos de cada una de las interfaces o bien declararse como clase abstract. Por otro lado, una interfaz puede emplearse también para declarar **constantes** que luego puedan utilizar otras clases.

Una *interfaz* puede parecer similar a una *clase abstracta*, pero existen una serie de diferencias entre una interfaz y una clase abstracta:

- Todos los métodos de una interfaz se declaran implícitamente como abstractos y públicos. Una interfaz es una clase abstracta pura en la que todos sus métodos son abstractos y, por tanto, no se pueden implementar en la clase Interfaz.

- Una clase abstracta no puede *implementar* los métodos declarados como abstractos, una interfaz no puede *implementar* ningún método (ya que todos son abstractos), pero sí será obligatorio implementarlo en sus clases hijas.

- Una interfaz no declara variables de instancia.

- Una clase puede implementar varias interfaces, pero solo puede tener una clase ascendiente directa.

- Una clase abstracta pertenece a una jerarquía de clases mientras que una interfaz no pertenece a una jerarquía de clases. En consecuencia, *clases sin relación de herencia pueden implementar la misma interfaz.*

2.11 Funciones virtuales. Override

Imagine que ha implementado las clases ALUMNO y PROFESOR, las cuales heredan de PERSONA. La clase PROFESOR tiene un atributo propio (cod_profesor) y en la clase PERSONA tenemos el método getDatos(), el cual muestra por pantalla los datos del objeto de tipo PERSONA, pero esos datos no serán los mismos para ALUMNO que para PROFESOR.

```
public override void getDatos() {
    Console.WriteLine("El alumno "+getNombre()+" "+getApellido1()+" "+getApellido2()+" está matriculado en "+getNombre_ciclo());
}
public override void getDatos()
{
    Console.WriteLine("El profesor " + getNombre() + " " + getApellido1() + " " + getApellido2() + " tiene el código " + getCod_Profesor());
}
```

Figura 2.12 Reescribimos el método getDatos() en la clase ALUMNO y en la clase PROFESOR.

```
1    using System;
2
3    namespace EjemploHerencia
4    {
         0 referencias
5        class Program
6        {
             0 referencias
7            static void Main()
8            {
9                Persona[] miCurso = new Persona[3];
10
11               Alumno A1 = new("Edu", "Sanchez", "Molina",1,"CE Videojuegos");
12               Alumno A2 = new("Elena", "Castillo", "Ropero", 1, "CE Videojuegos");
13               Profesor P1 = new("Fran", "Cortés", "Campo", 47);
14
15               miCurso[0] = A1;
16               miCurso[1] = A2;
17               miCurso[2] = P1;
18
19               for (byte i = 0; i < miCurso.Length; i++)
20                   miCurso[i].getDatos();
21           }
22       }
23   }
```

```
El alumno Edu Sanchez Molina está matriculado en CE Videojuegos
El alumno Elena Castillo Ropero está matriculado en CE Videojuegos
El profesor Fran Cortés Campo tiene el código 47
```

Figura 2.13 Podemos crear un array de PERSONA. En dicho array podemos guardar indistintamente objetos de tipo ALUMNO y PROFESOR.

Puede ocurrir que en un método de una clase hija no nos interese redefinir por completo las posibilidades del método equivalente, sino ampliarlas. En ese caso, no hace falta que volvamos a teclear todo lo que hacía el método de la clase base, sino que podemos llamarlo directamente, precediéndolo de la palabra "base".

```
public new void getDatos()
{
        Console.WriteLine("El alumno ");
        base.getDatos();
}
```

2.12 La clase OBJECT

Todos los objetos y tipos de dato proceden de Object. Esto tiene una vital importancia para el desarrollo de nuestras aplicaciones por distintas razones.

Object posee un total de tres métodos sobrecargables:

- ToString nos va a permitir devolver un *string* referente al tipo de dato o la clase que estamos usando.

- Equals es el método esencial para comparar entre diferentes objetos.

- GetHashCode nos permite obtener el identificador único que posee el objeto en cuestión.

```csharp
public override bool Equals(object obj)
{
    var persona = (Persona)obj;
    if ((persona.nombre == this.nombre) &&
        (persona.apellido1 == this.apellido1) &&
        (persona.apellido1 == this.apellido2))
    {
        return true;
    }
    else {
        return false;
    }
}
```

Figura 2.14 Sobreescritura del método Equals en la clase PERSONA.

```csharp
Alumno A1 = new("Edu", "Sanchez", "Molina",1,"CE Videojuegos");
Alumno A2 = new("Elena", "Castillo", "Ropero", 1, "CE Videojuegos");

if (A1.Equals(A2)) {
    Console.WriteLine("Los alumnos son iguales");
}
else
{
    Console.WriteLine("Los alumnos son distintos");
}
```

```
Los alumnos son distintos
```

Figura 2.15 Uso del método Equals() en la clase PRINCIPAL.

Si no sobrescribimos, el método Equals en C# realiza una comparación según un valor (hash) que C# asigna a cada objeto cuando es instanciado.

```csharp
Console.WriteLine("Hashcode del primer alumno "+A1.GetHashCode());
Console.WriteLine("Hashcode del segundo alumno " + A2.GetHashCode());
```

```
Hashcode del primer alumno 43942917
Hashcode del segundo alumno 59941933
```

Figura 2.16 Uso del método GetHashCode() en la clase PRINCIPAL.

El método ToString() devuelve una cadena que representa el objeto actual. Si no se sobrecarga devuelve el espacio de nombres y el tipo.

```csharp
Console.WriteLine("Primer alumno " + A1.ToString());
Console.WriteLine("Segundo alumno " + A2.ToString());
```

```
Primer alumno EjemploHerencia.Alumno
Segundo alumno EjemploHerencia.Alumno
```

Figura 2.17 Uso del método ToString() sin sobrescribir en la clase PRINCIPAL.

```csharp
public override string ToString()
{
    return $"Nombre:{nombre} Apellido 1:{apellido1} Apellido 2:{apellido2}";
}
```

```
Primer alumno Nombre:Edu Apellido 1:Sanchez Apellido 2:Molina
Segundo alumno Nombre:Elena Apellido 1:Castillo Apellido 2:Ropero
```

Figura 2.18 Uso del método ToString() sobrescrito en la clase PRINCIPAL.

2.13 **Estructuras dinámicas en C#**

Hasta ahora teníamos una serie de variables que declaramos al principio del programa o de cada función. Estas variables, que reciben el nombre de **ESTÁTICAS**, tienen un tamaño asignado desde el momento en que se crea el programa.

Este tipo de variables son sencillas de usar y rápidas… si solo vamos a manejar estructuras de datos que no cambien, pero resultan poco eficientes si tenemos estructuras cuyo tamaño no sea siempre el mismo.

Es el caso de una agenda: tenemos una serie de fichas, e iremos añadiendo más. Si reservamos espacio para 10, no podremos llegar a añadir la número 11, estamos limitando el máximo. Una solución sería la de trabajar siempre en el disco: no tenemos límite en cuanto a número de fichas, pero es muchísimo más lento. Lo ideal sería aprovechar mejor la memoria que tenemos en el ordenador, para guardar en ella todas las fichas o al menos todas aquellas que quepan en la memoria.

Una solución "típica" (pero mala) es sobredimensionar: preparar una agenda contando con 1000 fichas, aunque supongamos que no vamos a pasar de 200. Esto tiene varios inconvenientes: se desperdicia memoria, obliga a conocer bien los datos con los que vamos a trabajar, sigue pudiendo verse sobrepasado, etc. La solución suele ser crear estructuras **DINÁMICAS**, que puedan ir creciendo o disminuyendo según nos interese.

Algunos ejemplos de estructuras de este tipo son:

- Las **pilas**. Como una pila de libros: vamos apilando cosas en la cima, o tomando de la cima. Se supone que no se puede tomar elementos de otro sitio que no sea la cima, ni dejarlos en otro sitio distinto. De igual modo, se supone que la pila no tiene un tamaño máximo definido, sino que puede crecer arbitrariamente.

- Las **colas**. Como las del cine (en teoría): la gente llega por un sitio (la cola) y sale por el opuesto (la cabeza). Al igual que antes, supondremos que un elemento no puede entrar a la cola ni salir de ella en posiciones intermedias y que la cola puede crecer hasta un tamaño indefinido.

- Las **listas**, en las que se puede añadir elementos en cualquier posición, y borrarlos de cualquier posición.

- Los **árboles**, donde cada elemento puede tener varios sucesores (se parte de un elemento "raíz", y la estructura se va ramificando), etc.

Todas estas estructuras tienen en común que, si se programan correctamente, pueden ir creciendo o decreciendo según haga falta, al contrario que un *array*, que tiene su tamaño prefijado.

2.14 **Pilas en C#**

Para crear una pila tenemos la clase "Stack". Los métodos habituales que debería permitir una pila son introducir un nuevo elemento en la cima ("apilar", en inglés "push"), y quitar el elemento que hay en la cima ("desapilar", en inglés "pop"). Este tipo de estructuras se suele llamar también con las siglas LIFO (*Last In First Out*: lo último en entrar es lo primero en salir). Para utilizar la clase "Stack" y la mayoría de las que veremos en este tema, necesitamos incluir en nuestro programa una referencia a "System.Collections".

```csharp
/****************************/
/* EJEMPLO USO DE ESTRUCTURA */
/*        PILA              */
/****************************/

using System;
using System.Collections;
0 referencias
public class ejemploPila1
{
    0 referencias
    public static void Main()
    {
        Stack<string> miPila = new Stack<string>();
        miPila.Push("Elemento 1");
        miPila.Push("Elemento 2");
        miPila.Push("Elemento 3");
        foreach(string p in miPila)
        {
            Console.WriteLine(p);
        }
    }
}
```

```
Elemento 3
Elemento 2
Elemento 1
```

Figura 2.19 Creación y recorrido de un objeto de la clase Stack. Al recorrerlo mostrando sus valores vemos que primero muestra el último elemento añadido.

La implementación de una pila en C# es algo más avanzada, permite también métodos como:

- "Peek", que mira el valor que hay en la cima, pero sin extraerlo.

- "Clear", que borra todo el contenido de la pila.

- "Contains", que indica si cierto elemento está en la pila.

- "GetType", para saber de qué tipo son los elementos almacenados en la pila.

- "ToString", que devuelve el elemento actual convertido a un string.

- "ToArray", que devuelve toda la pila convertida a un array.

- "GetEnumerator", que permite usar "enumeradores" para recorrer la pila.

- También tenemos la propiedad "Count", que nos indica cuántos elementos contiene la pila.

2.15 Colas en C#

Podemos crear colas si nos apoyamos en la clase "Queue". En una cola podremos introducir elementos por la cabeza ("Enqueue", encolar) y extraerlos por el extremo opuesto, el final de la cola ("Dequeue", desencolar). Este tipo de estructuras se nombran a veces también por las siglas FIFO (*First In First Out*, *lo primero en entrar es lo primero en salir*).

```
/*****************************/
/* EJEMPLO USO DE ESTRUCTURA */
/*          COLA             */
/*****************************/
using System;
using System.Collections;
0 referencias
public class ejemploCola
{
    0 referencias
    public static void Main()
    {
        string palabra;
        Queue<string> miCola = new Queue<string>();
        miCola.Enqueue("Elemento 1");
        miCola.Enqueue("Elemento 2");
        miCola.Enqueue("Elemento 3");
        for (byte i = 0; i <= miCola.Count+1; i++)
        {
            palabra = miCola.Dequeue();
            Console.WriteLine(palabra);
        }
    }
}
```

```
Elemento 1
Elemento 2
Elemento 3
```

Figura 2.20 Creación y recorrido de un objeto de la clase Queue. Al recorrerlo mostrando sus valores vemos que primero muestra el primer elemento añadido.

Al igual que ocurría con la pila, la implementación de una cola que incluye C# es más avanzada que eso, con métodos similares vistos anteriormente en el objeto de tipo Pila:

- "Peek", que mira el valor que hay en la cabeza de la cola, pero sin extraerlo.
- "Clear", que borra todo el contenido de la cola.
- "Contains", que indica si un cierto elemento está en la cola.
- "GetType", para saber de qué tipo son los elementos almacenados en la cola.
- "ToString", que devuelve el elemento actual convertido a un string.
- "ToArray", que devuelve toda la pila convertida a un array.
- "GetEnumerator", que permite usar "enumeradores" para recorrer la cola.
- Al igual que en la pila, también tenemos una propiedad "Count", que nos indica cuántos elementos contiene.

2.16 Listas en C#

Podemos crear listas si nos apoyamos en la clase List. Una lista es una estructura dinámica en la que se puede añadir elementos sin tantas restricciones. Es habitual que se puedan introducir nuevos datos en ambos extremos, así como entre dos elementos existentes, o bien incluso de forma ordenada, de modo que cada nuevo dato se introduzca automáticamente en la posición adecuada para que todos ellos queden en orden.

Tanto con las COLAS, las PILAS como con las LISTAS, podríamos crear una estructura que contenga OBJETOS creados por nosotros mismos.

```
List<Persona> listPersona = new List<Persona>();

List<Alumno> listAlumnos = new List<Alumno>();
```

```
/*****************************/
/* EJEMPLO USO DE ESTRUCTURA */
/*           LISTA           */
/*****************************/
using System;
using System.Collections;
0 referencias
public class ejemploLista
{
    0 referencias
    public static void Main()
    {
        List<string> miLista = new List<string>();
        miLista.Add("Elemento 1");
        miLista.Add("Elemento 2");
        miLista.Add("Elemento 3");
        foreach(string s in miLista)
        {
            Console.WriteLine(s);
        }
    }
}
```

Figura 2.21 Creación y recorrido de un objeto de la clase List.

La clase List tiene gran cantidad de métodos como:

- "Add", para agregar un elemento al final de la lista.

- "AddRange", para agregar otra lista (concatenar listas) al final de la lista.

- "AsReadOnly", que devuelve la lista pero solo en modo lectura.

- "BinarySearch" utiliza un algoritmo de búsqueda binaria para localizar un elemento concreto en la lista.

- "IndexOf" devuelve el índice de base cero de la primera aparición de un valor determinado en la lista.

La clase List es genérica (se verá más adelante). Ahora podemos ver, seleccionando la clase en el código y pulsando el botón derecho, su definición:

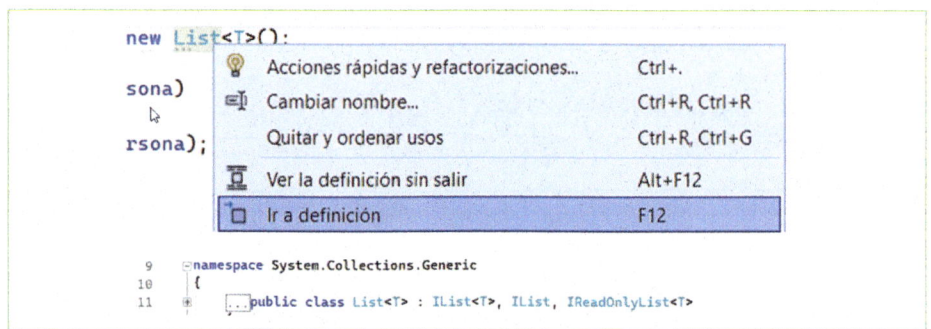

Figura 2.22 Definición de la clase List. Podemos ver las interfaces que implementa.

2.17 ArrayList en C#

```csharp
/*****************************/
/* EJEMPLO USO DE ESTRUCTURA */
/*          ARRAYLIST        */
/*****************************/
using System;
using System.Collections;
0 referencias
public class ejemploArrayList
{
    0 referencias
    public static void Main()
    {
        ArrayList miLista = new ArrayList();
        miLista.Add("Elemento 1");
        miLista.Add("Elemento 2");
        miLista.Add("Elemento 3");

        // Mostramos lo que contiene el arrayList
        foreach (string s in miLista)
        {
            Console.WriteLine(s);
        }

        // Accedemos a una posición en concreto
        Console.WriteLine("La segunda palabra es: {0}",miLista[1]);

        // Insertamos en una posicion en concreto
        miLista.Insert(1, "Elemento nuevo");

        // Mostramos lo que contiene el arrayList tras la inserción
        Console.WriteLine("Contenido tras insertar:");
        foreach (string s in miLista)
        {
            Console.WriteLine(s);
        }

        // Ordenamos
        miLista.Sort();

        // Mostramos lo que contiene el arrayList tras la ordenación
        Console.WriteLine("Contenido tras ordenar:");
        foreach (string s in miLista)
        {
            Console.WriteLine(s);
        }
    }
}
```

Figura 2.23 Ejemplo de uso de la clase ArrayList.

```
Elemento 1
Elemento 2
Elemento 3
La segunda palabra es: Elemento 2
Contenido tras insertar:
Elemento 1
Elemento nuevo
Elemento 2
Elemento 3
Contenido tras ordenar:
Elemento 1
Elemento 2
Elemento 3
Elemento nuevo
```

Figura 2.24 Salida del programa.

2.18 SortedList en C#

En un SortedList, los elementos están formados por una pareja: una *clave* y un *valor* (como en un diccionario: la palabra y su definición). Se puede añadir elementos con "Add", o acceder a los elementos mediante su índice numérico (con "GetKey") o mediante su clave (sabiendo en qué posición se encuentra una clave con "IndexOfKey").

```csharp
/****************************/
/* EJEMPLO DE USO ESTRUCTURA */
/*         SORTED LIST       * */
/****************************/
using System;
using System.Collections;
0 referencias
public class ejemploSortedList
{
    0 referencias
    public static void Main()
    {
        // Creamos e insertamos datos
        SortedList miListaOrdenada = new SortedList();
        miListaOrdenada.Add(2, "Valor 2");
        miListaOrdenada.Add(4, "Valor 3");
        miListaOrdenada.Add(1, "Valor 1");
        // Mostramos los datos
        Console.WriteLine("Cantidad de palabras en la lista: {0}", miListaOrdenada.Count);
        Console.WriteLine("Lista de palabras y su clave:");
        for (int i = 0; i < miListaOrdenada.Count; i++)
        {
            Console.WriteLine("{0} = {1}", miListaOrdenada.GetKey(i), miListaOrdenada.GetByIndex(i));
        }
        Console.WriteLine("Indice del \"Valor 3\": {0}",miListaOrdenada.GetByIndex(miListaOrdenada.IndexOfKey(4)));
        Console.WriteLine("Que también se puede obtener con corchetes: {0}", miListaOrdenada[4]);
    }
}
```

Figura 2.25 Ejemplo de la estructura SortedList.

```
Cantidad de palabras en la lista: 3
Lista de palabras y su clave:
1 = Valor 1
2 = Valor 2
4 = Valor 3
Indice del "Valor 3": Valor 3
Que también se puede obtener con corchetes: Valor 3
```

Figura 2.26 Salida del ejemplo de estructura SortedList.

Otras posibilidades de la clase SortedList son:

- "Contains", para ver si la lista contiene una cierta clave.

- "ContainsValue", para ver si la lista contiene un cierto valor.

- "Remove", para eliminar un elemento a partir de su clave.

- "RemoveAt", para eliminar un elemento a partir de su posición.

- "SetByIndex", para cambiar el valor que hay en una cierta posición.

- "Clear", para borrar todos los elementos de la lista.

2.19 Enumeradores en C#

Un enumerador es una estructura auxiliar que permite recorrer las estructuras dinámicas de forma secuencial. Casi todas ellas contienen un método `GetEnumerator`, que permite obtener un enumerador para recorrer todos sus elementos.

IDictionaryEnumerator `miEnumerador =`
`miLista.`**GetEnumerator();**

`while ( miEnumerador.`**MoveNext()** `)`

  `Console.WriteLine("{0} = {1}",`

    `miEnumerador.Key, miEnumerador.Value);`

Como puede ver, los enumeradores tendrán un método "`MoveNext`", que intenta moverse al siguiente elemento y devuelve "false" si no lo consigue.

En el caso de las tablas hash, que tiene dos campos (clave y valor), el enumerador a usar será un "enumerador de diccionario" (`IDictionaryEnumerator`), que contiene los campos `Key` y `Value`.

Para las colecciones "normales", como las pilas y las colas, el tipo de **Enumerador** a usar será un `IEnumerator`, con un campo `Current` para saber el valor actual.

IEnumerator `miEnumerador = miPila.`**GetEnumerator();**

`while ( miEnumerador.`**MoveNext()** `)`

  `Console.WriteLine("{0}", miEnumerador.`**Current);**

2.20 Clases y métodos genéricos en C#

Las clases y los métodos genéricos son un recurso de programación disponible en muchos lenguajes de programación. Su objetivo es claro: facilitar la reutilización del software, creando métodos y clases que puedan trabajar con diferentes tipos de objetos, evitando incómodas y engorrosas conversiones de tipos. Su inicio se remonta a las plantillas (templates) de C++, sin duda un gran avance en el mundo de programación. En lenguajes de más alto nivel como Java o C# se ha transformado en lo que se denomina "genéricos".

La versión genérica del módulo incluye la expresión "<T>", justo antes del tipo retornado por el método. "<T>" es la definición de una variable o parámetro formal de tipo de la clase o método genérico, al que podemos llamar simplemente parámetro de tipo o parámetro genérico. Este parámetro genérico (T) se puede usar a lo largo de todo el método o clase, dependiendo del ámbito de definición, y hará referencia a cualquier clase con la que nuestro algoritmo tenga que trabajar.

Siguiendo con el ejemplo de las clases ALUMNO y PROFESOR que heredaban de la clase PERSONA, podríamos implementar otra clase GENÉRICA en la que se almacenaran en alguna estructura dinámica los objetos que se le pasen, ya sean de tipo ALUMNO o de tipo PROFESOR.

```csharp
using System;

namespace EjemploGenericos
{
    public class ListaCiclo<T>
    {
        List<T> listaCiclo = new List<T>();

        public void Add(T persona)
        {
            listaCiclo.Add(persona);
        }


        public void listarTodos()
        {
            foreach (T persona in listaCiclo)
                Console.WriteLine(persona.ToString());
        }
    }
}
```

Figura 2.27 La clase ListaCiclo recibirá un parámetro genérico.

```csharp
namespace EjemploGenericos
{
    class Program
    {
        static void Main()
        {
            Alumno A1 = new("Edu", "Sanchez", "Molina", 1, "CE Videojuegos");
            Alumno A2 = new("Elena", "Castillo", "Ropero", 1, "CE Videojuegos");

            Profesor P1 = new("Fran", "Cortés", "Campo", 47);

            ListaCiclo<Alumno> listaAlumnos = new ListaCiclo<Alumno>();
            ListaCiclo<Profesor> listaProfesores = new ListaCiclo<Profesor>();

            listaAlumnos.Add(A1);
            listaAlumnos.Add(A2);
            listaProfesores.Add(P1);

            listaAlumnos.listarTodos();
        }
    }
}
```

Figura 2.28 El programa principal crea dos listas utilizando la clase ListaCiclo. Valiéndonos del método Add añadimos ALUMNOS o PROFESORES a cada una de ellas.

EJERCICIO 2.3

Cree una clase llamada *Uruk*. Dicha clase heredará de la clase Personaje. Además de los atributos heredados, la clase tendrá un atributo *tipo*.

La clase *Uruk* dispondrá de un constructor que recibirá como parámetro de entrada solo el valor del atributo *arma*. Su atributo *número de vidas* será igual a 1 y su fuerza será igual a 30. El atributo *tipo* será igual a *enemigo*.

Cree una clase genérica llamada ListaEnemigos que podrá recibir objetos de tipo enemigo Orco o de tipo Uruk.

Cree el programa principal que genere un objeto de tipo *Héroe*, dos objetos de tipo *Orco* y dos objetos de tipo *Uruk*.

El programa creará una lista de orcos y otra lista de uruks donde se guardarán, respectivamente, los objetos creados de una y otra clase.

El programa recorrerá las listas y mostrará por pantalla los valores de los atributos de los objetos.

- Los programas están formados por una serie de instrucciones que obedecen los ordenadores.

- El objetivo de dichas instrucciones es indicarles cómo realizar una tarea (por ejemplo, ejecutar un juego, enviar un mensaje de correo electrónico, etc.). Las instrucciones están escritas en un estilo particular, acorde con las reglas del lenguaje de programación que elija el programador.

- La idea fundamental de los lenguajes orientados a objetos es combinar en una sola unidad datos y métodos que operen sobre esos datos. Tal unidad se denomina **objeto**. Los métodos dentro de los objetos son el único medio de acceder a los datos privados (atributos) de un objeto.

- Una **clase** describe objetos que van a tener la misma estructura y el mismo comportamiento. Una vez definida se puede utilizar para crear objetos de esa clase.

- El contenido de una clase se divide principalmente en dos partes. Por un lado, se tendrán las variables (propiedades miembro o atributos). Por otro lado, se tendrán las funciones o métodos miembro.

- Los métodos describen el comportamiento asociado a un objeto. Representan las acciones que pueden realizarse por un objeto o sobre un objeto.

- El tipo de acceso que se permite a atributos y métodos lo podemos establecer como: público, privado o protegido.

- Se pueden distinguir diversos tipos de relaciones entre clases: clientela, composición, anidamiento o herencia.

- Una interfaz es una especie de plantilla para la construcción de clases. Normalmente, una interfaz se compone de un conjunto de declaraciones de cabeceras de métodos (sin implementar) que especifican un protocolo de comportamiento para una o varias clases.

- Estructuras **DINÁMICAS**:

- Las **pilas**. No se pueden tomar elementos de otro sitio que no sea la cima, ni dejarlos en otro sitio distinto. De igual modo, se supone que la pila no tiene un tamaño máximo definido, sino que puede crecer arbitrariamente.

- Las **colas**. Como las del cine; la gente llega por un sitio (la cola) y sale por el opuesto (la cabeza). Al igual que antes, supondremos que un elemento no puede entrar en la cola ni salir de ella en posiciones intermedias y que la cola puede crecer hasta un tamaño indefinido.

- Las **listas**, en las que se puede añadir elementos en cualquier posición, y borrarlos de cualquier posición.

- Los **árboles**, donde cada elemento puede tener varios sucesores (se parte de un elemento "raíz", y la estructura se va ramificando).

- En un SortedList, los elementos están formados por una pareja: una clave y un valor (como en un diccionario: la palabra y su definición).

- Un enumerador es una estructura auxiliar que permite recorrer las estructuras dinámicas de forma secuencial.

- Las clases y los métodos genéricos son un recurso de programación disponible en muchos lenguajes de programación. Su objetivo es claro: facilitar la reutilización del software, creando métodos y clases que puedan trabajar con diferentes tipos de objetos.

TEST DE EVALUACIÓN

1. **La unidad que combina datos y métodos que operen sobre esos datos se llama:**
   a) Métodos
   b) Propiedades
   c) Clase
   d) Objeto

2. **El nombre de una característica o atributo de un objeto:**
   a) Debe empezar con un guion bajo, un número o una letra.
   b) Debe empezar con un número o un guion bajo.
   c) Debe empezar con una letra o un guion bajo.
   d) Debe empezar con un guion bajo.

3. **El contenido de una clase se divide principalmente en dos partes:**
   a) Cabecera y funciones
   b) Variables o propiedades y funciones o métodos
   c) Cabecera y propiedades o variables
   d) Variables o funciones y propiedades

4. **Los métodos se componen de dos partes:**
   a) Cabecera y cuerpo
   b) Variables y cuerpo
   c) Cuerpo y funciones
   d) Cabecera y funciones

5. **Los métodos constructores son:**
   a) Invocados cuando se utiliza un objeto de la clase.
   b) Los encargados de acceder a las variables miembro de un objeto y mostrar su valor.
   c) Invocados automáticamente cuando se crea un nuevo objeto de la clase.
   d) Los encargados de acceder a las variables miembro de un objeto y cambiar su valor.

6. **Los métodos *set* son:**
   a) Invocados cuando se utiliza un objeto de la clase.
   b) Los encargados de acceder a las variables miembro de un objeto y mostrar su valor.
   c) Invocados automáticamente cuando se crea un nuevo objeto de la clase.
   d) Los encargados de acceder a las variables miembro de un objeto y cambiar su valor.

7. **Un método declarado como público:**
   a) Será accesible desde cualquier clase y cualquier parte del programa.
   b) Solo será accesible desde operaciones de la clase.
   c) Solo será accesible desde operaciones de la clase o de clases derivadas.
   d) Será accesible desde cualquier parte del programa.

8. **En C# para indicar que una clase hereda de otra:**
   a) En la cabecera de la clase se indica su nombre seguido de dos puntos ":" y el nombre de la clase padre.
   b) En la cabecera de la clase se indica su nombre seguido de la palabra "extends" y el nombre de la clase padre.
   c) En la cabecera de la clase se indica su nombre seguido del nombre de la clase padre entre paréntesis.
   d) En la cabecera de la clase se indica su nombre seguido del nombre de la clase padre entre comillas simples.

9. **En la estructura dinámica conocida como PILA:**
   a) Los elementos están formados por una pareja (clave, valor) y se añaden mediante dicha clave.
   b) Podemos insertar un elemento en cualquier posición y mostrar sus elementos en el orden que indiquemos.
   c) El último elemento que se ha añadido es el último que se muestra al recorrerla.
   d) El último elemento que se ha añadido es el primero que se muestra al recorrerla.

10. **En la estructura dinámica conocida como SortedList:**
    a) Los elementos están formados por una pareja (clave, valor) y se añaden mediante dicha clave.
    b) Podemos insertar un elemento en cualquier posición y mostrar sus elementos en el orden que indiquemos.
    c) El último elemento que se ha añadido es el último que se muestra al recorrerla.
    d) El último elemento que se ha añadido es el primero que se muestra al recorrerla.

ACTIVIDAD 1

Cree una clase base y varias clases hijas que hereden de ella.

ACTIVIDAD 2

Cree distintas estructuras dinámicas y utilícelas para guardar varios objetos de las clases creadas.

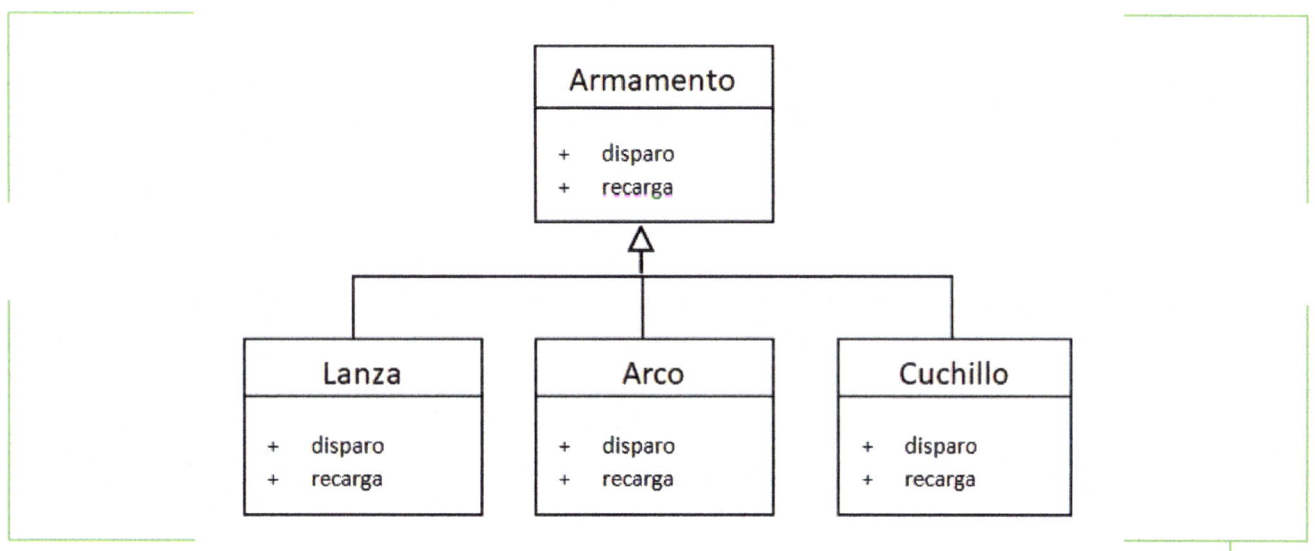

En esta unidad va a estudiar:

- Patrones de diseño
- Tipos de patrones
- Patrones de creación
- Patrones estructurales
- Patrones de comportamiento
- Concurrencia

Con su estudio, va a ser capaz de:

- Saber qué es un patrón de diseño.
- Conocer los tipos de patrones.
- Saber cuándo utilizar patrones de creación.
- Saber cuándo utilizar patrones estructurales.
- Saber cuándo utilizar patrones de comportamiento.
- Definir concurrencia.
- Comprender el uso de los hilos.

3.1 Patrones de diseño

Los patrones son soluciones habituales a problemas comunes en el diseño orientado a objetos. Cuando una solución se repite una y otra vez en varios proyectos, para un problema en concreto, al final alguien le pone un nombre y explica la solución en detalle. Básicamente, así es como se descubre un patrón.

La idea fue recogida por cuatro autores: Erich Gamma, John Vlissides, Ralph Johnson y Richard Helm. En 1995, publicaron *Patrones de diseño*, en el que aplicaron el concepto de los patrones de diseño a la programación. El libro presentaba 23 patrones que resolvían varios problemas del diseño orientado a objetos y se convirtió en un éxito de ventas con rapidez.

Desde entonces se han descubierto decenas de nuevos patrones orientados a objetos. La "metodología del patrón" se hizo muy popular en otros campos de la programación, por lo que hoy en día existen muchos otros patrones no relacionados con el diseño orientado a objetos.

Estos patrones, como veremos, se dividen en tres tipos; de cada uno de ellos veremos algunos ejemplos en este libro pero no podemos hablar de todos ya que, como hemos dicho, el número de patrones sigue incrementándose a día de hoy y sería muy extenso tratar todos ellos.

Los **patrones de diseño** son soluciones habituales a problemas que ocurren con frecuencia en el diseño de software. Son como planos prefabricados para una situación específica, que se pueden personalizar para resolver un problema de diseño recurrente en su código.

No se puede elegir un patrón y copiarlo en el programa como si se tratara de funciones o bibliotecas ya preparadas. El patrón no es una porción ya implementada de código, sino un concepto general para resolver un problema particular.

3.2 Estructura de un patrón de diseño

Cuando se describe un patrón de diseño se pueden citar más o menos propiedades del mismo: el problema que resuelve, sus ventajas, si proporciona escalabilidad en el diseño o no, etc. Siguiendo las directrices marcadas por los autores del famoso libro *Patrones de diseño*, para definir un patrón de diseño es necesario describir, como mínimo, cuatro componentes fundamentales:

- **Nombre**: El nombre del patrón es fundamental. Es deseable tener un nombre corto y autodefinido, de forma que sea fácil de manejar por diseñadores y desarrolladores. También se debe indicar los alias del patrón.

- **Problema y contexto**: Obviamente, el problema que resuelve un patrón en concreto debe ser descrito de forma detallada. Sin embargo, es muy importante que se dé una definición clara del contexto en el cual tiene sentido la aplicación del patrón. El contexto se puede ver como un listado de precondiciones que deben cumplirse para poder aplicar el patrón.

- **Solución**: La solución que proporciona un patrón se describe genéricamente y nunca ligada a ninguna implementación. Por regla general, se utilizan los conceptos y la nomenclatura de la programación orientada objetos. La solución normalmente describe las clases y las relaciones entre objetos, así como la responsabilidad de cada entidad y cómo colaboran entre ellas para llegar a la solución.

  Gracias a la adopción de esta nomenclatura, la implementación de los patrones en los lenguajes orientados a objetos como C# o JAVA es más directa dada su especificación abstracta.

- **Ventajas y desventajas**: La aplicación de un patrón de diseño no es una decisión que debe tomarse sin tener en cuenta los beneficios que aporta y sus posibles inconvenientes, en diferentes términos: complejidad, tiempo de ejecución, acoplamiento, cohesión, extensibilidad, portabilidad, etc. Si estos términos están documentados, será más sencillo tomar una decisión.

3.3 Tipos de patrones

El criterio más aceptado a la hora de clasificar los diferentes patrones de diseño es el ámbito de diseño donde tienen aplicación. Así, podemos definir tres categorías fundamentales:

- **Patrones de creación**: Se trata de aquellos que proporcionan una solución relacionada con la construcción de clases, objetos y otras estructuras de datos. Por ejemplo, patrones como *Singleton*, *Abstract Factory*, *Builder* y otros ofrecen mecanismos de creación de instancias de objetos y estructuras escalables dependiendo de las necesidades.

- **Patrones estructurales**: Este tipo de patrones tratan sobre la forma de organizar las jerarquías de clases, las relaciones y las diferentes composiciones entre objetos para obtener un buen diseño bajo un determinado contexto. Patrones como *Adapter*, *Facade* o *Flyweight* son ejemplos de patrones estructurales.

- **Patrones de comportamiento**: Las soluciones de diseño que proporcionan los patrones de comportamiento están orientadas al envío de mensajes entre objetos y cómo organizar ejecuciones de diferentes métodos para conseguir realizar algún tipo de tarea de forma más conveniente. Algunos ejemplos son *Visitor*, *Iterator* y *Observer*.

PARA SABER MÁS

https://refactoring.guru/ es un sitio web dedicado al tema de la refactorización y los patrones de diseño. Está diseñado como una guía práctica sobre refactorización que puede utilizarse tanto por principiantes como por desarrolladores experimentados.

En esta web podrá descargar ejemplos de código en diversos lenguajes de programación.

3.4 Patrones de creación

3.4.1 Patrón *Singleton*

Nombre

El patrón *Singleton* (Único) se suele utilizar cuando es necesario tener una **única instancia** de un determinado tipo de objeto.

Problema

En C#, utilizando el operador new es posible crear una instancia de un objeto. Sin embargo, es posible que necesitemos que solo exista una instancia de una clase determinada por diferentes motivos (prevención de errores, seguridad, etc.).

El balón en un juego de fútbol o la bola de un *pinball* son ejemplos donde podría ser conveniente mantener una única instancia de este tipo de objetos.

Solución

Para garantizar que solo existe una instancia de un objeto es necesario que los clientes no puedan acceder directamente al constructor. Por ello, en un *Singleton* el constructor es privado. A cambio se debe proporcionar un método de creación estático que actúe como constructor. Tras bambalinas, este método invoca al constructor privado para crear un objeto y lo guarda en un campo estático. Las siguientes llamadas a este método devuelven el objeto almacenado en caché.

Ventajas y desventajas. A favor:

- Puede tener la certeza de que una clase tiene una única instancia.

• Obtiene un punto de acceso global a dicha instancia.

• El objeto *Singleton* solo se inicializa cuando se requiere por primera vez.

```
public static Singleton GetInstance()
{
    if (instance == null)
    {
        instance = new Singleton();
    }
    return instance;
}
```

Figura 3.1 Ejemplo de una posible implementación del patrón *Singleton*.

PARA RECORDAR

El patrón no es una porción ya implementada de código, sino un concepto general para resolver un problema particular.

Ventajas y desventajas. En contra:

• Vulnera el *principio de responsabilidad única*. El patrón resuelve dos problemas al mismo tiempo.

• El patrón *Singleton* puede enmascarar un mal diseño, por ejemplo, cuando los componentes del programa saben demasiado los unos sobre los otros.

• El patrón requiere de un tratamiento especial en un entorno con múltiples hilos de ejecución para que varios hilos no creen un objeto *Singleton* varias veces.

• Puede resultar complicado realizar la prueba unitaria del código cliente del *Singleton* porque muchos *frameworks* de prueba dependen de la herencia a la hora de crear objetos simulados (*mock objects*). Debido a que la clase *Singleton* es privada y en la mayoría de los lenguajes resulta imposible sobrescribir métodos estáticos, tendrá que pensar en una manera original de simular el *Singleton*.

3.4.2 Patrón *Abstract Factory*

Nombre

El patrón *Abstract Factory* (Fábrica abstracta) permite crear diferentes tipos de instancias de objetos, aislando al cliente sobre cómo se debe crear cada una de ellas.

Problema

Conforme un programa crece, el número de clases que representan los diferentes tipos de objetos suele también crecer. Muchos de los diseños tienen jerarquías de objetos. Por ejemplo:

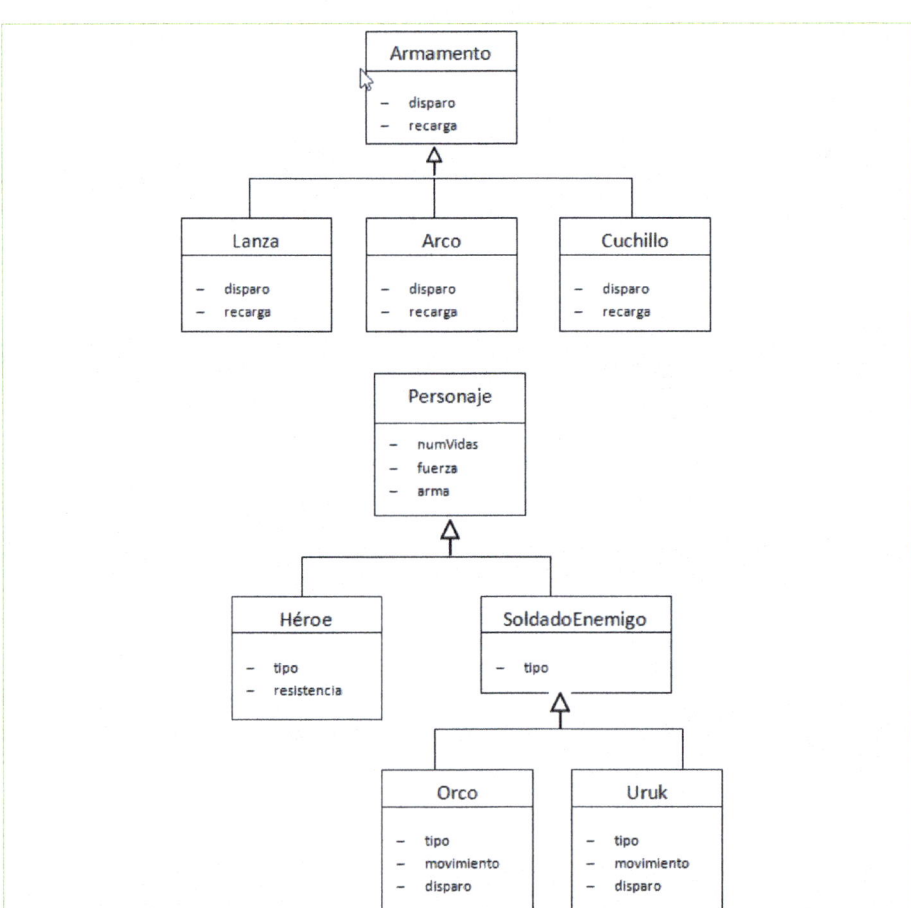

Figura 3.2 Posible diagrama de clases para los ejercicios propuestos en el capítulo anterior. Evidentemente no está completo por ahorro de espacio.

Si en nuestro juego, cada personaje (héroe, orco o uruk) tiene una serie de características propias que lo hacen moverse más rápido o tener más resistencia a los ataques, el patrón **Abstract Factory** puede ser de ayuda, ya que será necesario crear diferentes tipos de objetos utilizando una jerarquía de componentes. Para ello, es deseable aislar la forma en que se construye cada clase de objeto.

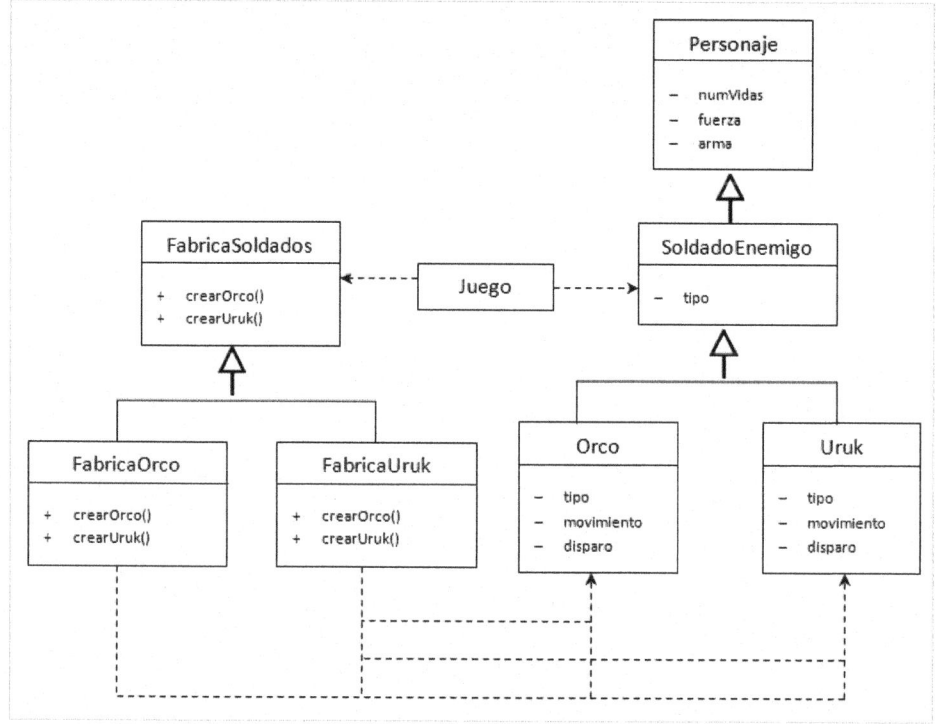

Figura 3.3 Aplicación del patrón *Abstract Factory*.

Solución

En primer lugar se define una factoría abstracta que será la que utilice el cliente (Juego) para crear los diferentes objetos. Por ello, *FabricaSoldados* es una factoría que solo tiene métodos abstractos que serán implementados por sus clases hijas.

Estas son factorías concretas a cada tipo de personaje (*FabricaOrco* y *FabricaUruk*) y ellas son las que crean las instancias concretas de objetos Orco y Uruk para cada uno de los personajes. En definitiva, el patrón *Abstract Factory* recomienda crear las siguientes entidades:

- Factoría abstracta que defina una interfaz para que los clientes puedan crear los distintos tipos de objetos.

- Factorías concretas que realmente crean las instancias finales.

Ventajas y desventajas. A favor:

- Puede tener la certeza de que los productos que obtiene de una fábrica son compatibles entre sí.

- Evita un acoplamiento fuerte entre productos concretos y el código cliente.

- Principio de responsabilidad única. Puede mover el código de creación de productos a un solo lugar, haciendo que el código sea más fácil de mantener.

- Principio de abierto/cerrado. Puede introducir nuevas variantes de productos sin descomponer el código cliente existente.

Ventajas y desventajas. En contra:

- Puede ser que el código se complique más de lo que debería, ya que se introducen muchas nuevas interfaces y clases junto al patrón.

Un patrón muy similar a este es el patrón **Builder**. Con una estructura similar, el patrón **Builder** se centra en el proceso de cómo se crean las instancias y no en la jerarquía de factorías que lo hacen posible.

3.5 Patrones estructurales

3.5.1 Patrón *Composite*

Hasta ahora, hemos visto los patrones para diseñar aplicaciones donde el problema crítico es la creación de diferentes instancias de objetos. Los patrones de diseño estructurales se centran en las relaciones entre clases y en cómo organizarlas para obtener un diseño eficiente para resolver un determinado problema.

Nombre

El patrón *Composite* (Compuesto) se utiliza para crear una organización arbórea y homogénea de instancias de objetos y permite trabajar con esas estructuras como si fueran objetos individuales.

El uso del patrón *Composite* solo tiene sentido cuando el modelo central de su aplicación puede representarse en forma de árbol.

Problema

Suponga que en nuestro juego el jugador (Héroe) puede recoger objetos o ítems, los cuales tienen una serie de propiedades como "energía", "munición", etc. Cada ítem, a su vez, puede contener otros ítems. Por ejemplo, una "bolsa" puede contener una pequeña "botella" que, a su vez, contiene una poción que le proporcionará al jugador un aumento de energía.

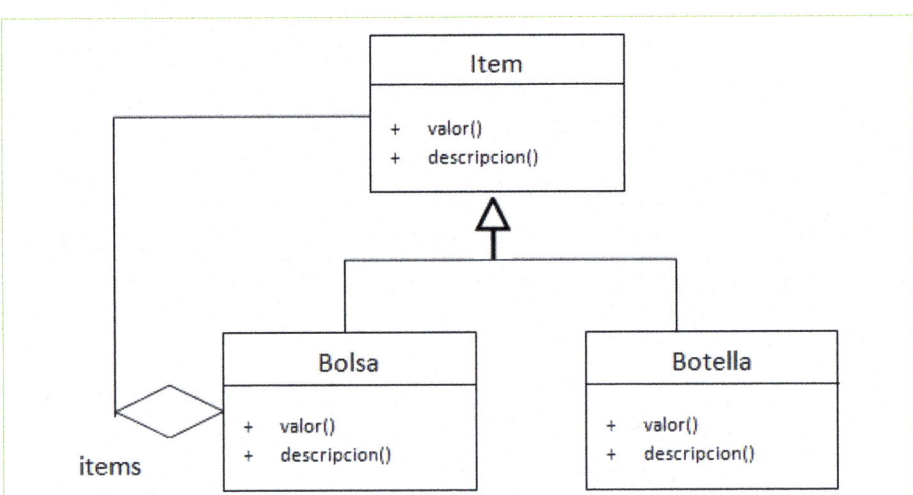

Figura 3.4 Representación de un problema al que podrá aplicar el patrón *Composite*.

En definitiva, el patrón *Composite* habla sobre cómo diseñar este tipo de problemas donde la composición homogénea de objetos forma una estructura arbórea.

Solución

Como se puede ver, todos los elementos son ítems que implementan una serie de métodos comunes. En la jerarquía, existen objetos compuestos, como "Bolsa", que mantienen una lista (ítems) donde residen los objetos que contiene. Naturalmente, los objetos compuestos suelen ofrecer también operaciones para *añadir*, *eliminar* y *actualizar* los objetos que contienen.

Para una "Botella", sencillamente devuelve su valor y su descripción. Para una "Bolsa", recorre cada ítem que contiene, pregunta su valor y su descripción y los devuelve. Si uno de esos ítems fuera una "Bolsa", también se comenzaría a repasar su contenido y así sucesivamente, hasta mostrar todos los componentes internos.

Ventajas y desventajas. A favor:

- Puede trabajar con estructuras de árbol complejas con mayor comodidad: utilice el polimorfismo y la recursión en su favor.

- *Principio de abierto/cerrado*. Puede introducir nuevos tipos de elemento en la aplicación sin descomponer el código existente, que ahora funciona con el árbol de objetos.

Ventajas y desventajas. En contra:

- Puede resultar difícil proporcionar una interfaz común para clases cuya funcionalidad difiere demasiado. En algunos casos, tendrá que generalizar en exceso la interfaz componente, provocando que sea más difícil de comprender.

3.5.2 Patrón *Decorator*

Nombre

El patrón *Decorator* (Decorador) también conocido como *Wrapper* (Envoltorio) se utiliza para añadir funcionalidades a objetos colocando estos objetos dentro de objetos encapsuladores especiales que contienen estas funcionalidades.

Problema

Suponga que, en nuestro juego, el jugador (Héroe) puede llevar una única arma que será de un tipo determinado. Según el tipo de arma tendrá unas propiedades u otras. Por ejemplo, el arco tendrá un alcance, un número de flechas para almacenar. Suponga que existe la posibilidad de incorporar elementos que cambien las propiedades como que el arco sea más grande y aumente su distancia de disparo o que el arco pueda lanzar flechas explosivas, etc.

El patrón *Decorator* permite organizar el diseño de forma que la incorporación de nueva funcionalidad en tiempo de ejecución a un objeto sea transparente desde el punto de vista del usuario de la clase *decorada*.

Solución

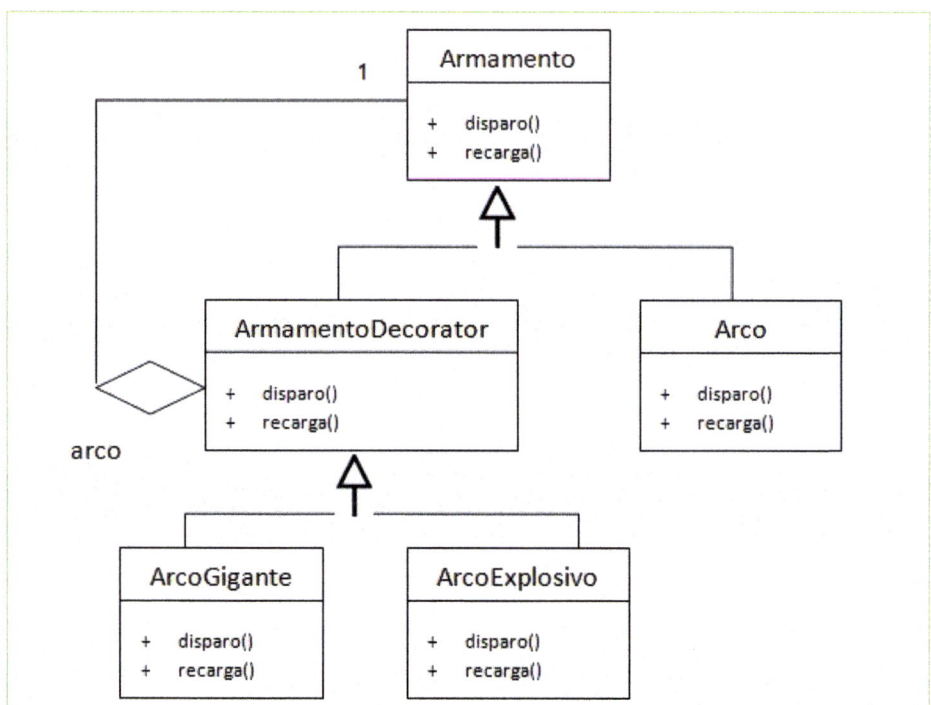

Figura 3.5 Aplicación del patrón *Decorator* para el supuesto anteriormente descrito.

Las armas implementan una clase abstracta llamada "Armamento". Una de sus hijas es "ArmamentoDecorator" que es el padre de todos los componentes que "decoran" a un objeto "Armamento". Nótese que este decorador implementa la interfaz propuesta por "Armamento" y está compuesta por un objeto "arco", el cual decora.

Ventajas y desventajas. A favor:

- Puede extender el comportamiento de un objeto sin crear una nueva subclase.

- Puede añadir o eliminar responsabilidades de un objeto durante el tiempo de ejecución.

- Puede combinar varios comportamientos envolviendo un objeto con varios decoradores.

- *Principio de responsabilidad única*. Puede dividir una clase monolítica que implementa muchas variantes posibles de comportamiento en varias clases más pequeñas.

Ventajas y desventajas. En contra:

- Resulta difícil eliminar un *Wrapper* específico de la pila de *Wrappers*.

- Es difícil implementar un decorador de tal forma que su comportamiento no dependa del orden en la pila de decoradores.

- El código de configuración inicial de las capas pueden tener un aspecto desagradable.

3.5.3 Patrón *Adapter*

Nombre

El patrón *Adapter* (Adaptador) es un patrón de diseño estructural que permite la colaboración entre objetos con interfaces incompatibles.

Problema

Es muy probable que conforme avanza la construcción de la aplicación, el diseño de las interfaces que ofrecen las diferentes clases y sistemas pueden no ser las adecuadas o, al menos, las esperadas por los usuarios de los mismos. Una solución rápida y directa es adaptar dichas interfaces a nuestras necesidades. Sin embargo, esto puede que no sea tan sencillo.

En primer lugar, es posible que no tengamos la posibilidad de modificar el código de la clase o sistema que pretendemos cambiar. Por otro lado, puede ser que sea un requisito no funcional por parte del cliente: determinado sistema o biblioteca debe utilizarse. Si se trata de una biblioteca externa (*third party*), puede ocurrir que la modificación suponga un coste adicional para el proyecto, ya que tendría que ser mantenida por el propio proyecto y adaptar las mejoras y cambios que se añadan en la versión no modificada.

Por lo tanto, es posible llegar a la conclusión de que, a pesar de que el sistema, biblioteca o clase no se adapta perfectamente a nuestras necesidades, trae más a cuenta utilizarla que hacer una versión propia.

Por ejemplo, puede envolver un objeto que opera con metros y kilómetros con un adaptador que convierta todos los datos a pies y millas.

Solución

Usando el patrón *Adapter* es posible crear una nueva interfaz de acceso a un determinado objeto, por lo que proporciona un mecanismo de adaptación entre las demandas del cliente y el objeto servidor que proporciona la funcionalidad.

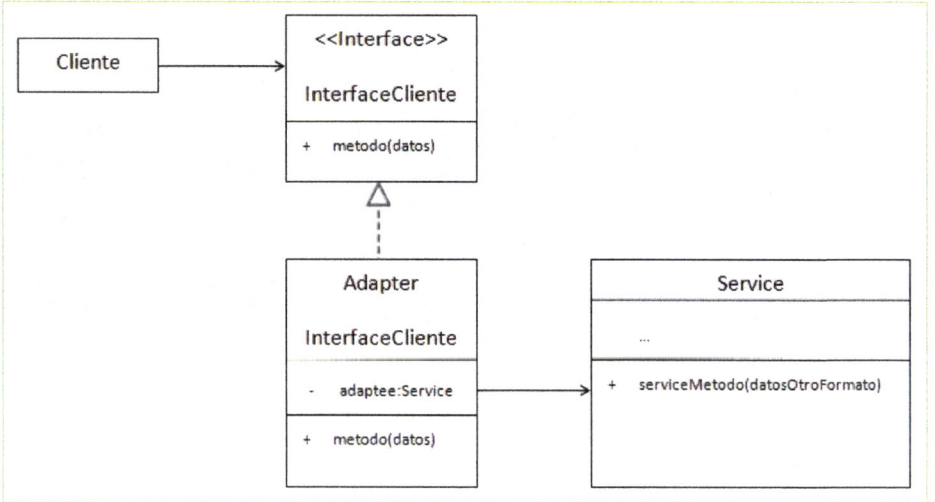

Figura 3.6 Aplicación del patrón *Adapter*.

En la imagen se muestra un diagrama de clases genérico del patrón basado en la composición. Como puede verse, el cliente no utiliza el sistema adaptado, sino el adaptador. Este es el que transforma la invocación a *metodo()* en *serviceMetodo()*. Es posible que el adaptador también incluya nueva funcionalidad. Algunas de las más comunes son:

- La comprobación de la corrección de los parámetros.

- La transformación de los parámetros para ser compatibles con el sistema adaptado.

Ventajas y desventajas. A favor:

- Principio de responsabilidad única. Puede separar la interfaz o el código de conversión de datos de la lógica de negocio primaria del programa.

- Principio de abierto/cerrado. Puede introducir nuevos tipos de adaptadores al programa sin descomponer el código cliente existente, siempre y cuando trabajen con los adaptadores a través de la interfaz con el cliente.

Ventajas y desventajas. En contra:

- La complejidad general del código aumenta, ya que debe introducir un grupo de nuevas interfaces y clases. En ocasiones resulta más sencillo cambiar la clase de servicio de modo que coincida con el resto de su código.

3.6 Patrones de comportamiento

3.6.1 Patrón *Observer*

Los patrones de diseño relacionados con el comportamiento de las aplicaciones se centran en cómo diseñar los sistemas para obtener una cierta funcionalidad y, al mismo tiempo, obtener diseños escalables.

Nombre

El patrón *Observer* (Observador) permite definir un mecanismo de suscripción para notificar a varios objetos sobre cualquier evento que le suceda al objeto que están observando.

Problema

Cuando un elemento tiene influencia directa sobre otros, por ejemplo, si en el juego se lanza un misil seguramente haya que notificar que se ha producido el lanzamiento a diferentes sistemas de sonido, partículas, luz, etc.

Solución

El patrón *Observer* proporciona un diseño con poco acoplamiento entre los **observadores** y el objeto **observado** (Publisher). Los objetos observadores se deben registrar en el objeto observado (Array de Suscriptores), también conocido como **subject**. Así, cuando ocurra el evento oportuno, el **subject** recibirá una invocación a través de notify() y será el encargado de "notificar" a todos los elementos suscritos a él a través del método update(). Los observadores que reciben la invocación pueden realizar las acciones pertinentes como consultar el estado del dominio para obtener nuevos valores.

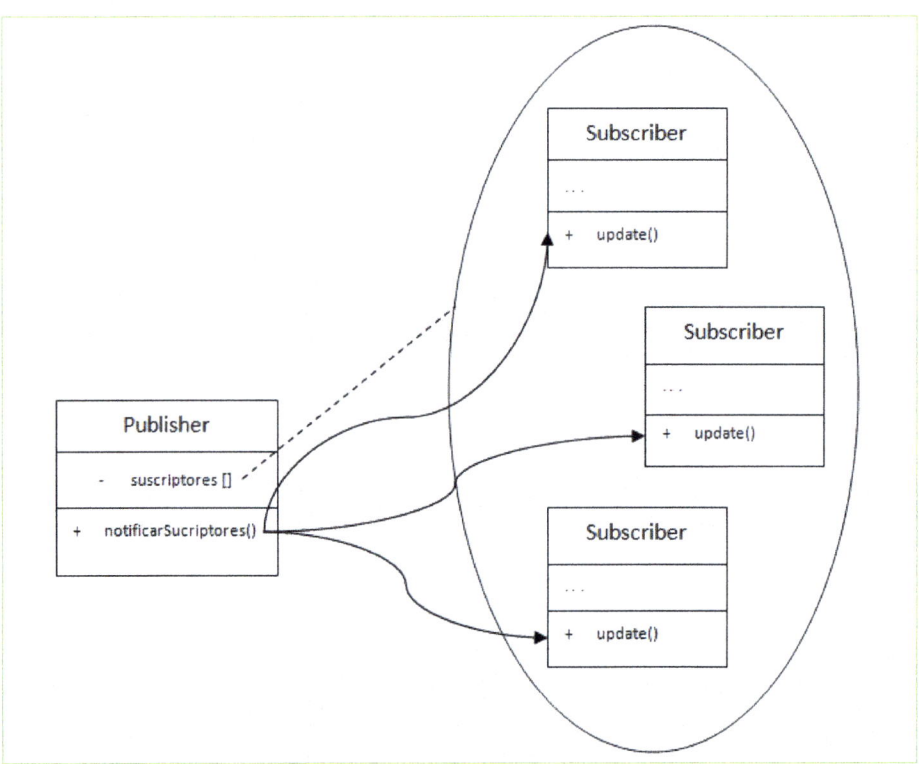

Figura 3.7 Aplicación del patrón *Adapter*. Los observadores se suscriben al **subject** y, a continuación, reciben las actualizaciones.

Ventajas y desventajas. A favor:

- Principio de abierto/cerrado. Puede introducir nuevas clases suscriptoras sin tener que cambiar el código de la notificadora (y viceversa si hay una interfaz notificadora).

- Puede establecer relaciones entre objetos durante el tiempo de ejecución.

Ventajas y desventajas. En contra:

- Los suscriptores son notificados en un orden aleatorio.

3.6.2 Patrón *State*

Nombre

El patrón *State* (Estado) permite a un objeto alterar su comportamiento cuando su estado interno cambia. Parece como si el objeto cambiara su clase.

Problema

La idea principal es que, en cualquier momento dado, un programa puede encontrarse en un número *finito* de *estados*. Dentro de cada estado único, el programa se comporta de forma diferente y puede cambiar de un estado a otro instantáneamente.

Sin embargo, dependiendo de un estado actual, el programa puede cambiar o no a otros estados. Estas normas de cambio llamadas *transiciones* también son finitas y predeterminadas.

El ejemplo más típico es la implementación de una IA en los enemigos. En principio pueden estar en el estado de "vigilancia", pero al detectar al jugador pueden pasar a otro estado denominado "alerta". Si vuelve a perder de vista al jugador debe volver al estado de "vigilancia", pero si se acerca a cierta distancia del jugador debe pasar a estado de "ataque".

Solución

El patrón *State* permite encapsular el mecanismo de las transiciones que sufre un objeto a partir de los estímulos externos.

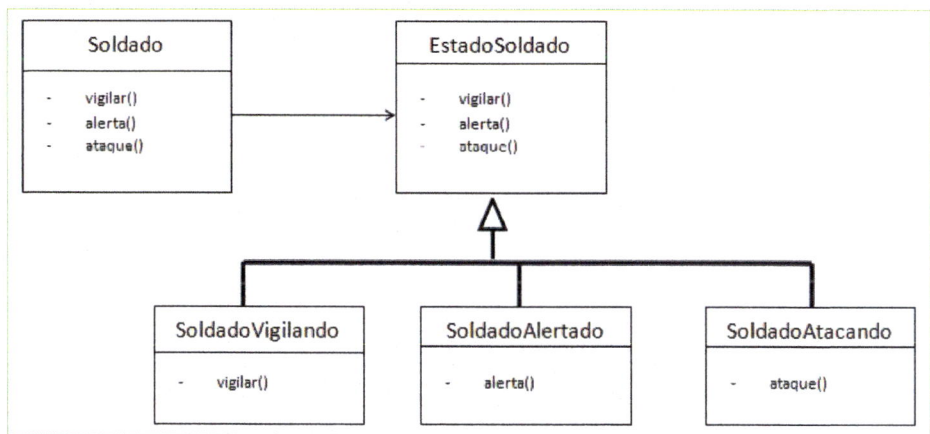

Figura 3.8 Aplicación del patrón *State*.

En la imagen se muestra un ejemplo de aplicación del mismo. La idea es crear una clase abstracta que representa al ***estado del personaje***. En ella se definen las mismas operaciones que puede recibir el personaje con una implementación por defecto. En este caso, la implementación es vacía.

Por cada estado en el que puede encontrarse el personaje, se crea una clase que hereda de la clase abstracta anterior, de forma que en cada una de ellas se implementen los métodos que producen cambio de estado. Por ejemplo, según el diagrama, en el estado "Vigilando" se puede recibir la orden de "Vigilar", pero no la orden de "Atacar". En caso de recibir esta última, se ejecutará la implementación por defecto, es decir, no hacer nada.

En definitiva, las clases que representan a los estados son las encargadas de cambiar el estado del personaje, de forma que para esa clase las transiciones son transparentes.

Ventajas y desventajas. A favor:

- Principio de responsabilidad única. Organiza el código relacionado con estados particulares en clases separadas.

- Principio de abierto/cerrado. Introduce nuevos estados sin cambiar clases de estado existentes o la clase contexto.

- Simplifica el código del contexto eliminando voluminosos condicionales de máquina de estados.

Ventajas y desventajas. En contra:

- Aplicar el patrón puede resultar excesivo si una máquina de estados solo tiene unos pocos estados o raramente cambia.

3.6.3 Patrón *Iterator*

Nombre

El patrón *Iterator* (Repetidor) permite recorrer elementos de una colección sin exponer su representación interna (lista, pila, árbol, etc.).

Problema

Las colecciones son de los tipos de datos más utilizados en programación. La mayoría de las colecciones almacena sus elementos en simples listas, pero algunas de ellas se basan en pilas, árboles, grafos y otras estructuras complejas de datos.

Una operación muy habitual es recorrer las estructuras para analizar y/o buscar los datos que contienen. Es posible que sea necesario recorrer la estructura de forma secuencial, de dos en dos o, simplemente, de forma aleatoria. Los clientes suelen implementar el método concreto con el que desean recorrer la estructura, por lo que puede ser un problema si, por ejemplo, se desea recorrer una misma estructura de datos de varias formas distintas. Conforme aumentan las combinaciones entre los tipos de estructuras y métodos de acceso, el problema empeora.

Solución

Con ayuda del patrón *Iterator* es posible obtener acceso secuencial, desde el punto de vista del usuario, a cualquier estructura de datos, independientemente de su implementación interna.

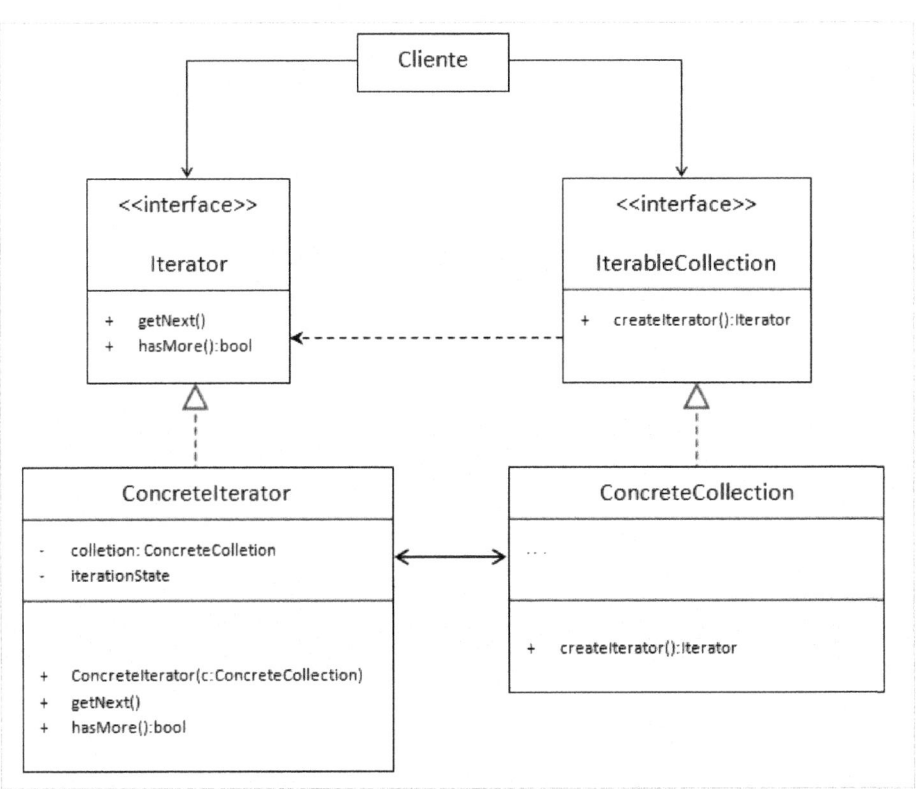

Figura 3.9 Aplicación del patrón *Iterator*.

1. La interfaz **Iteradora** declara las operaciones necesarias para recorrer una colección: extraer el siguiente elemento, recuperar la posición actual, reiniciar la iteración, etc.

2. Los **Iteradores Concretos** implementan algoritmos específicos para recorrer una colección. El objeto iterador debe controlar el progreso del recorrido por su cuenta. Esto permite a varios iteradores recorrer la misma colección con independencia entre sí.

3. La interfaz **Colección** declara uno o varios métodos para obtener iteradores compatibles con la colección. Observe que el tipo de retorno de los métodos debe declararse como la interfaz iteradora de forma que las colecciones concretas puedan devolver varios tipos de iteradores.

4. Las **Colecciones Concretas** devuelven nuevas instancias de una clase iteradora concreta particular cada vez que el cliente solicita una. Puede que se esté preguntando: ¿dónde está el resto del código de la colección? No se pre-

ocupe, debe estar en la misma clase. Lo que pasa es que estos detalles no son fundamentales para el patrón en sí, por eso los omitimos.

5. El **Cliente** debe funcionar con colecciones e iteradores a través de sus interfaces. De este modo, el cliente no se acopla a clases concretas, permitiéndote utilizar varias colecciones e iteradores con el mismo código cliente.

Normalmente, los clientes no crean iteradores por su cuenta; en lugar de eso, los obtienen de las colecciones. Sin embargo, en algunos casos, el cliente puede crear uno directamente, como cuando define su propio iterador especial.

Ventajas y desventajas. A favor:

• Principio de responsabilidad única. Puede limpiar el código cliente y las colecciones extrayendo algoritmos de recorrido voluminosos y colocándolos en clases independientes.

• Principio de abierto/cerrado. Puede implementar nuevos tipos de colecciones e iteradores y pasarlos al código existente sin descomponer nada.

• Puede recorrer la misma colección en paralelo porque cada objeto iterador contiene su propio estado de iteración.

• Por la misma razón, puede retrasar una iteración y continuar cuando sea necesario.

Ventajas y desventajas. En contra:

• Aplicar el patrón puede resultar excesivo si su aplicación funciona solo con colecciones sencillas.

• Utilizar un iterador puede ser menos eficiente que recorrer directamente los elementos de algunas colecciones especializadas.

3.7 Concurrencia

En los últimos años, el avance de los procesadores en todo tipo de dispositivos ha estado caracterizado por un enfoque que integra múltiples núcleos físicos de ejecución. El propósito principal de este diseño es permitir la *paralelización* de las tareas que realiza el procesador, lo que a su vez mejora el rendimiento general del sistema mediante la ejecución paralela.

La *paralelización* combinada con la noción de hilo como la unidad fundamental de ejecución en la CPU ha facilitado que aplicaciones exigentes como los videojuegos se beneficien de una notable mejora en el rendimiento.

Sin embargo, no todo son ventajas. Este modelo de desarrollo, que se basa en la ejecución simultánea de varios hilos de control, conlleva un aumento en la complejidad al desarrollar tales aplicaciones.

La *programación concurrente* es el campo que se ocupa del análisis de las notaciones que permiten especificar la ejecución simultánea de las acciones dentro de un programa, así como las técnicas para abordar los problemas asociados a esta ejecución concurrente (como la comunicación y sincronización).

Por ejemplo, si dos hilos diferentes acceden a un mismo conjunto de datos para leer y escribir sin restricciones, el programador debe dar soluciones que aseguren la coherencia de esos datos; es decir, debe evitar situaciones donde un hilo esté escribiendo sobre esos datos mientras otro hilo intenta acceder a ellos.

Figura 3.10 Un proceso puede tener varios hilos ejecutándose en paralelo.

Los hilos comparten el espacio de memoria del usuario, muchos comparten datos y espacios de direcciones; a diferencia de los procesos que generalmente poseen espacios de memoria independientes e interactúan a través de mecanismos de comunicación dados por el sistema.

Hilos y procesos pueden encontrarse en diferentes estados, pero los cambios de estado en los procesos son más costosos. Por ello a los hilos se les conoce a menudo como procesos ligeros.

Un hilo (hebra, *thread* en inglés) es una secuencia de código en ejecución dentro del contexto de un proceso. Los hilos no pueden ejecutarse ellos solos, necesitan la supervisión de un proceso padre para ejecutarse.

Dentro de cada proceso puede haber varios hilos ejecutándose. Las **ventajas de la programación multihilo** se pueden resumir en tres puntos:

- **Capacidad de respuesta**: La utilización de múltiples hilos ofrece un enfoque muy versátil. Por ejemplo, un hilo puede estar gestionando una solicitud de entrada/salida (E/S) mientras otro hilo sigue ejecutando diferentes funcionalidades. Además, se puede implementar un modelo que permita el paralelismo no bloqueante en las llamadas al sistema, lo que significa que cada hilo puede bloquearse de manera independiente.

- **Compartir recursos**: Esta técnica permite que varios hilos accedan y manejen el mismo espacio de direcciones, facilitando la colaboración entre ellos.

- **Eficacia**: Las operaciones relacionadas con la creación, cambio de contexto, destrucción y liberación de hilos son considerablemente más rápidas en comparación con los procesos pesados. Las operaciones más costosas suelen estar asociadas a la gestión de E/S. Además, la implementación de programación multihilo en arquitecturas con múltiples procesadores o núcleos puede aumentar de manera significativa el rendimiento de la aplicación.

3.7.1 Estados de un hilo

- **New (nuevo)**: Es el estado cuando se crea un objeto hilo con el operador new, por ejemplo new Hilo(), en este estado el hilo aún no se ejecuta; es decir, el programa no ha comenzado la ejecución del código del método run() del hilo.

- **Runnable (ejecutable)**: Cuando se invoca al método start(), el hilo pasa a este estado. El sistema operativo tiene que asignar tiempo de CPU al hilo para que se ejecute; por tanto, en este estado el hilo puede estar o no en ejecución.

- **Dead (muerto)**: Un hilo muere por varias razones: de muerte natural, porque el método run() finaliza con normalidad; y repentinamente, debido a alguna excepción no capturada en el método run(). En particular, es posible matar a un hilo invocando su método stop(). Este método lanza una excepción ThreadDeath que mata al hilo. Sin embargo el método stop() está en desuso y no se debe llamar ya que, cuando un hilo se detiene, inmediatamente no libera los bloqueos de los objetos que ha bloqueado. Esto puede dejar a los objetos en un estado inconsistente. Para detener un hilo de manera segura, se puede usar una variable.

- **Blocked (bloqueado)**: En este estado podría ejecutarse el hilo, pero hay algo que lo evita. Un hilo entra en estado bloqueado cuando ocurre una de las siguientes acciones:

  ○ Alguien llama al método **sleep()** del hilo, es decir, se ha puesto a dormir. Vuelve a pasar a ejecutable cuando expira el número de milisegundos del método sleep().

  ○ El hilo está esperando a que se complete una operación de entrada / salida.

  ○ El hilo llama al método **wait()**. El hilo no se volverá ejecutable hasta que reciba los mensajes **notify()** o **notifyAll().**

  ○ El hilo intenta bloquear un objeto que está actualmente bloqueado por otro hilo.

  ○ Alguien llama al método **suspend()** del hilo. No se volverá ejecutable de nuevo hasta que reciba el mensaje **resume()**.

El segmento de código donde un proceso tiene la capacidad de modificar variables compartidas con otros procesos se conoce como *sección crítica*. Esto lo podemos observar, por ejemplo, en la programación orientada a objetos en las variables miembro de una clase, especialmente cuando las instancias de esa clase pueden gestionar múltiples solicitudes de manera simultánea a través de diferentes hilos de control.

Para prevenir inconsistencias, lo deseado es que, mientras un hilo está ejecutando su sección crítica, ningún otro hilo pueda acceder a ella. De esta manera, si un objeto está diseñado para manejar varias solicitudes, no debería ser posible que un cliente altere el estado de esa instancia mientras otro cliente intenta leerlo. El desafío relacionado con la sección crítica radica en desarrollar una solución que asegure que los elementos implicados puedan operar sin provocar inconsistencias.

EJERCICIO 3.1

De los patrones que hemos visto, el más fácil de implementar podría ser el *Singleton* ya que tan solo necesita esconder el constructor e implementar un método de creación estático.

Pero dicha implementación no funcionaría en un entorno multihilo, ya que los múltiples hilos pueden llamar al método de creación de forma simultánea y obtener varias instancias de la clase *Singleton*.

Implemente un código para sincronizar hilos durante la primera creación del objeto *Singleton*.

- Los patrones son soluciones habituales a problemas comunes en el diseño orientado a objetos. Cuando una solución se repite una y otra vez en varios proyectos, para un problema en concreto, al final alguien le pone un nombre y explica la solución en detalle. Básicamente, así es como se descubre un patrón.

- El patrón no es una porción ya implementada de código, sino un concepto general para resolver un problema particular.

- Para definir un patrón de diseño es necesario describir, como mínimo, cuatro componentes fundamentales: nombre, problema y contexto, solución y ventajas y desventajas de su uso.

- Podemos definir tres categorías fundamentales: patrones de creación, patrones estructurales y patrones de comportamiento.

- El patrón de creación *Singleton* (Único) se suele utilizar cuando es necesario tener una **única instancia** de un determinado tipo de objeto.

- El patrón de creación *Abstract Factory* (Fábrica abstracta) permite crear diferentes tipos de instancias de objetos, aislando al cliente sobre cómo se debe crear cada una de ellas.

- El patrón estructural *Composite* (Compuesto) se utiliza para crear una organización arbórea y homogénea de instancias de objetos y permite trabajar con esas estructuras como si fueran objetos individuales.

- El patrón estructural *Decorator* (Decorador) también conocido como *Wrapper* (Envoltorio) se utiliza para añadir funcionalidades a objetos colocándolos dentro de objetos encapsuladores especiales que contienen estas funcionalidades.

- El patrón *Adapter* (Adaptador) es un patrón de diseño estructural que permite la colaboración entre objetos con interfaces incompatibles.

- El patrón de comportamiento *Observer* (Observador) permite definir un mecanismo de suscripción para notificar a varios objetos sobre cualquier evento que le suceda al objeto que están observando.

- El patrón de comportamiento *Iterator* (Repetidor) permite recorrer elementos de una colección sin exponer su representación interna (lista, pila, árbol, etc.).

- En los últimos años, el avance de los procesadores en todo tipo de dispositivos ha estado caracterizado por un enfoque que integra múltiples núcleos físicos de ejecución. El propósito principal de este diseño es permitir la **paralelización** de las tareas que realiza el procesador, lo que a su vez mejora el rendimiento general del sistema mediante la ejecución paralela.

- La **paralelización** combinada con la noción de hilo como la unidad fundamental de ejecución en la CPU ha facilitado que aplicaciones exigentes como los videojuegos se beneficien de una notable mejora en el rendimiento.

- La **programación concurrente** es el campo que se ocupa del análisis de las notaciones que permiten especificar la ejecución simultánea de las acciones dentro de un programa, así como las técnicas para abordar los problemas asociados a esta ejecución concurrente (como la comunicación y sincronización).

TEST DE EVALUACIÓN

1. Los patrones de diseño:

a) Son soluciones habituales a problemas que ocurren con frecuencia en el diseño de software.

b) Son códigos implementados para problemas que ocurren con frecuencia en el diseño de software.

c) Son un conjunto de diagramas que indican cómo resolver problemas que ocurren con frecuencia en el diseño de software.

d) Son clases estandarizadas para problemas que ocurren con frecuencia en el diseño de software.

2. Para definir un patrón de diseño es necesario describir, como mínimo, cuatro componentes:

a) Nombre, solución, estructura y pseudocódigo.

b) Nombre, contexto, solución, ventajas y desventajas.

c) Nombre, contexto, solución y estructura.

d) Nombre, estructura, solución, ventajas y desventajas.

3. Existen tres categorías fundamentales de diseño de patrones:

a) Estructurales, factoría y de comportamiento.

b) Factoría, *Singleton* y estructurales.

c) Creacionales, estructurales y de comportamiento.

d) *Singleton*, estructurales y creacionales.

4. El patrón *Singleton*:

a) Se utiliza para añadir funcionalidades a objetos.

b) Permite la colaboración entre objetos con interfaces incompatibles.

c) Permite definir un mecanismo de suscripción para notificar a varios objetos sobre cualquier evento que le suceda al objeto que están observando.

d) Se suele utilizar cuando es necesario tener una **única instancia** de un determinado tipo de objeto.

5. El patrón *Decorator*:

a) Se utiliza para añadir funcionalidades a objetos.

b) Permite la colaboración entre objetos con interfaces incompatibles.

c) Permite definir un mecanismo de suscripción para notificar a varios objetos sobre cualquier evento que le suceda al objeto que están observando.

d) Se suele utilizar cuando es necesario tener una **única instancia** de un determinado tipo de objeto.

6. El patrón *Observer*:

a) Se utiliza para añadir funcionalidades a objetos.

b) Permite la colaboración entre objetos con interfaces incompatibles.

c) Permite definir un mecanismo de suscripción para notificar a varios objetos sobre cualquier evento que le suceda al objeto que están observando.

d) Se suele utilizar cuando es necesario tener una **única instancia** de un determinado tipo de objeto.

7. El patrón *Adapter*:

a) Se utiliza para añadir funcionalidades a objetos.

b) Permite la colaboración entre objetos con interfaces incompatibles.

c) Permite definir un mecanismo de suscripción para notificar a varios objetos sobre cualquier evento que le suceda al objeto que están observando.

d) Se suele utilizar cuando es necesario tener una **única instancia** de un determinado tipo de objeto.

8. El patrón *State*:

a) Permite a un objeto alterar su comportamiento.

b) Permite recorrer elementos de una colección sin exponer su representación interna.

c) Se utiliza para añadir funcionalidades a objetos.

d) Se suele emplear cuando es necesario tener una **única instancia** de un determinado tipo de objeto.

9. La programación concurrente se encarga:

a) De paralelizar los procesos.

b) De resolver problemas de sincronización entre procesos.

c) De paralelizar y escalar los procesos.

d) De resolver problemas de comunicación y sincronización de las acciones de un programa.

10. Un hilo (Thread) es:

a) Un proceso en ejecución dentro de un programa.

b) Una secuencia de código que posee su propio espacio de memoria.

c) Una secuencia de código en ejecución dentro del contexto de un proceso.

d) Todas las anteriores.

ACTIVIDAD 1

Como se ha comentado al inicio del capítulo, ya en 1995 se planteaban 23 patrones de diseño que resolvían varios problemas del diseño orientado a objetos y con el tiempo han ido apareciendo muchos más.

En este capítulo hemos querido mostrar una introducción a los patrones de diseño y por eso se han mostrado ocho ejemplos significativos.

Realice una búsqueda de información sobre otros tres patrones de diseño. Uno de cada tipo, describiendo, como mínimo, sus cuatro componentes fundamentales: nombre, problema o contexto, solución y sus ventajas y desventajas.

Motor de desarrollo de videojuegos

Empieza a crear

En esta unidad va a estudiar:

- Distintos productos ofrecidos por Unity.
- Qué es Unity Hub.
- Modificar las preferencias del Editor.
- Cómo crear un nuevo proyecto.
- Modificar las opciones de un proyecto.

Con su estudio, va a ser capaz de:

- Instalar Unity.
- Crear un proyecto nuevo.
- Cambiar las preferencias del Editor.
- Crear un nuevo proyecto.
- Cambiar las opciones de un proyecto.

4.1 Unity

Unity es un motor de videojuego multiplataforma creado por Unity Technologies. Unity está disponible como plataforma de desarrollo para Microsoft Windows, Mac OS, Linux. La plataforma de desarrollo tiene soporte de compilación con diferentes tipos de plataformas (web, PC, móviles, videoconsolas, dispositivos de realidad extendida).

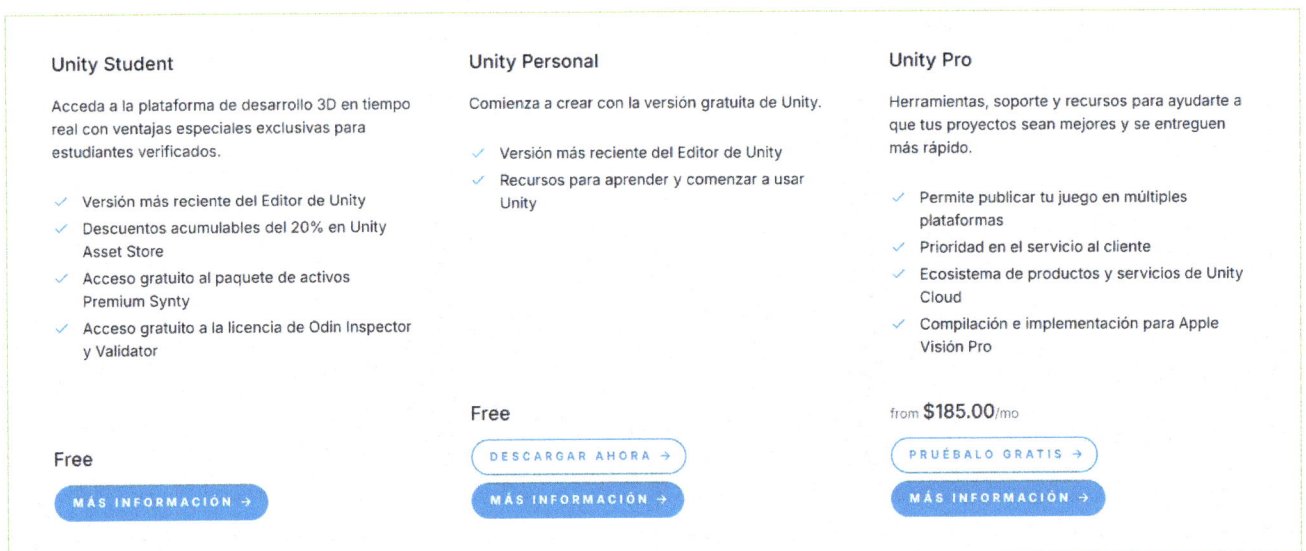

Unity Student

Acceda a la plataforma de desarrollo 3D en tiempo real con ventajas especiales exclusivas para estudiantes verificados.

- ✓ Versión más reciente del Editor de Unity
- ✓ Descuentos acumulables del 20% en Unity Asset Store
- ✓ Acceso gratuito al paquete de activos Premium Synty
- ✓ Acceso gratuito a la licencia de Odin Inspector y Validator

Free

MÁS INFORMACIÓN →

Unity Personal

Comienza a crear con la versión gratuita de Unity.

- ✓ Versión más reciente del Editor de Unity
- ✓ Recursos para aprender y comenzar a usar Unity

Free

DESCARGAR AHORA →

MÁS INFORMACIÓN →

Unity Pro

Herramientas, soporte y recursos para ayudarte a que tus proyectos sean mejores y se entreguen más rápido.

- ✓ Permite publicar tu juego en múltiples plataformas
- ✓ Prioridad en el servicio al cliente
- ✓ Ecosistema de productos y servicios de Unity Cloud
- ✓ Compilación e implementación para Apple Visión Pro

from $185.00/mo

PRUÉBALO GRATIS →

MÁS INFORMACIÓN →

Figura 4.1 Productos ofrecidos por Unity.

- El Plan **Unity Student** le permite acceder a la plataforma de desarrollo 3D en tiempo real utilizada por los profesionales para crear experiencias inmersivas. Es gratuito para estudiantes de mayores de dieciséis años, matriculados en instituciones educativas acreditadas, que den su consentimiento para la recopilación y procesamiento de datos.

  Este plan le permitirá acceder a la versión más reciente del Editor y tener descuentos en el Unity Asset Store.

- El Plan **Unity Personal** para usuarios individuales y pequeñas empresas cuyos ingresos o fondos recaudados en los últimos doce meses sean inferiores a 100 dólares.

  Este plan le permitirá acceder a la versión más reciente del Editor y a recursos para aprender y comenzar a usar Unity.

- El Plan **Unity Pro** facilita herramientas, soporte y recursos para publicar en diferentes plataformas, atención al cliente, servicio cloud y mejores simulaciones físicas con movimientos más realistas.

4.1.1 Unity Hub

Unity Hub es una herramienta para la gestión de proyectos Unity, además se pueden gestionar múltiples instalaciones del Editor Unity junto con sus componentes, crear nuevos proyectos y abrir proyectos existentes.

Puede usarlo para:

- Administrar la cuenta de Unity y licencias de Editor.
- Crear un proyecto, asociar una versión predeterminada del Editor Unity con el proyecto y administrar la instalación de varias versiones del Editor.
- Iniciar diferentes versiones de Unity desde la vista de un proyecto.

Figura 4.2 Unity Hub es la herramienta de administración para proyectos en Unity.

- Ejecutar dos versiones de Unity al mismo tiempo.

- Añadir componentes a las instalaciones existentes del Editor. Cuando se descarga una versión del Editor a través de Unity Hub, se puede buscar y agregar componentes adicionales (como compatibilidad con plataformas específicas, Visual Studio, documentos sin conexión y activos estándar) durante la instalación inicial o después.

PARA SABER MÁS
https://unity.com/es/download/

Figura 4.3 Descargue Unity Hub.

Figura 4.4 Acepte el acuerdo de licencia.

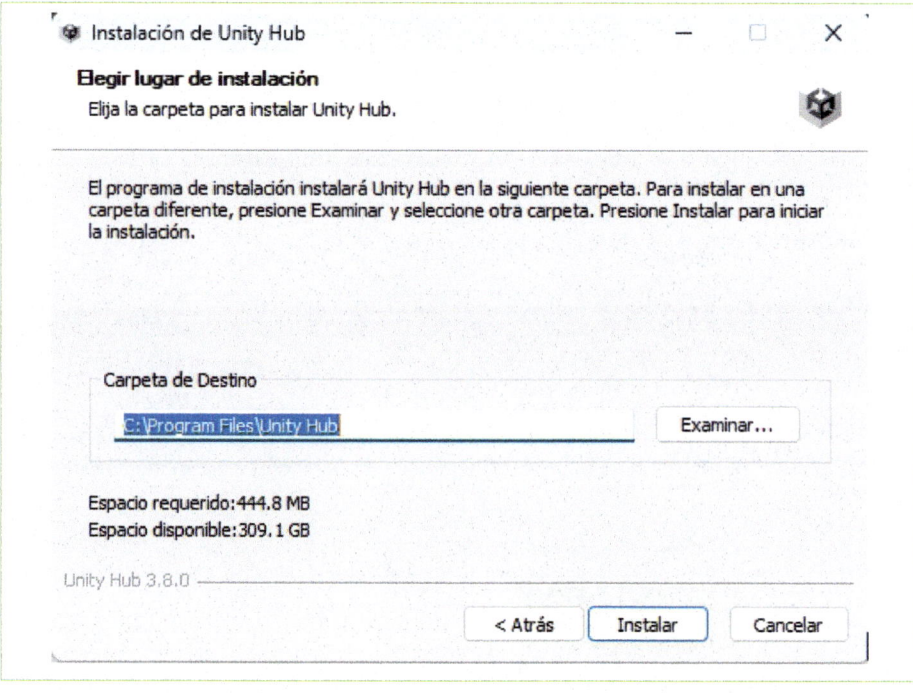

Figura 4.5 Indique la carpeta de destino.

Figura 4.6 Si todo ha ido bien el instalador nos propone ejecutar Unity Hub al terminar la instalación.

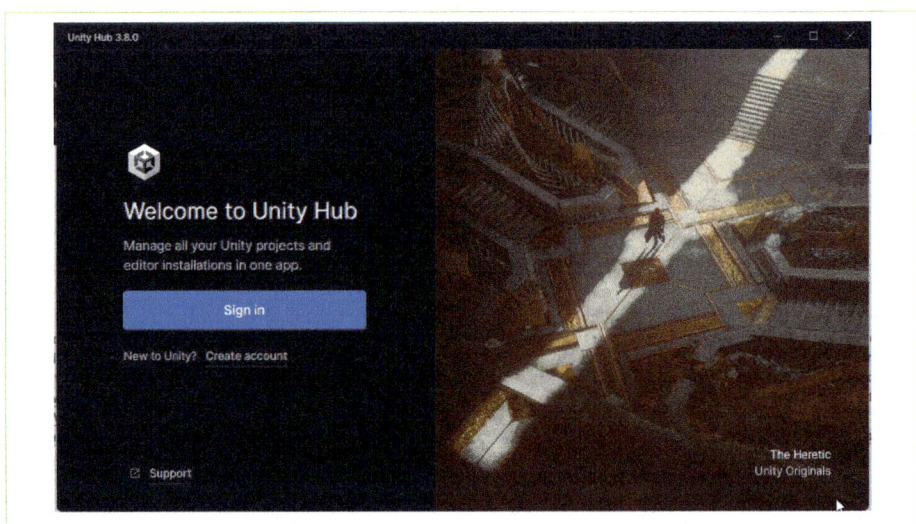

Figura 4.7 Al ejecutar Unity Hub nos solicita un inicio de sesión. Si no tenemos ID en Unity debemos crearlo.

Sign into your Unity ID

If you don't have a Unity ID, please create one.

Email

Password

✔ Remember me

Sign in

Figura 4.8 Crear ID en Unity.

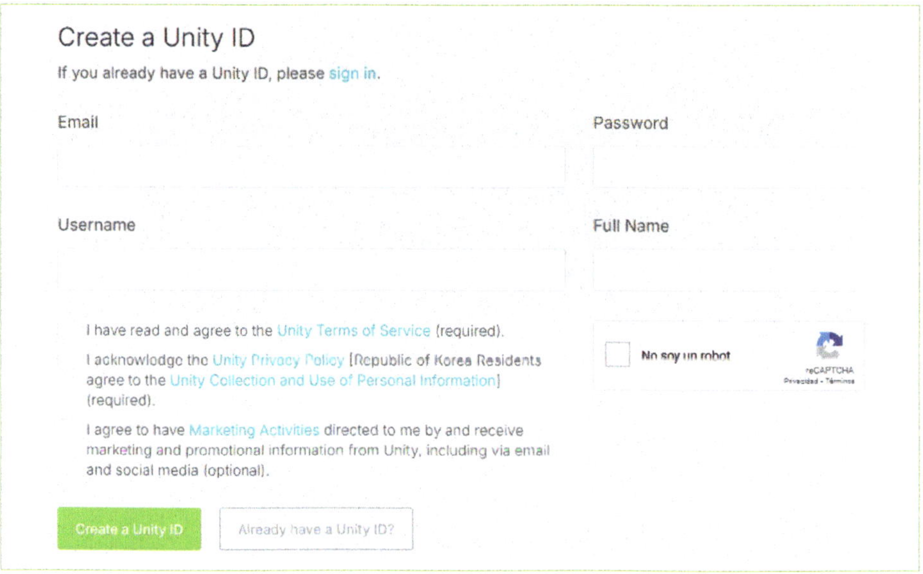

Create a Unity ID

If you already have a Unity ID, please sign in.

Email

Password

Username

Full Name

I have read and agree to the Unity Terms of Service (required).

I acknowledge the Unity Privacy Policy [Republic of Korea Residents agree to the Unity Collection and Use of Personal Information] (required).

I agree to have Marketing Activities directed to me by and receive marketing and promotional information from Unity, including via email and social media (optional).

No soy un robot
reCAPTCHA
Privacidad - Términos

Create a Unity ID   Already have a Unity ID?

Figura 4.9 Iniciar sesión en Unity Hub.

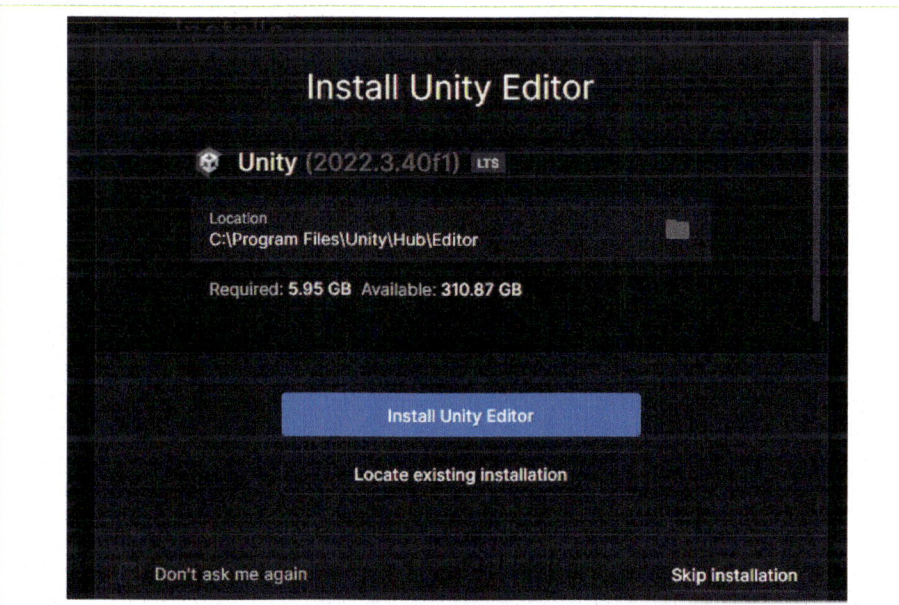

Figura 4.10 Una vez iniciada la sesión en Unity Hub, nos pedirá instalar el Editor de Unity.

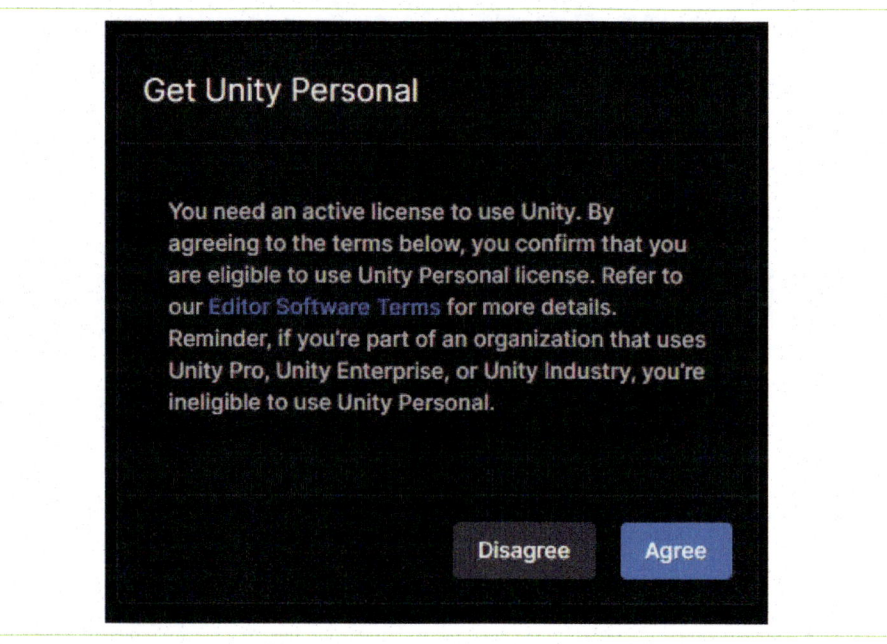

Figura 4.11 Para todos los ejemplos realizados en este libro, se puede utilizar una licencia Personal.

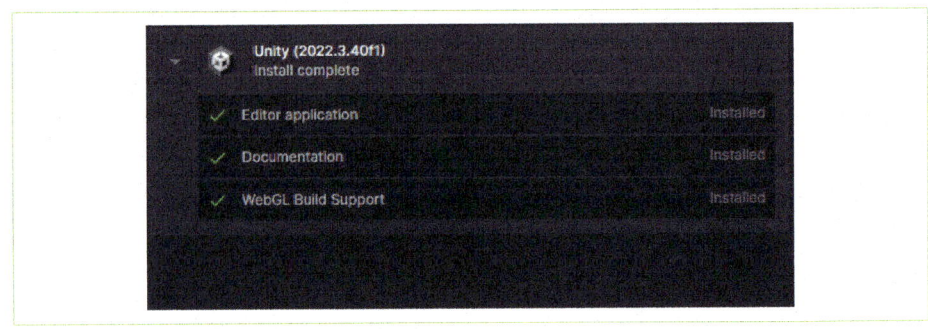

Figura 4.12 Finalización de la instalación del Editor de Unity.

Si todo ha ido bien, no solamente se habrá instalado el Editor de Unity también tendremos acceso a documentación para realizar cursos donde aprender a manejar el Editor y soporte para WebGL.

4.2 Crear un nuevo proyecto

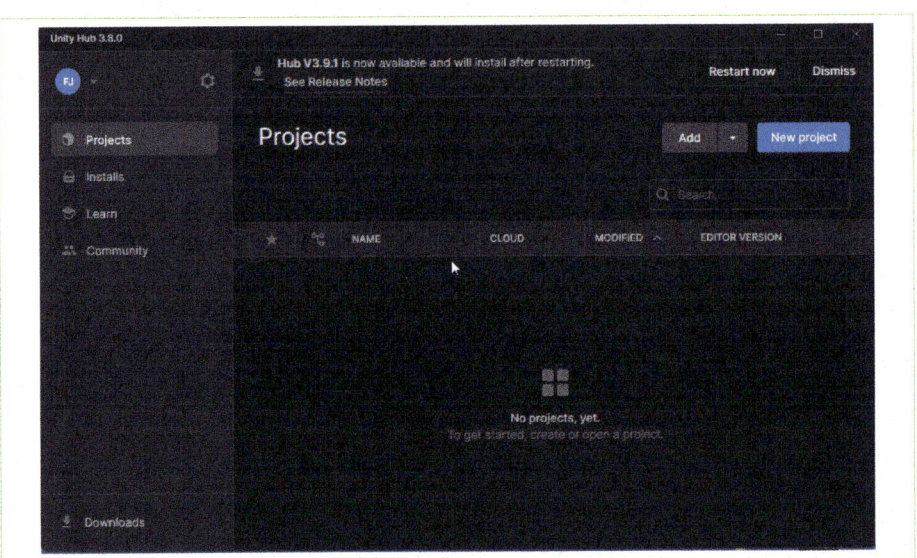

Figura 4.13 Crear un nuevo proyecto en Unity.

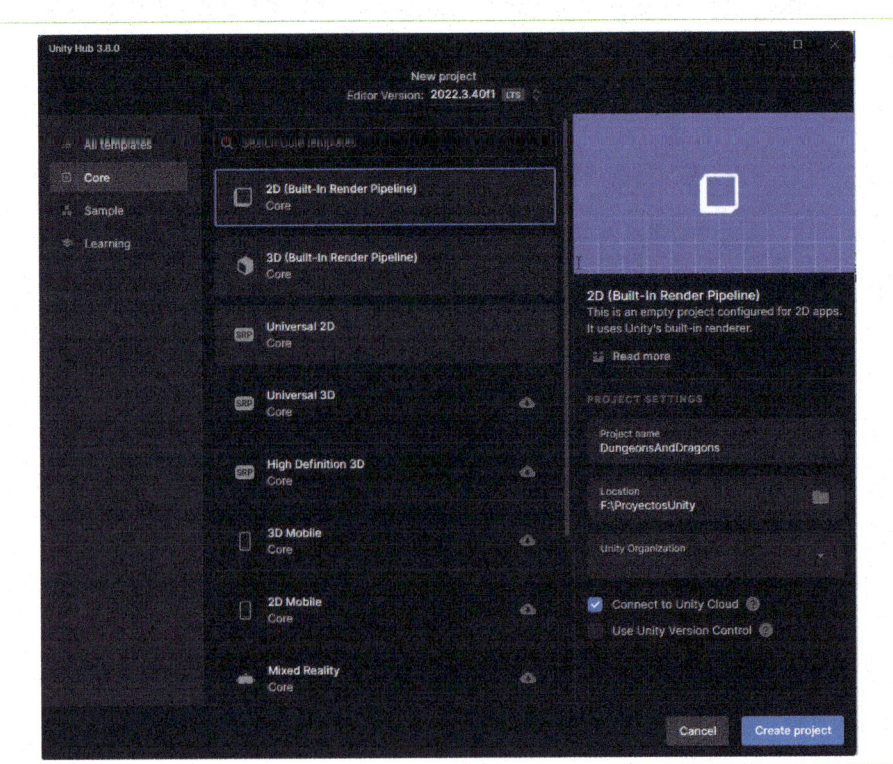

Figura 4.14 Seleccione una plantilla para su proyecto.

Dependiendo del tipo de videojuego que vaya a desarrollar, tendrá que elegir entre los distintos *Core templates* (plantillas principales) que Unity nos proporciona.

Aquí podemos encontrar gran variedad de plantillas. Hay plantillas para juegos 2D, 3D, 3D para móviles, realidad virtual o realidad aumentada. Si la plantilla no está disponible se muestra un botón para proceder a su descarga.

En el momento de la creación del videojuego, además de seleccionar la plantilla, también hay que indicar el nombre del proyecto y la carpeta en la que se guardarán los ficheros que lo componen.

PARA SABER MÁS
https://docs.unity3d.com/Manual/pack-core.html

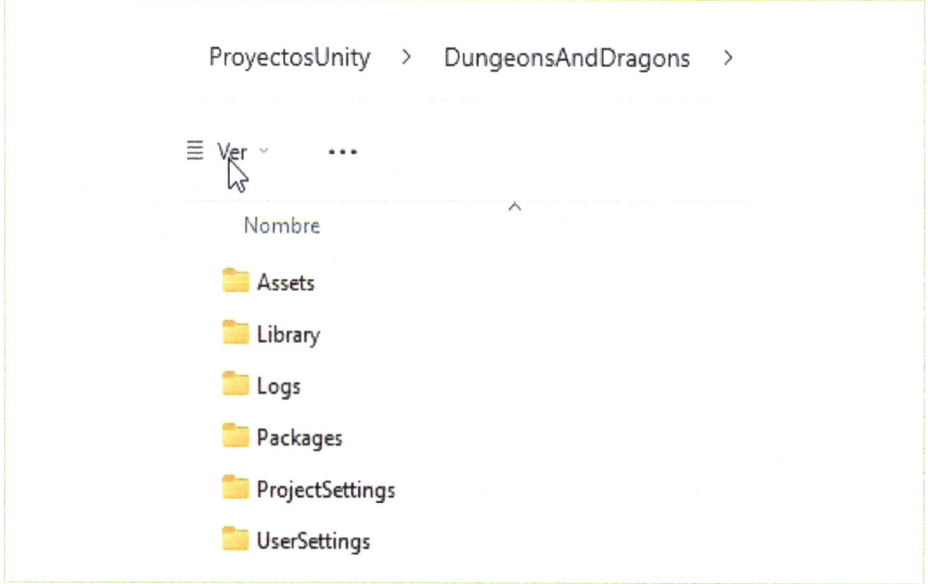

Figura 4.15 Una vez creado el proyecto se habrán generado los directorios que se muestran en la imagen.

Cuando finaliza la creación del proyecto, se abre el Editor mostrando un proyecto vacio.

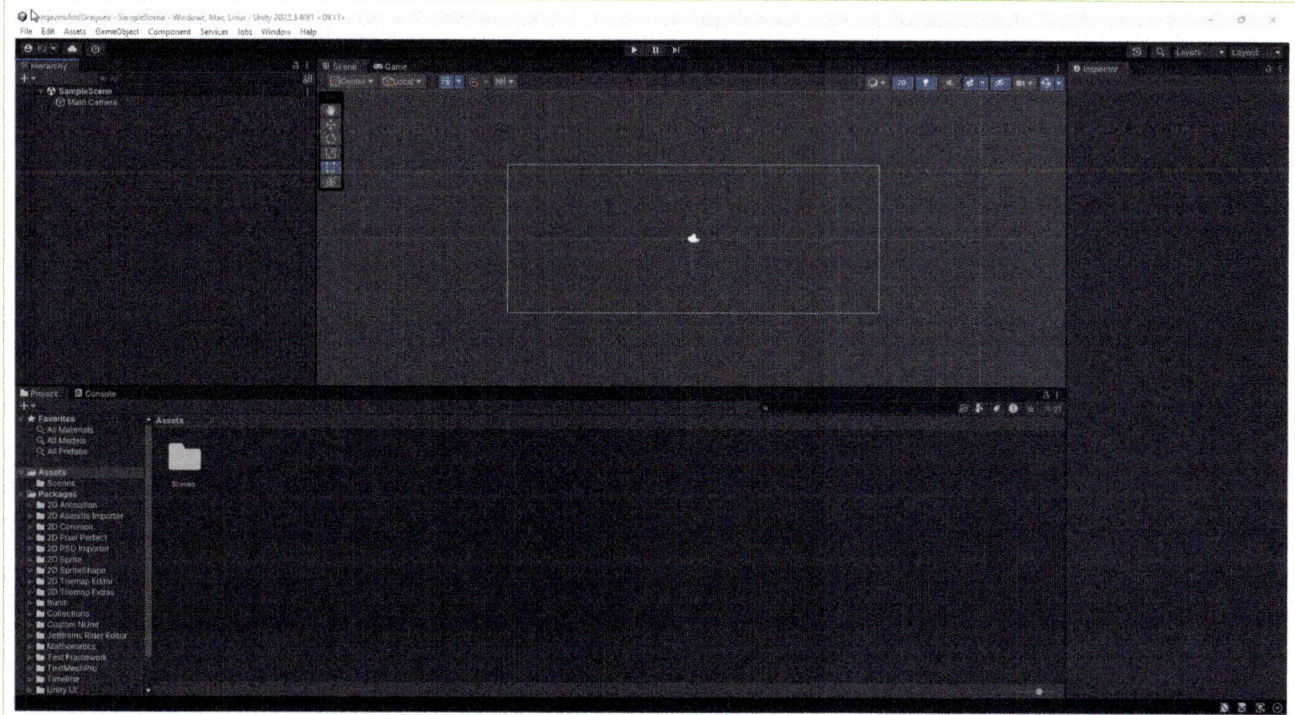

Figura 4.16 Proyecto 2D recién creado.

4.3 Preferencias del Editor

Estas preferencias corresponden con el entorno de desarrollo, no tienen nada que ver con el proyecto. Debemos configurar estas preferencias para personalizar el comportamiento del Editor de Unity.

Edit > Preferences

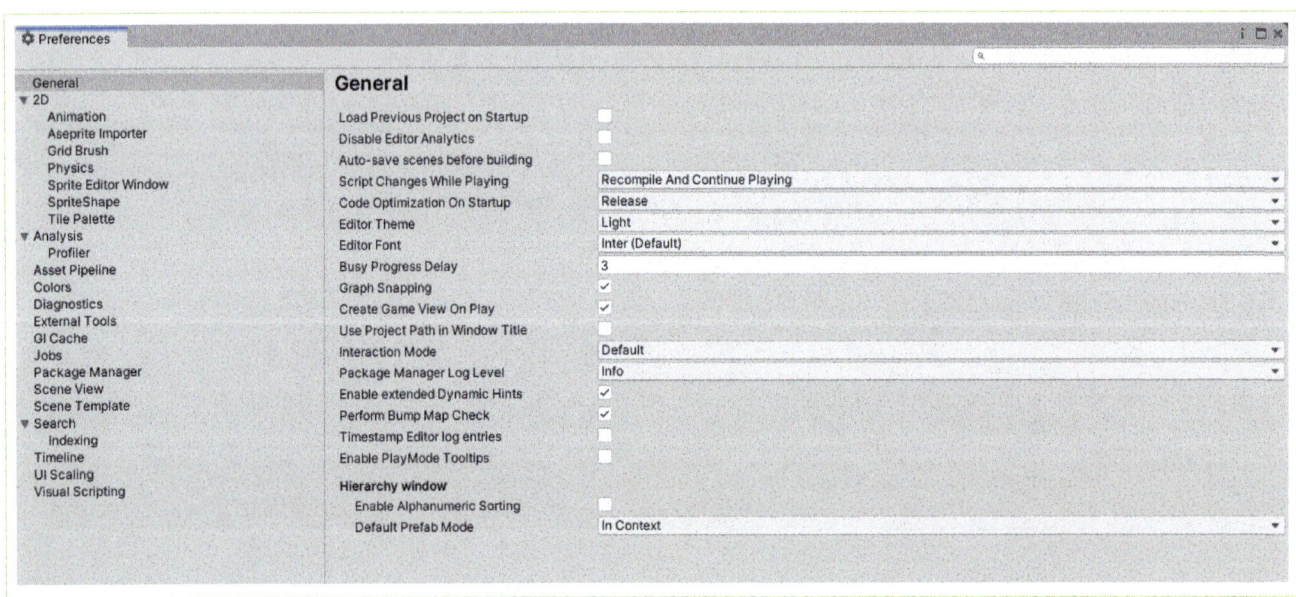

Figura 4.17 Preferencias del Editor. Entre otras muchas cosas podemos cambiar el *Editor Theme* que por defecto está en *Dark* y pasarlo a *Light*.

PARA SABER MÁS
https://docs.unity3d.com/Manual/Preferences.html

Para navegar por la ventana **de Preferencias**, podemos utilizar el cuadro de búsqueda para filtrar la lista de categorías de configuración y resaltar palabras clave en el panel de detalles arriba a la derecha de la ventana **de Preferencias**.

Las preferencias generales permiten personalizar el comportamiento general para trabajar en Unity.

La configuración de preferencias **2D** nos permite definir la configuración de funciones y paquetes relacionados con 2D. Cuando instalamos paquetes relacionados con 2D (como el paquete Tilemap Editor) en el proyecto, sus configuraciones de preferencias aparecerán en esta sección.

En las preferencias de **Física** podemos configurar los colores utilizados en la **Interfaz de usuario**. Son los colores que se utilizarán para "dibujar" los *colliders*.

Las preferencias de **Análisis** nos permiten definir configuraciones como el número máximo de fotogramas que el Profiler (perfilador) puede capturar.

Las preferencias de **Colores** nos permiten elegir colores para varios elementos de la interfaz de usuario en el Editor de Unity.

Utilizaremos las preferencias de **Herramientas externas** para configurar aplicaciones externas para crear scripts, trabajar con imágenes y controlar el código fuente.

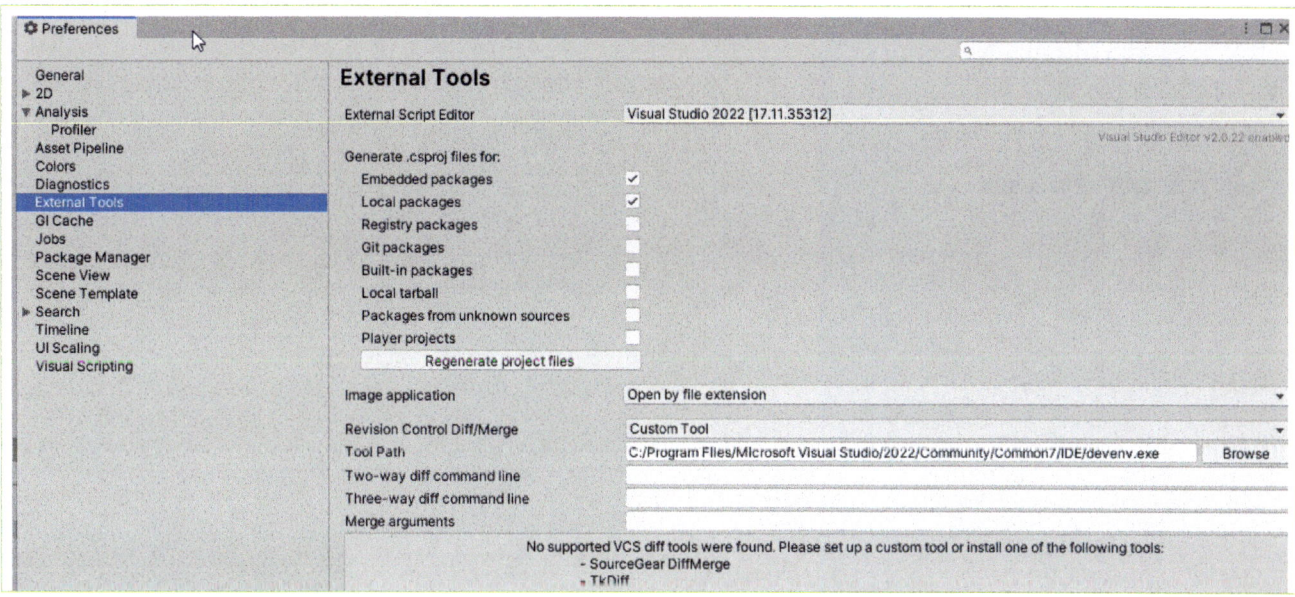

Figura 4.18 Como herramienta externa para editar código en C# hemos elegido Visual Studio 2022.

PARA SABER MÁS

https://visualstudio.microsoft.com/es/downloads/

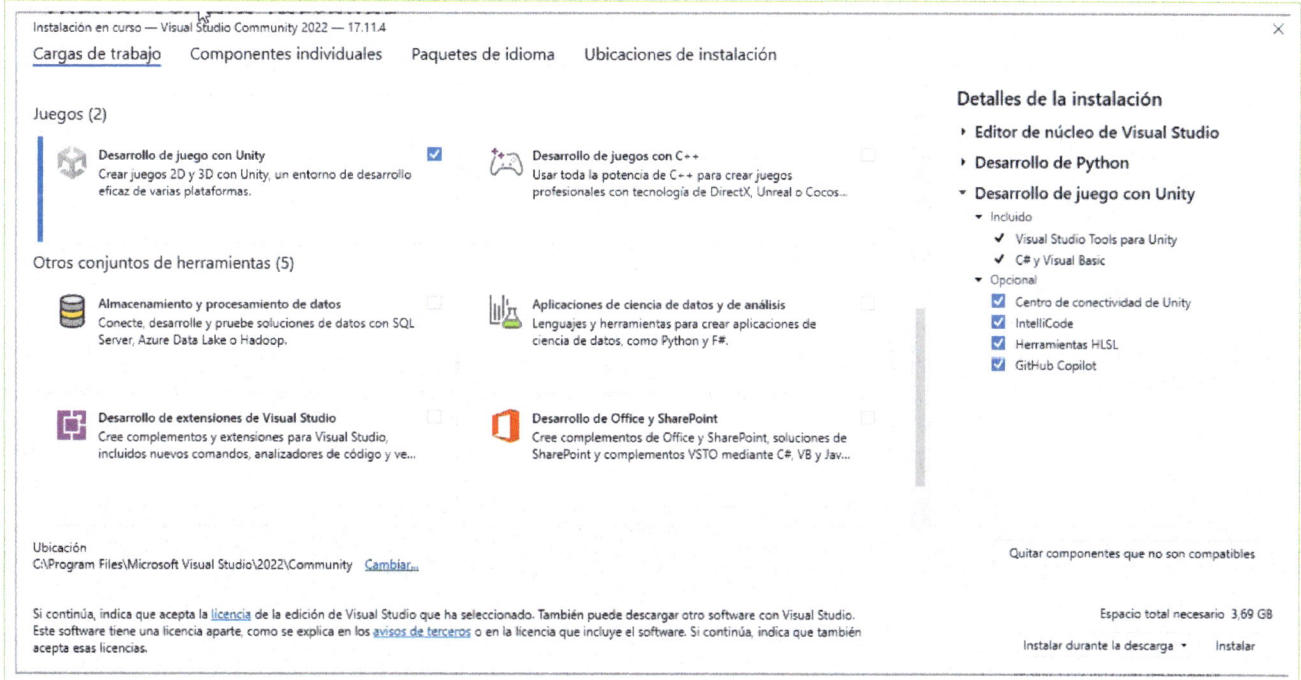

Figura 4.19 En la instalación de Visual Studio 2022 basta con seleccionar la opción "Desarrollo de juego con Unity".

PARA RECORDAR

Estas preferencias corresponden con el entorno de desarrollo, no tienen nada que ver con el proyecto.

4.4 Configurar opciones del proyecto

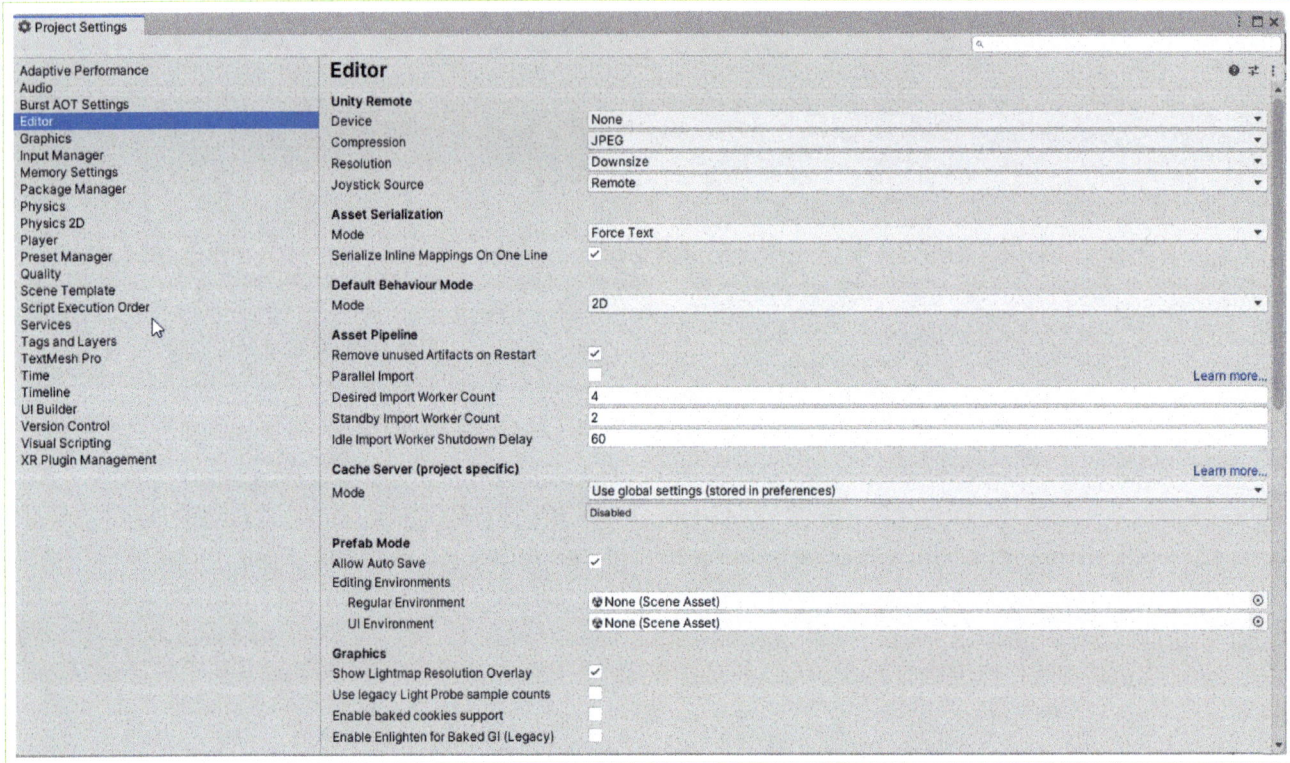

Figura 4.20 Las opciones específicas de cada proyecto se modifican desde Edit > Project Settings.

Algunas de las opciones de configuración que se nos presentan en esta pestaña son:

- *Audio:* Opciones relativas a volumen, efecto Doppler, modo de sonido, *plugins* de audio…

- *Editor:* Permite configurar *Unity Remote* para usar dispositivos móviles para previsualizar los juegos, modificar la forma en que se serializan los Assets, cambiar el entorno de los editores de prefabs…

- *Graphics:* Configura los distintos niveles de calidad de gráficos por cada plataforma.

- *Input:* Modifica las teclas, botones y dispositivos asignados a los distintos ejes y botones virtuales del sistema de entrada.

- *Physics:* Esta sección permite modificar la configuración del motor de física, de forma que podemos obtener mayor precisión en las simulaciones a coste de rendimiento.

- *Physics 2D:* Opciones similares a las del apartado anterior, pero relativas al motor de física 2D.

- *Player:* Permite configurar la construcción final del juego (*exe, apk,* etc.).

- *Preset Manager:* Permite gestionar distintas plantillas de configuración por defecto para aplicar a distintos tipos de recursos.

- *Quality:* Opciones de calidad de nuestro proyecto como opciones del *render*, sombras y similares. Por lo general, modificar estos valores afecta al rendimiento.

- *Script Execution Order:* Permite cambiar el orden en que se ejecutan los scripts en nuestro juego.

- ***Tags and Layers:*** Sección donde gestionar las distintas capas y etiquetas del juego.

- ***TextMesh Pro:*** Desde aquí podemos instalar componentes adicionales necesarios para el funcionamiento de *TextMesh Pro*, un sistema de renderizado de textos avanzados. Una vez estén descargados estos recursos, podremos acceder a las opciones de este sistema.

- ***Time:*** Permite modificar la duración de distintas variables de nuestro juego relacionadas con el tiempo.

- ***VFX:*** Aquí podemos editar los shaders y valores temporales que se utilizarán en la herramienta ***Visual Effect Graph***.

Como podemos ver, aquí se configuran aspectos concretos del motor Unity, como pueden ser la modificación del comportamiento de la física, la calidad del render o el audio.

PARA SABER MÁS
https://unity.com/es/visual-effect-graph

EJEMPLO 4.1

La física de la gravedad ya está configurada para tener un valor negativo de 9.81 en el eje Y. Pero podríamos querer que esta fuerza se aplicara en otro eje o bien que tuviera un valor distinto, ya que nuestro videojuego transcurre en un planeta distinto a la Tierra.

Solución:

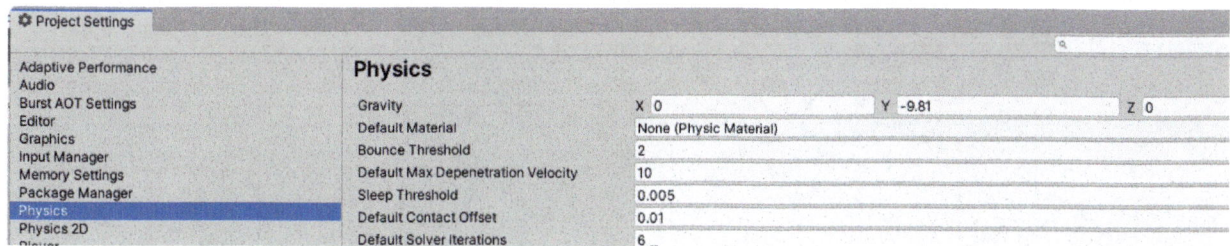

Figura 4.21 Modificar las opciones de la física.

Modificar el valor del la gravedad en el eje Y.

En Quality podemos modificar las opciones de calidad según la plataforma en la que se va a ejecutar el juego. Se puede configurar la calidad de las sombras, de la tierra, de las partículas, etc.

En Time podemos indicar la escala de tiempo. Si en Time Scale ponemos 1 estamos indicando que 1 segundo de la vida real equivale a un segundo en el juego.

PARA SABER MÁS
https://unity.com/cs/how to/project-configuration-and-assets

4.5 Tutorial Tanks. Nuevo proyecto 3D

En la propia documentación de Unity puede ver la creación de un juego completo, grabada en Boston en 2015.

Figura 4.22 Tutorial Tanks.

— PARA SABER MÁS —
https://learn.unity.com/project/
tanks-tutorial?language=en

Esta serie nos servirá para aprender a crear un juego de disparos para 2 jugadores (ambos usarán el teclado para moverse). Se verá la mecánica de un juego simple, la interfaz de usuario, así como la arquitectura del juego y la mezcla de audio.

Lo primero que habrá que hacer será crear un nuevo proyecto en 3D tal y como hemos visto anteriormente

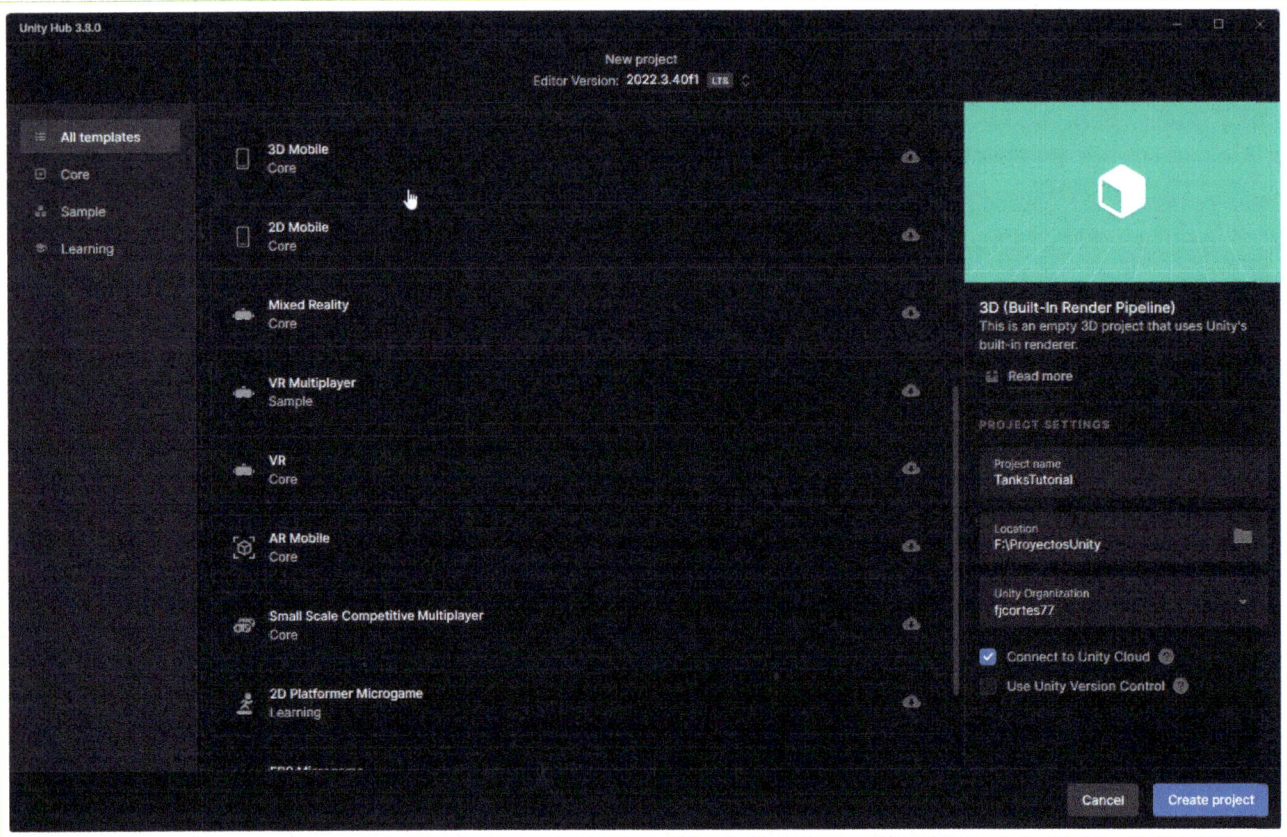

Figura 4.23 Cree un nuevo proyecto utilizando la plantilla para juegos en 3D.

Desde "Asset Store", que veremos más adelante en profundidad, vamos a descargar e importar los Assets (activos, bienes, posesiones) que utilizaremos en el proyecto.

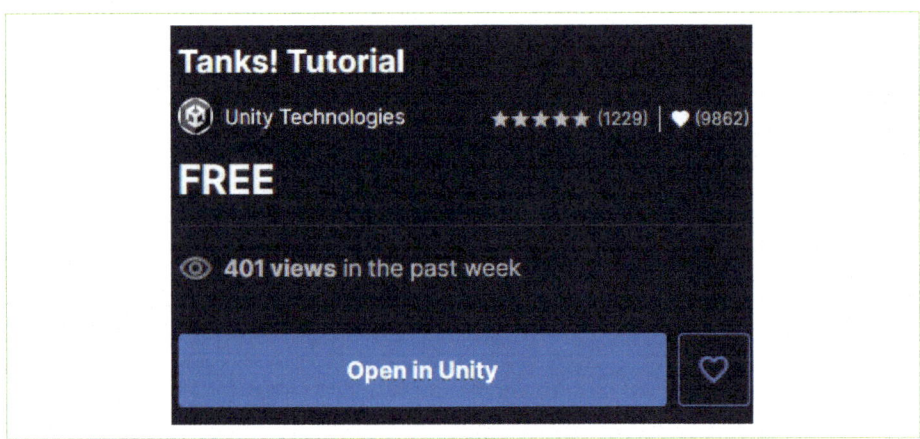

Figura 4.24 Primero abriremos el contenido del paquete en nuestro proyecto recién creado.

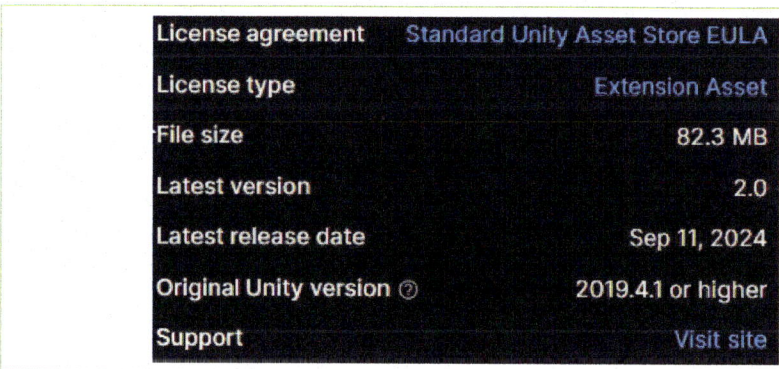

Figura 4.25 Características de la versión que descargamos.

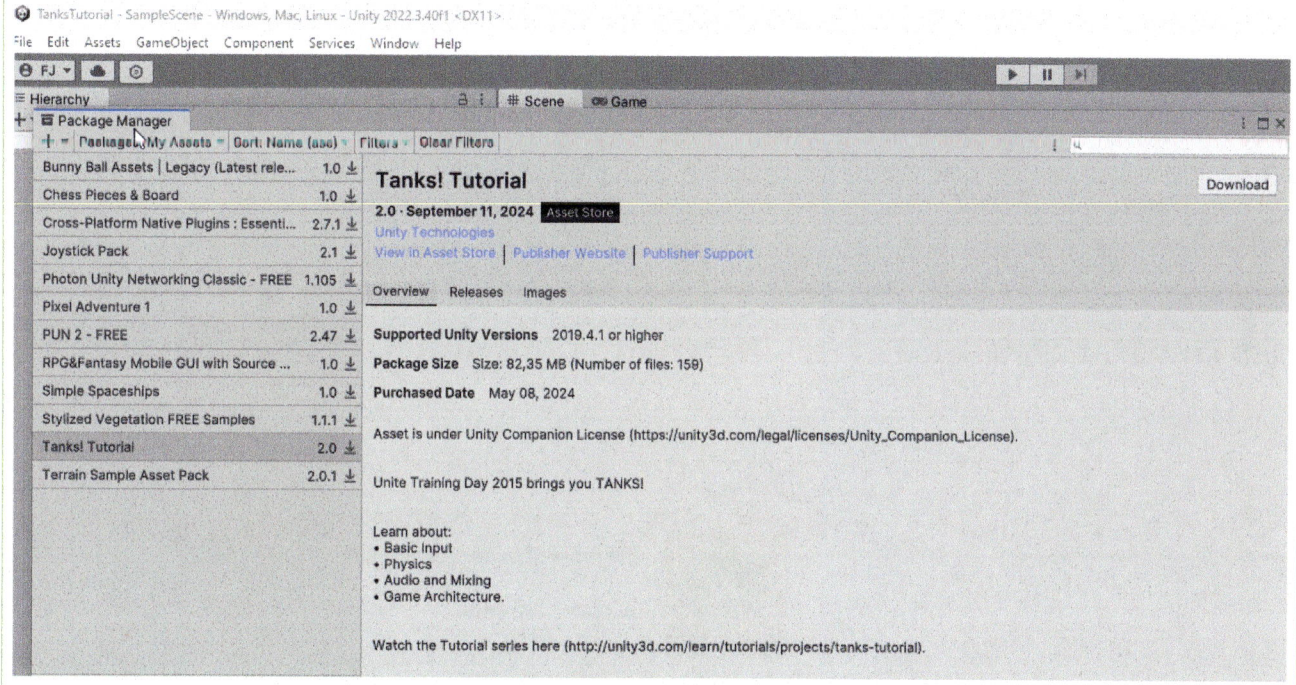

Figura 4.26 Descarga abierta en nuestro proyecto. Primero hay que descargar los Assets y luego importarlos.

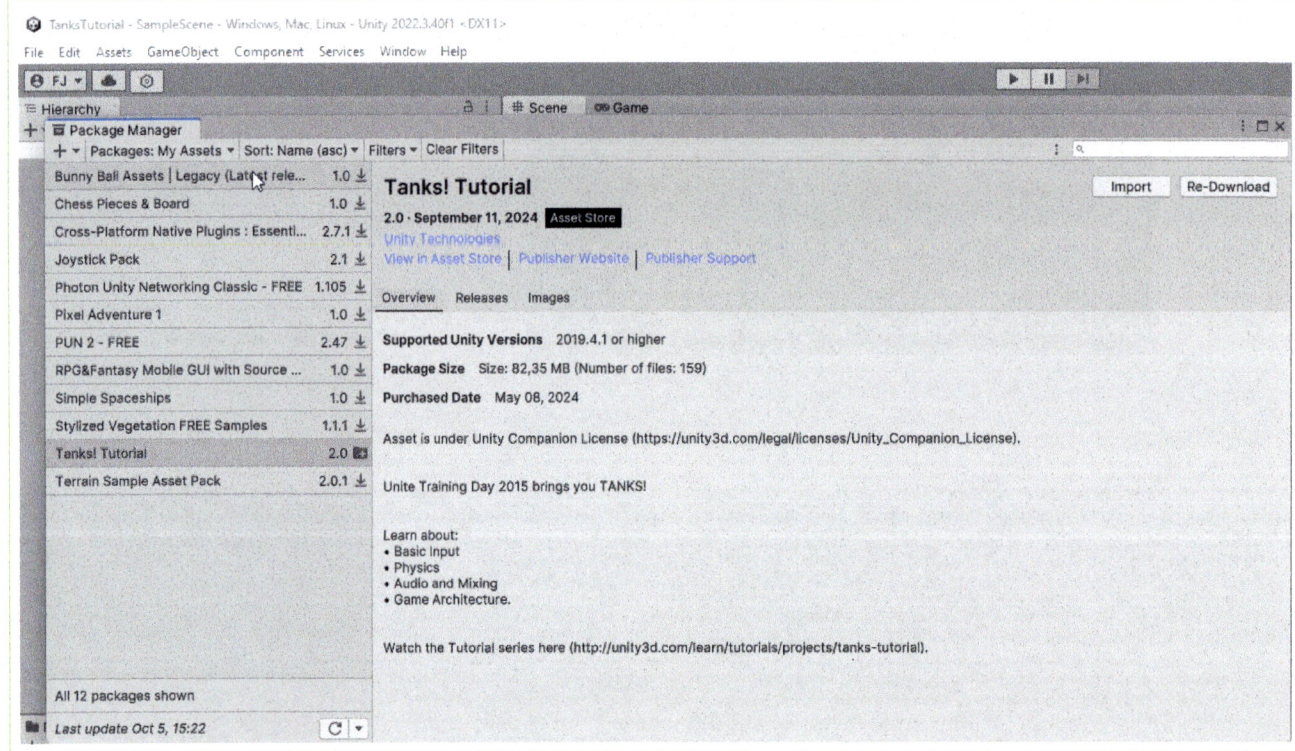

Figura 4.27 Ahora pulsamos en importar.

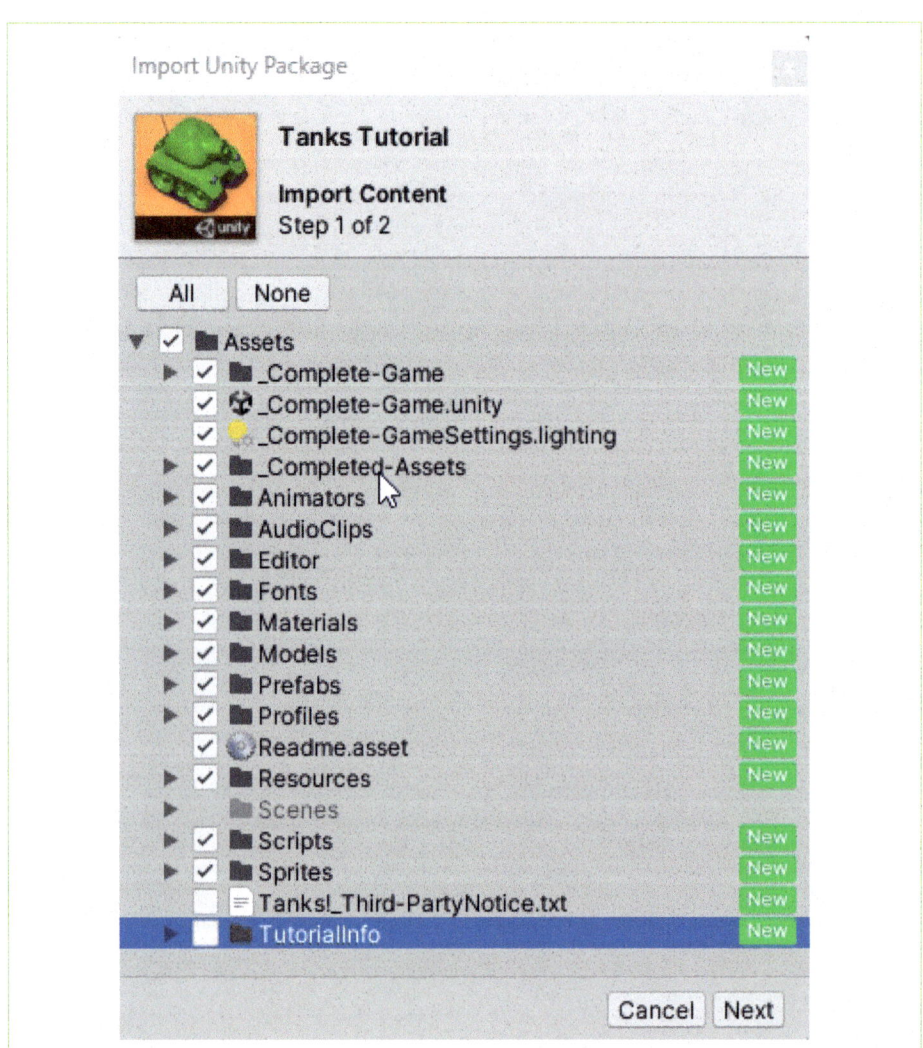

Figura 4.28 Una vez preparada la importación, podemos seleccionar lo que se importará definitivamente.

Por ejemplo, es posible que no quiera descargar aún el juego completo ni el directorio con la información del tutorial. Basta con desmarcar lo que no le interese y pulsar en *siguiente*.

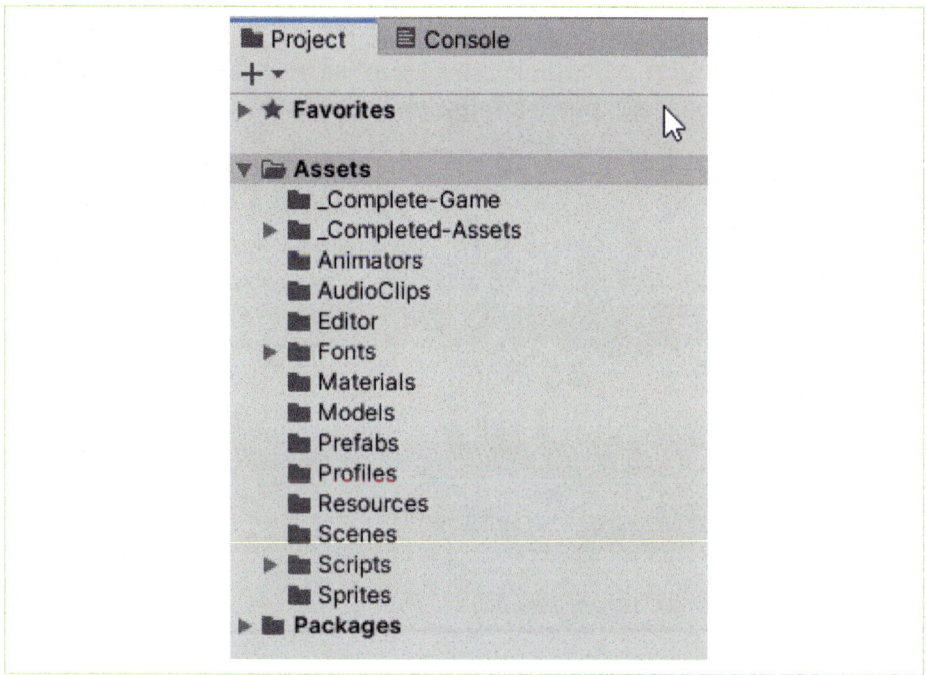

Figura 4.29 Una vez finalizada la importación en la carpeta Assets de nuestro proyecto, deben aparecer todos los directorios y ficheros exportados.

Los Assets son las fuentes, los materiales, los sonidos, los scripts y todo lo necesario para la realización del videojuego.

Como se verá más adelante, los videojuegos se organizan por escenas, las cuales se almacenan en la carpeta Scenes. Si entramos en dicha carpeta podemos ver que ya hay una escena creada por defecto y que recibe el nombre de "*SampleScene*".

Vamos a utilizar esa escena para empezar el tutorial, y lo primero que vamos a hacer será cambiar su nombre. Pasará a llamarse "*Main*", ya que será nuestra escena principal.

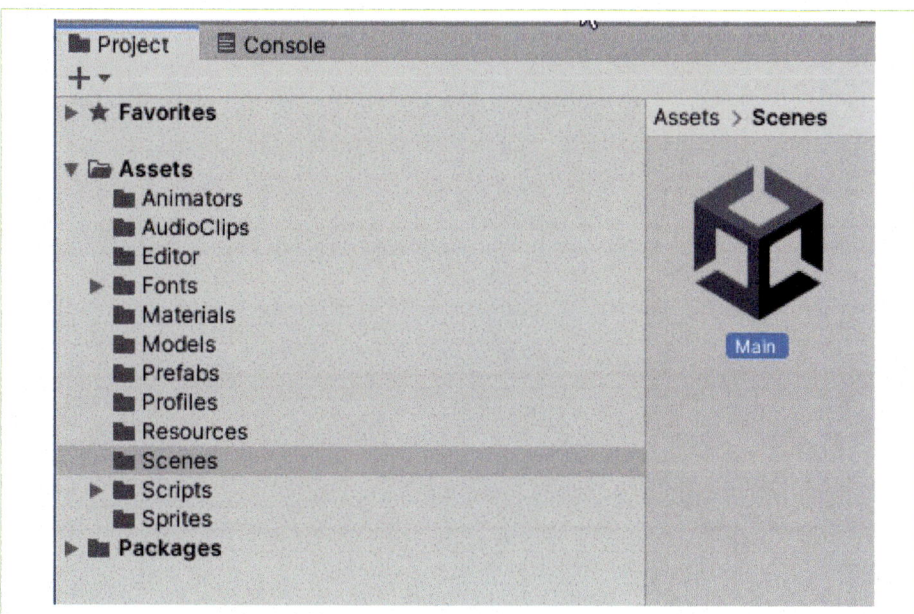

Figura 4.30 Cambie el nombre de la escena por defecto.

Para que vaya viendo como toma forma el videojuego, vamos a colocar el escenario en la escena principal. Como hemos comentado, todo lo necesario para la realización del juego se encuentra en la carpeta Assets.

En este caso, dentro de Assets se halla la carpeta Prefabs y el fichero del escenario se llama "LevelArt". Arrastramos el prefab a la pestaña Jerarquía y nos aseguramos que la posición es la (0,0,0). Todos los elementos del escenario (rocas, cactus, árboles, dunas de arena, etc.) pueden seleccionarse y cambiarlos, duplicarlos, etc., a nuestro gusto.

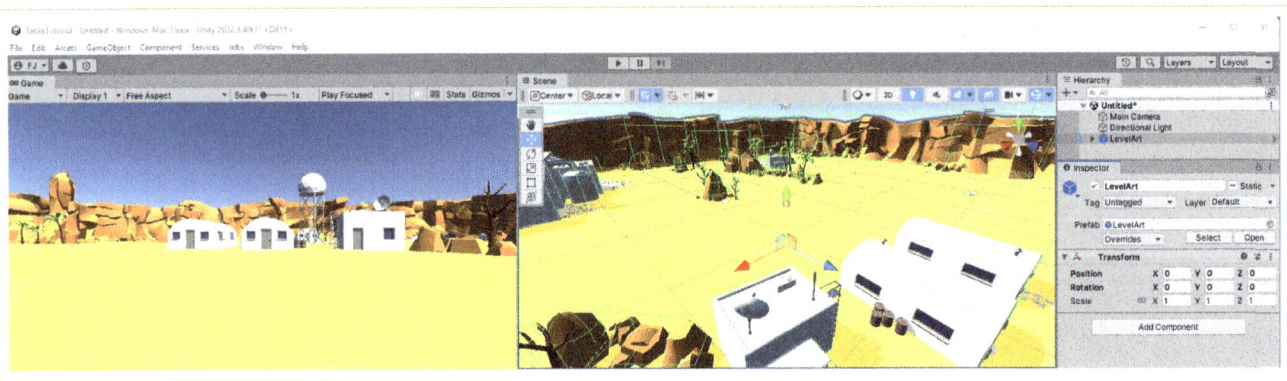

Figura 4.31 Arrastre el fichero de la carpeta Prefabs a la pestaña Hierarchy (Jerarquía).

En el escenario que hemos importado, ya aparece una luz direccional, así que debe eliminar la "*Directional Light*" que viene por defecto cuando se crea un nuevo proyecto.

- Unity es un motor de videojuego multiplataforma creado por Unity Technologies. Unity está disponible como plataforma de desarrollo para Microsoft Windows, Mac OS y Linux. La plataforma de desarrollo tiene soporte de compilación con diferentes tipos de plataformas (web, PC, móviles, videoconsolas, dispositivos de realidad extendida).

- **Unity Hub** es una herramienta para la gestión de proyectos Unity; además, se pueden gestionar múltiples instalaciones del Editor Unity junto con sus componentes, crear nuevos proyectos y abrir proyectos existentes.

- Dependiendo del tipo de videojuego que vaya a desarrollar, tendrá que elegir entre los distintos *Core templates* (plantillas principales) que Unity nos proporciona.

- Aquí podemos encontrar gran variedad de plantillas. Hay plantillas para juegos 2D, 3D, 3D para móviles, realidad virtual o realidad aumentada. Si la plantilla no está disponible se muestra un botón para proceder a su descarga.

- En el momento de la creación del videojuego, además de seleccionar la plantilla, también hay que indicar el nombre del proyecto y la carpeta en la que se guardarán los ficheros que lo componen.

- Las preferencias del editor se corresponden con el entorno de desarrollo, no tienen nada que ver con el proyecto. Debemos configurar estas preferencias para personalizar el comportamiento del Editor de Unity.

- Las **preferencias generales** permiten personalizar el comportamiento general para trabajar en Unity. En las preferencias de **Física** podemos configurar los colores utilizados en la **Interfaz de usuario**. Son los colores que se utilizarán para "dibujar" los colliders.

- Las preferencias de **Análisis** nos permiten definir configuraciones como el número máximo de fotogramas que el Profiler (perfilador) puede capturar.

- Las preferencias de **Colores** nos permiten elegir colores para varios elementos de la interfaz de usuario en el Editor de Unity.

- En las opciones de configuración del proyecto podemos configurar: Audio, Editor, Graphics, Input, Physics, Physics 2D, Player, Preset Manager, Quality, Script Execution Order, Tags and Layers, TextMesh Pro, Time y VFX.

- A partir de este capítulo veremos la creación de un juego completo. Debemos crear un nuevo proyecto en 3D y desde "Asset Store" vamos a descargar e importar los Assets (activos, bienes, posesiones) que utilizaremos en el proyecto.

- Los Assets son las fuentes, los materiales, los sonidos, los scripts y todo lo necesario para la realización del videojuego.

TEST DE EVALUACIÓN

1. **Unity es un motor de videojuego:**
   a) Multiplataforma
   b) Para Windows
   c) Para Linux
   d) Para móviles

2. **¿Qué tres planes ofrece Unity?**
   a) Junior, Pro y Personal
   b) Working, Personal y Pro
   c) Technical, Student y Pro
   d) Student, Personal y Pro

3. **¿Qué plan sirve para usuarios individuales y pequeñas empresas cuyos ingresos o fondos recaudados en los últimos doce meses sean inferiores a 100 dólares?**
   a) Student
   b) Technical
   c) Personal
   d) Junior

4. **¿Qué ocurre si Unity no dispone de la plantilla adecuada a su tipo de videojuego?**
   a) Si la plantilla no está disponible no puede hacer nada.
   b) Si la plantilla no está disponible tendrá que descargar una versión más actual de Unity.
   c) Si la plantilla no está disponible se muestra un botón para proceder a su descarga.
   d) Si la plantilla no está disponible tendrá que instalar una versión más actual de Unity Hub.

5. **¿Qué es Unity Hub?**
   a) Un motor de videojuegos.
   b) Una herramienta para crear scripts.
   c) Una herramienta para la gestión de proyectos.
   d) Todas las anteriores.

6. **¿Se pueden ejecutar dos versiones de Unity al mismo tiempo?**
   a) Sí, haciendo una instalación diferente.
   b) Sí, utilizando Unity Hub.
   c) Sí, utilizando la opción de uso de herramientas externas.
   d) Ninguna de las anteriores.

7. **El "tema" del Editor lo podemos cambiar en:**
   a) Preferencias de Unity
   b) Opciones del proyecto
   c) Preferencias del Editor
   d) Opciones de Visual Studio

8. **Los colores utilizados en la interfaz de usuario para los *colliders*, los podemos modificar en:**
   a) Preferencias del Editor
   b) Opciones de Visual Studio
   c) Opciones del proyecto
   d) Preferencias de Unity

9. **Las teclas, botones y dispositivos asignados a los distintos ejes y botones virtuales del sistema de entrada se seleccionan en:**
   a) INPUT en las opciones del proyecto
   b) PLAYER en las opciones del proyecto
   c) INPUT en las preferencias del Editor
   d) PLAYER en las preferencias del Editor

10. **Para modificar la duración de distintas variables de nuestro juego relacionadas con el tiempo, lo haremos en:**
    a) VFX de preferencias del Editor
    b) VFX de opciones del proyecto
    c) Time de preferencias del Editor
    d) Time de opciones del proyecto

Interfaz gráfica de Unity

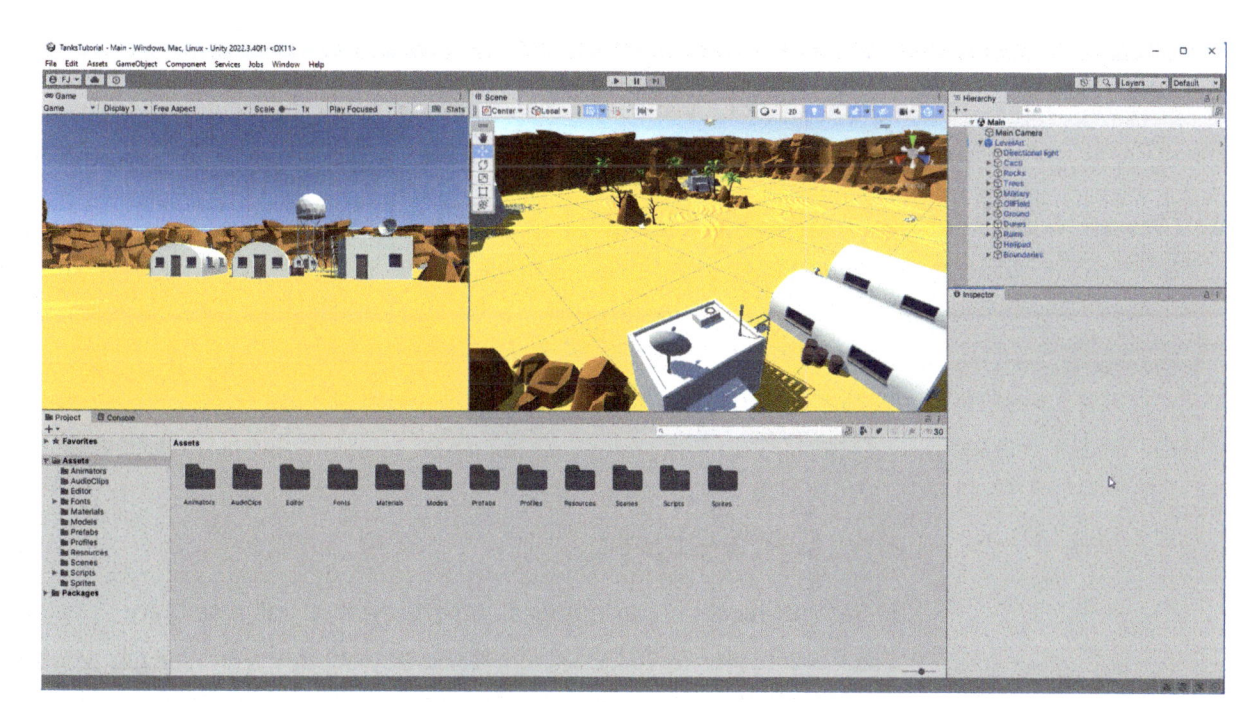

En esta unidad va a estudiar:

- La pestaña Jerarquía
- La vista de proyecto
- La vista de escena
- La barra de herramientas
- Capas
- Disposición de la interfaz
- La vista de juego
- La pestaña Inspector
- La configuración de cámaras

Con su estudio, va a ser capaz de:

- Configurar la interfaz según sus necesidades.
- Conocer la interfaz gráfica de Unity.
- Seguir avanzando en el tutorial Tanks.

5.1 Interfaz gráfica de Unity

Unity muestra una interfaz gráfica que podemos adaptar fácilmente a nuestras necesidades. En su parte superior derecha tenemos el desplegable Layout (disposición) que nos ofrece distintas opciones e incluso la posibilidad de, una vez adaptadas todas las ventanas de la interfaz a nuestro gusto, poder guardarlas dándole un nombre a dicha disposición.

Podemos eliminar Layout incluso los que se nos ofrecen por defecto. También está la opción de resetear por si nos hemos equivocado y hemos eliminado algún Layout que no queríamos eliminar.

Las pestañas que podemos colocar a nuestro antojo son:

- GAME, donde veremos cómo se visualizará el juego.

- SCENE, donde podremos mover todos los objetos (GameObjects) de la escena seleccionada.

- PROJECT, donde están todas las carpetas que contienen todos los ficheros del proyecto.

- CONSOLE, que utilizaremos para mostrar errores, advertencias y otros mensajes generados por Unity.

- INSPECTOR, que muestra las propiedades detalladas sobre los objetos de la escena y sus *components* (componentes).

- HIERARCHY contiene un listado de los objetos (GameObjects) de la escena seleccionada.

Figura 5.1 Desplegable Layout (disposición de la interfaz de usuario).

5.2 GameObject

El **GameObject** es el concepto más importante en el Editor de Unity.

Cada objeto en su juego es un **GameObject**, desde personajes y objetos seleccionables hasta luces, cámaras y efectos especiales. Sin embargo, un GameObject no puede hacer nada por sí mismo; necesita darle propiedades antes de que pueda convertirse en un personaje, un entorno o un efecto especial.

Figura 5.2 Cuatro tipos diferentes de GameObject: un personaje animado, una luz, un árbol y una fuente de audio.

Para darle a un GameObject las propiedades que necesita para convertirse en una luz, un árbol o una cámara, debe agregarle *components*. Según el tipo de objeto que desee crear, agregue diferentes combinaciones de componentes al GameObject.

Puede pensar en un GameObject como una olla vacía y en componentes como ingredientes diferentes que componen la receta de su juego. Unity tiene muchos tipos de componentes integrados diferentes, y también puede crear sus propios componentes.

PARA SABER MÁS

https://docs.unity3d.com/es/2018.4/Manual/Creating-Components.html

5.3 Hierarchy View

Hierarchy (Jerarquía) contiene todo GameObject en la actual escena. Se pueden seleccionar y vincular objetos en esta pestaña. Cuando los objetos sean añadidos y eliminados de la escena, estos aparecerán y desaparecerán de la pestaña Hierarchy.

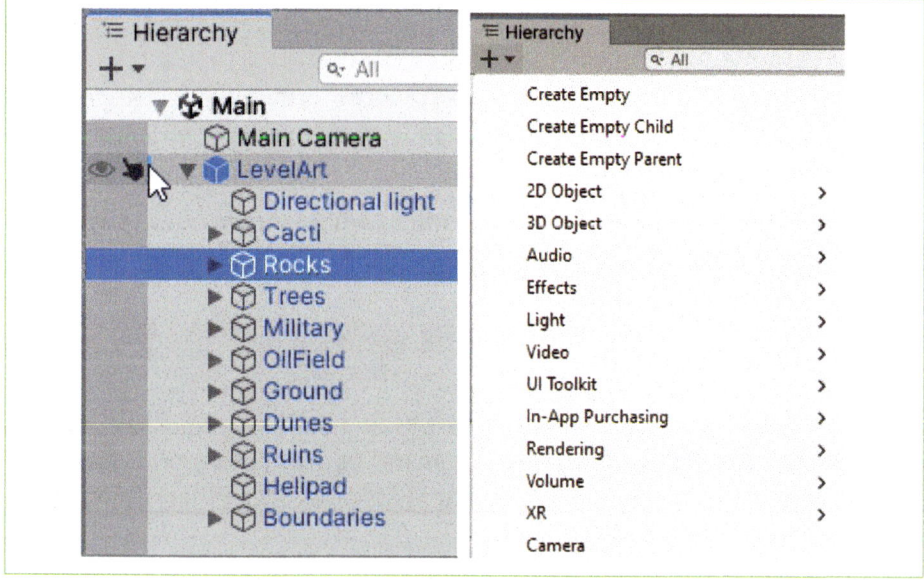

Figura 5.3 Pestaña Hierarchy (Jerarquía). Podemos ver los GameObjects de la escena seleccionada y añadir nuevos.

5.4 Project View

Todo proyecto en Unity tiene una carpeta de **Assets** (activos, bienes). El contenido de esta carpeta es presentado en la vista de proyecto (Project View). Aquí es donde se pueden guardar todas las propiedades necesarias para crear su juego, como **scenes**, **scripts**, 3D models, **textures**, audio files y prefabs.

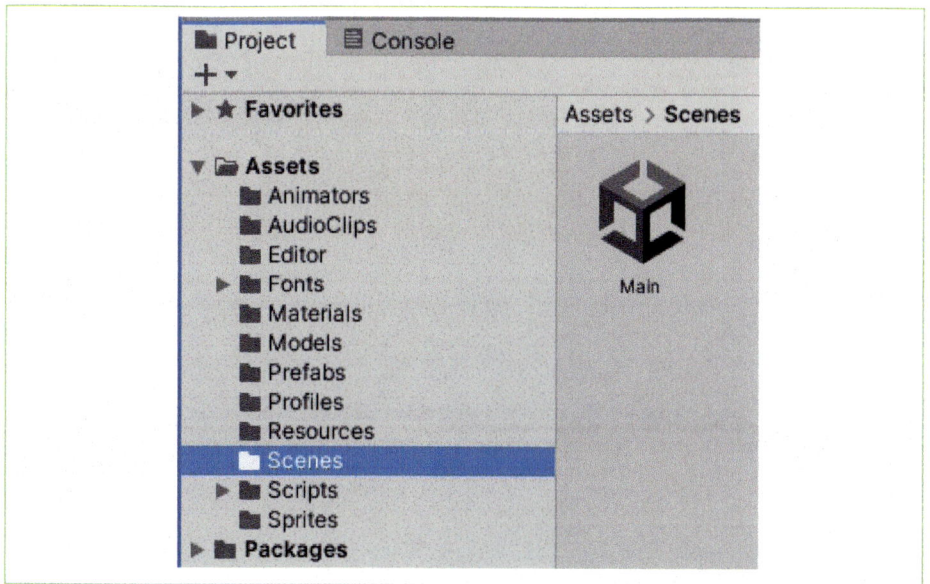

Figura 5.4 Vista Project.

Figura 5.5 Puede acceder a los ficheros a través del explorador de archivos.

─── PARA RECORDAR ───

Es recomendable no mover Assets usando el sistema operativo, ya que se podrían romper vínculos que utiliza Unity. Se debe usar siempre el Project View para organizar los Assets.

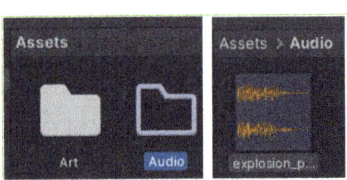

Figura 5.6 Crear nuevas carpetas a través del Project View.

Conviene tenerlo todo organizado correctamente por carpetas que aglutinen elementos del mismo tipo.

Por ejemplo, los efectos de sonido o la música en una carpeta que crearemos en Assets llamada Audio.

5.5 Scene View

El *Scene View* es una ventana interactiva. Este se puede usar para seleccionar y posicionar los ambientes, el jugador, la cámara, los enemigos, y otros **GameObjects**. Maniobrar y manipular estos objetos dentro del **Scene View** es una de las funciones más importantes en el Unity.

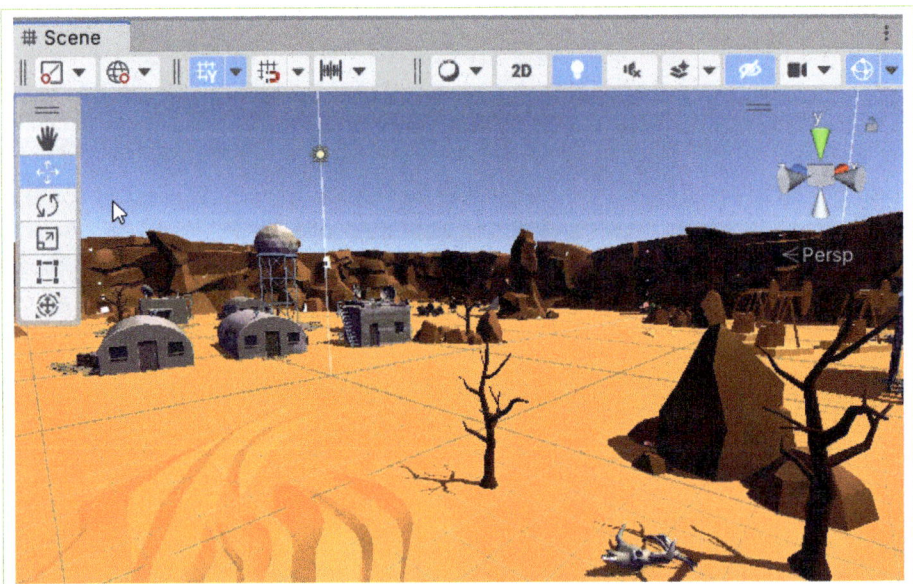

Figura 5.7 La vista de escena contiene el entorno y los elementos del juego.

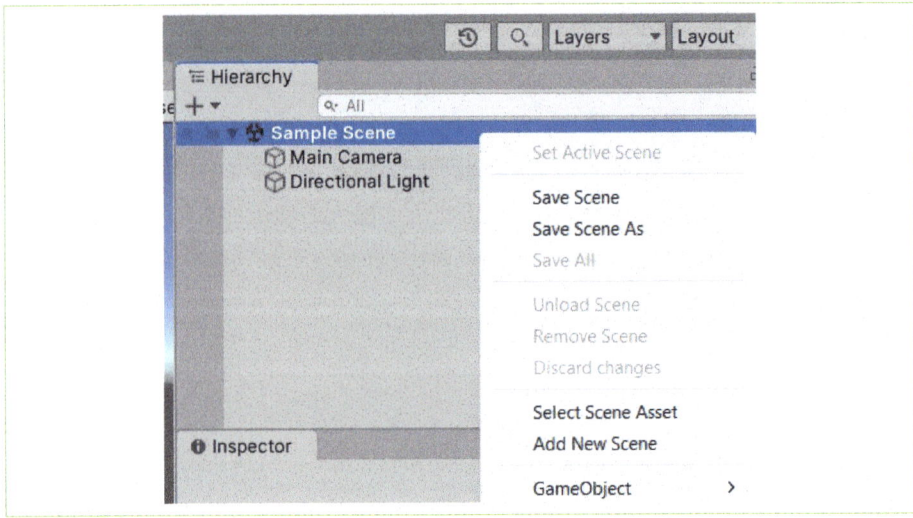

Figura 5.8 Unity proporciona una "Escena de ejemplo" (SampleScene) que contiene una cámara y una luz también por defecto.

Podemos arrastrar desde la pestaña Project cualquier Asset a nuestra vista de escena; de esta manera, también aparecerá en la pestaña Hierarchy.

— PARA SABER MÁS —
https://docs.unity3d.com/
es/530/Manual/SceneViewNa-
vigation.html

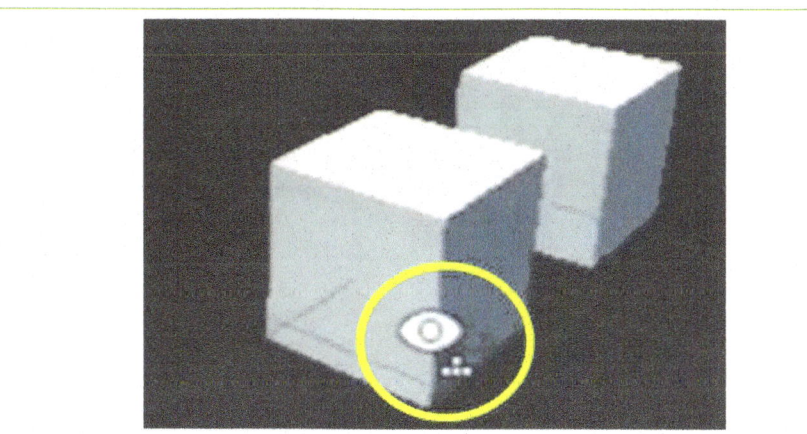

Figura 5.9 Podemos utilizar las teclas WASD para movernos por la escena.

Si mantenemos pulsado el botón derecho del ratón nos aparece un icono de *un ojo con cuatro cuadrados* en su parte inferior. Estos cuadrados hacen referencia a las teclas W, A, S y D. Mientras tengamos el botón derecho del ratón pulsado, mediante dichas teclas nos podremos mover (con vista en primera persona) por la escena.

En este modo, mediante las teclas Q y E nos desplazamos hacia arriba y hacia abajo.

Al hacer doble clic en cualquier elemento de la pestaña Hierarchy en la escena, nos posicionaremos en dicho elemento. Esto viene muy bien cuando hay muchos elementos y nos hemos movido por la escena, perdiendo de vista aquel elemento en el que vamos a trabajar.

Si pulsamos el botón izquierdo del ratón y la tecla ALT, rotaremos sobre el elemento seleccionado en ese momento de la escena.

También puede utilizar las **Arrow Keys** para moverse alrededor de la escena como si estuviera "caminando" a través de ella. Las flechas de arriba y abajo mueven la cámara hacia delante y hacia atrás. Las flechas de izquierda y derecha mueven la vista hacia los lados. Si deja presionada la tecla **Shift** se moverá mucho más rápido utilizando las teclas flecha.

5.6 Opciones de visualización de la escena

Figura 5.10 Opciones de la vista de escena.

Esta barra contiene las distintas opciones de configuración del modo en el que se dibujará la escena.

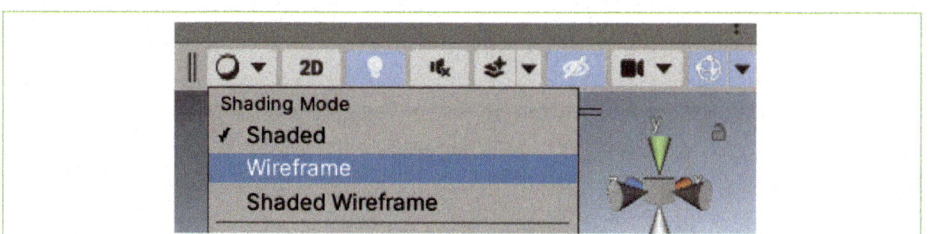

Figura 5.11 Mediante el Shading Mode (modo de sombras) podemos configurar el tipo de sombreado.

Figura 5.12 Shaded (sombreado normal).

Figura 5.13 Wireframe (muestra las aristas de nuestros objetos).

Figura 5.14 Shaded Wireframe (aristas sombreadas).

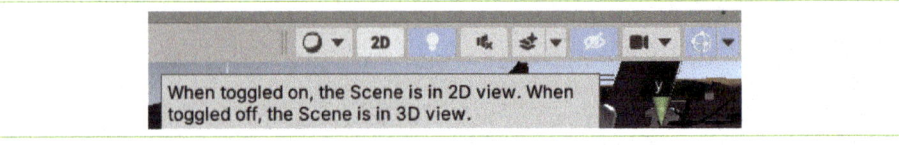

Figura 5.15 Visualización en 2D o en 3D.

Podemos pasar de vista 2D a 3D. La transformación se realiza respecto a la cámara.

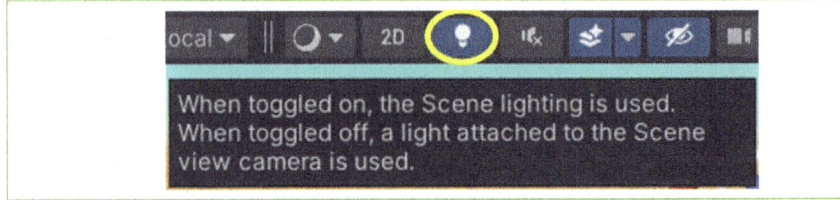

Figura 5.16 Tipo de iluminación.

Si está pulsado, se utiliza la iluminación que hayamos puesto en la escena. Si no está pulsado, se utiliza una iluminación que procede de la cámara que se esté utilizando.

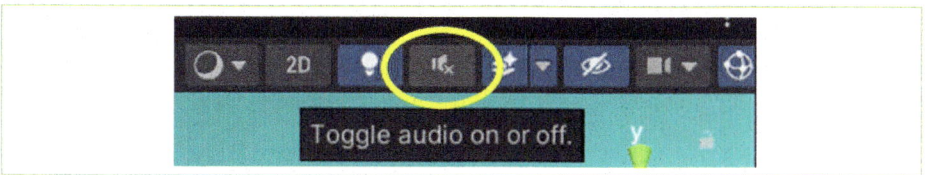

Figura 5.17 Activar y desactivar el sonido.

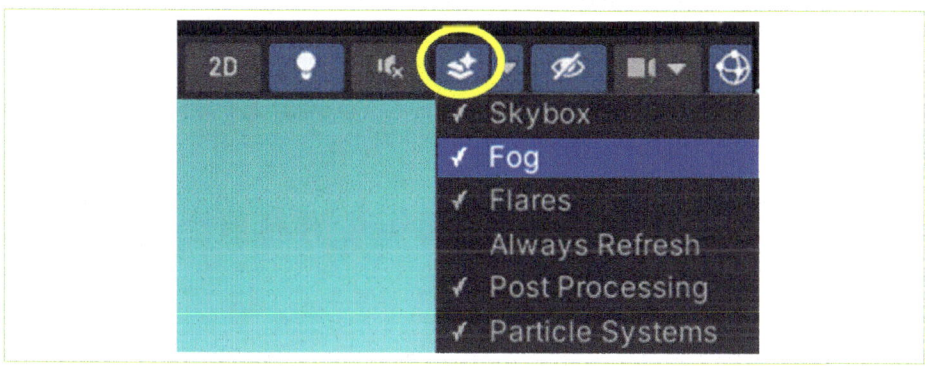

Figura 5.18 Puede activar y desactivar diferentes aspectos que se muestran en la vista de escena, como el cielo de fondo, la niebla, etc.

Figura 5.19 Indica con un número la cantidad de elementos ocultos que hay en la escena.

Figura 5.20 Opciones de cámara.

El **dinamic clipping** (recorte dinámico) decide las distancias de renderizado. En la imagen se renderizará lo que esté a más (Near) de 0.03 unidades y lo que esté a menos (Far) de 10 000.

Occlusion Culling (eliminación de oclusión) indica que no se renderizarán los objetos que no estén en el campo de visión de la cámara.

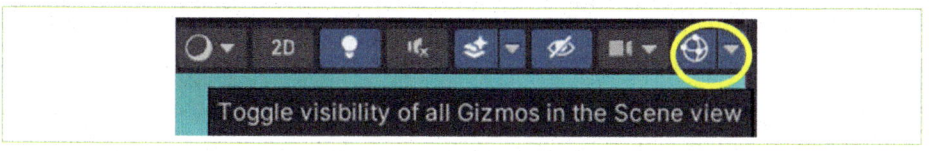

Figura 5.21 Opciones para la visibilidad de los gizmos.

Los gizmos son representaciones visuales de herramientas u objetos que tengamos en nuestro juego.

Figura 5.22 Gizmo de la luz direccional y gizmo de la cámara principal (representado por líneas blancas).

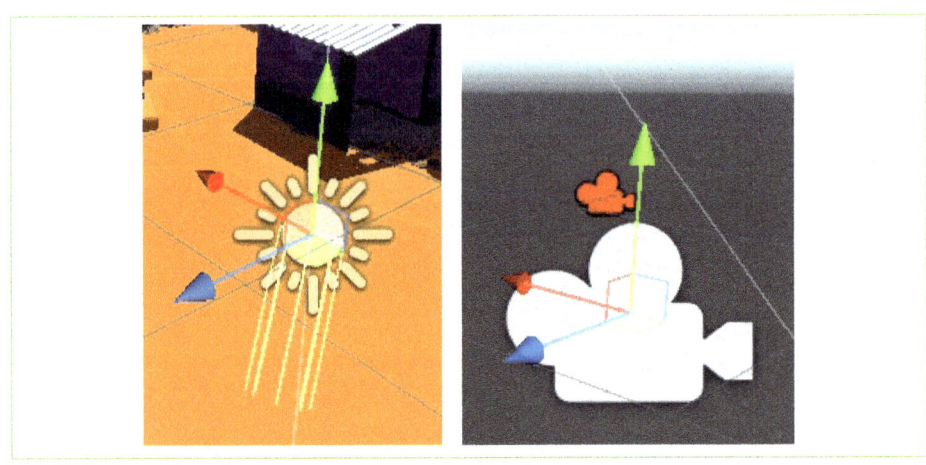

PARA SABER MÁS
https://docs.unity3d.com/Manual/GizmosMenu.html

Figura 5.23 Herramienta para cambiar la posición de un objeto.

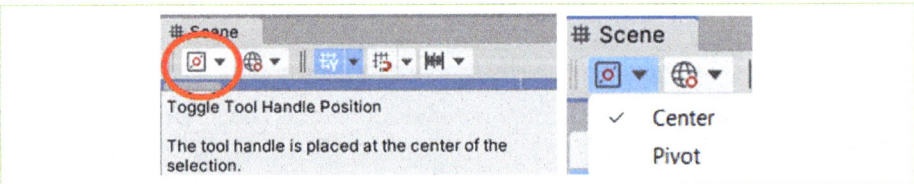

- Con **Pivot** se indica a Unity que se quieren transformar objetos utilizando el pivote (punto de referencia) de un objeto.

- Con **Center** rotan alrededor de su centro de referencia.

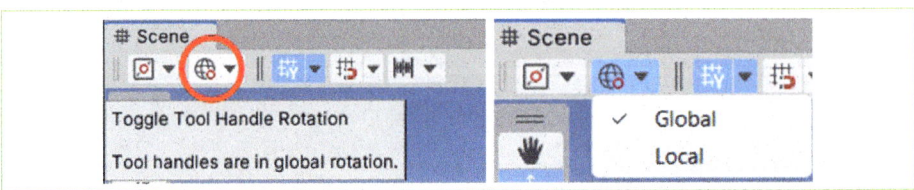

Figura 5.24 Herramienta para cambiar el eje de rotación.

Cambia la referencia entre Global y Local

- **Global**, sistema de coordenadas según el "mundo".

- **Local**, sistema de referencia propio del objeto.

5.7 Barra de herramientas

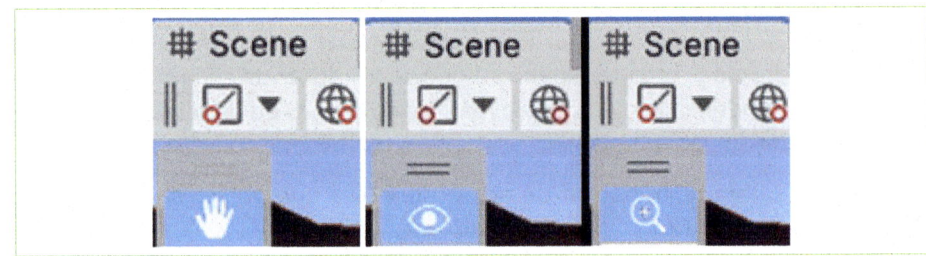

Figura 5.25 Herramienta Hand Tool. Ofrece hasta tres posibles formas de movernos por la escena.

Cuando la herramienta **Hand Tool** está seleccionada, los siguientes controles con el ratón están disponibles:

- **Move**: Haga clic en el botón izquierdo del ratón y arrastre para mover la cámara alrededor.

- **Orbit**: Deje oprimido ALT y haga clic en el botón izquierdo y arrastre para orbitar la cámara alrededor del actual punto de pivote. Esta opción no está disponible en modo 2D ya que la vista es ortográfica.

- **Zoom**: Deje oprimido Alt y haga clic en el botón derecho del ratón y arrastre para acercarse a la Scene View.

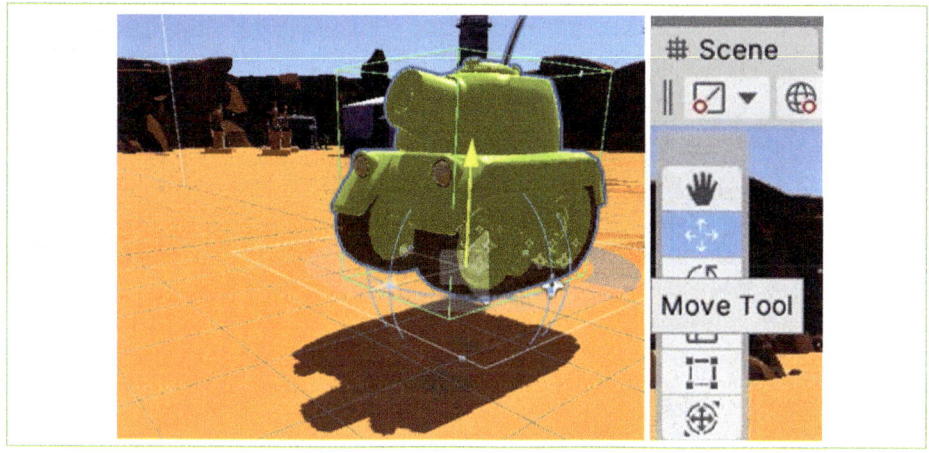

Figura 5.26 Herramienta Move Tool para mover objetos.

Permite mover en cualquier eje el objeto seleccionado.

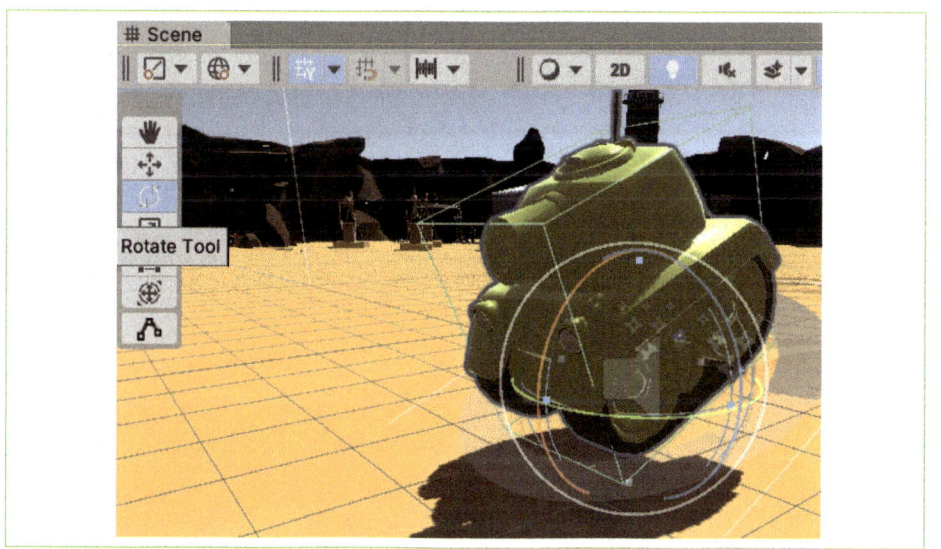

Figura 5.27 Herramienta Rotate Tool para rotar objetos.

Con la herramienta **Rotar** seleccionada, cambia la rotación del GameObject seleccionado haciendo clic y arrastrando los ejes del gizmo. Al igual que con la herramienta **Mover**, el eje de rotación seleccionado se pondrá de color amarillo.

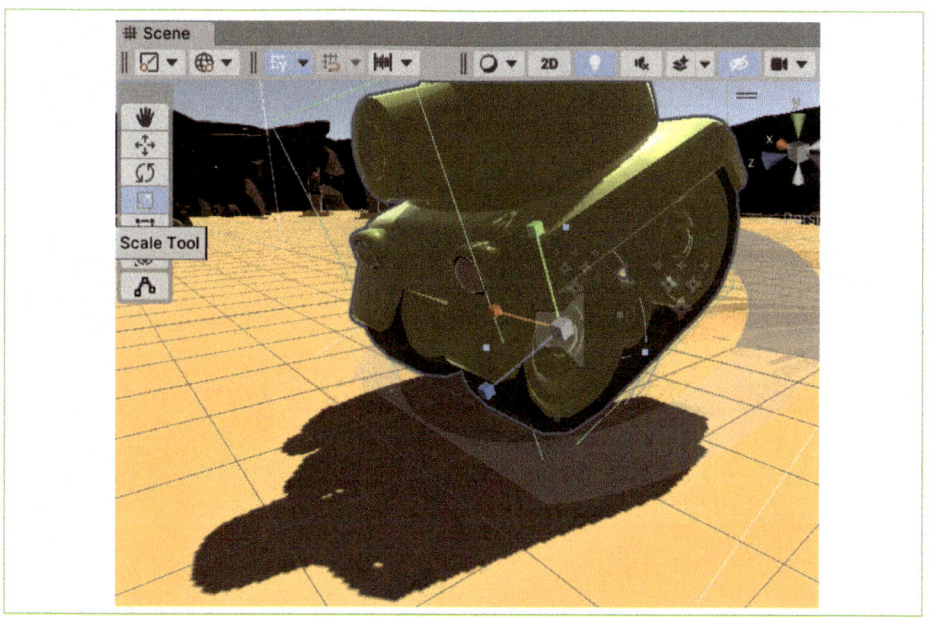

Figura 5.28 Herramienta Scale Tool para modificar el tamaño de los objetos.

La herramienta **Escala** permite cambiar la escala del GameObject seleccionado de manera uniforme en todos los ejes a la vez haciendo clic y arrastrando el cubo en el centro del Gizmo. También puede cambiar la escala de los ejes individualmente.

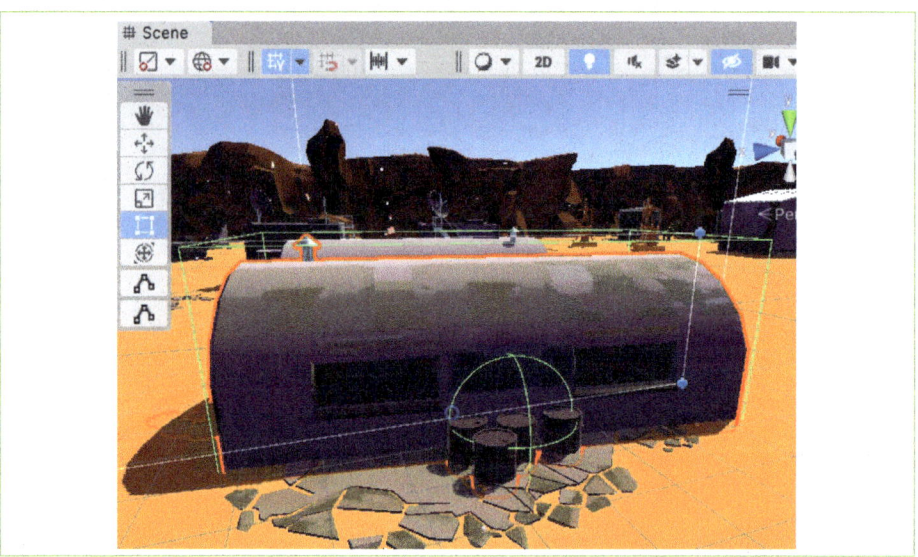

Figura 5.29 Herramienta Rect Tool.

La herramienta **Rect** se puede utilizar para mover, cambiar el tamaño y rotar objetos. Una vez que haya seleccionado un elemento de la interfaz de usuario, puede moverlo haciendo clic en cualquier lugar dentro del rectángulo y arrastrándolo. Puede cambiar su tamaño haciendo clic en los bordes o esquinas y arrastrándolos.

El elemento se puede rotar colocando el cursor ligeramente lejos de las esquinas hasta que el del ratón parezca un símbolo de rotación. Luego puede hacer clic y arrastrar en cualquier dirección para rotar.

Al igual que las otras herramientas, la herramienta Rect utiliza el modo de pivote y el espacio actual, establecidos en la barra de herramientas.

PARA RECORDAR

Cuando se trabaja con la interfaz de usuario, suele ser una buena idea mantener configurado el modo **Pivot** y el espacio **Local**.

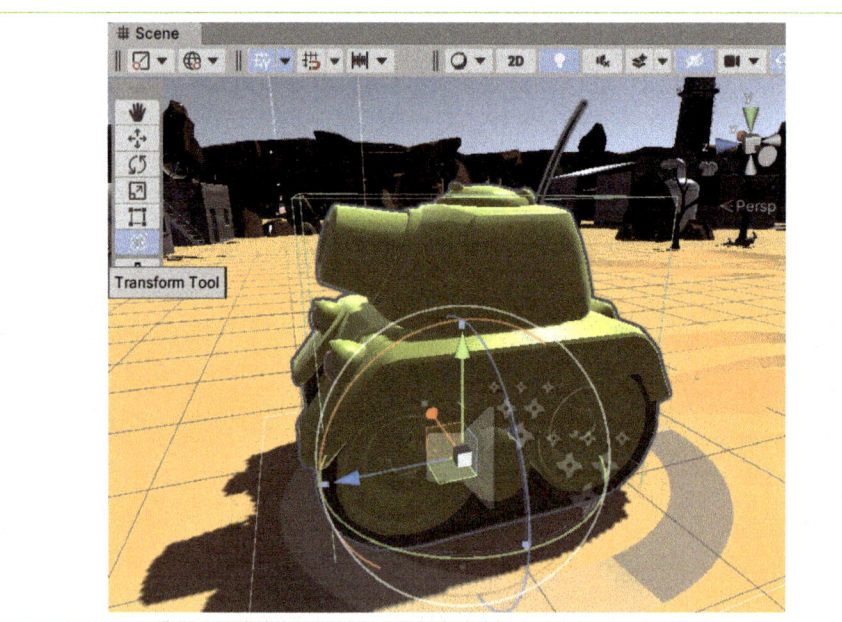

Figura 5.30 Herramienta Transform.

La herramienta **Transform** combina las herramientas **Mover**, **Rotar** y **Escalar**.

Su gizmo proporciona controladores para el movimiento y la rotación. Cuando el **controlador de rotación de la herramienta** está configurado en **Local**, también proporciona controladores para escalar el objeto seleccionado.

5.8 Layers (capas)

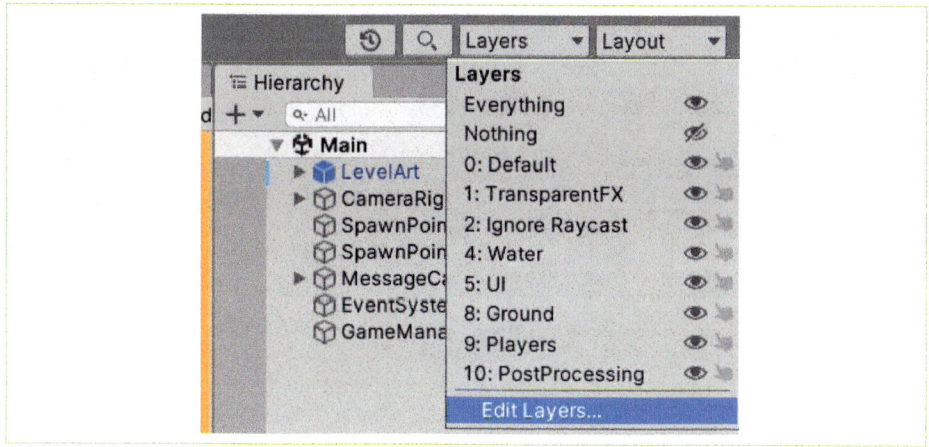

Figura 5.31 Layers (capas).

Es una manera de organizar los elementos de un proyecto, por grupos. Podemos visualizar u ocultar las diferentes capas en las que tengamos organizados los elementos y así decidir qué elementos se verán en la escena.

Si pulsa en "Edit Layers…" se mostrarán en la pestaña Inspector las opciones para crear una nueva capa.

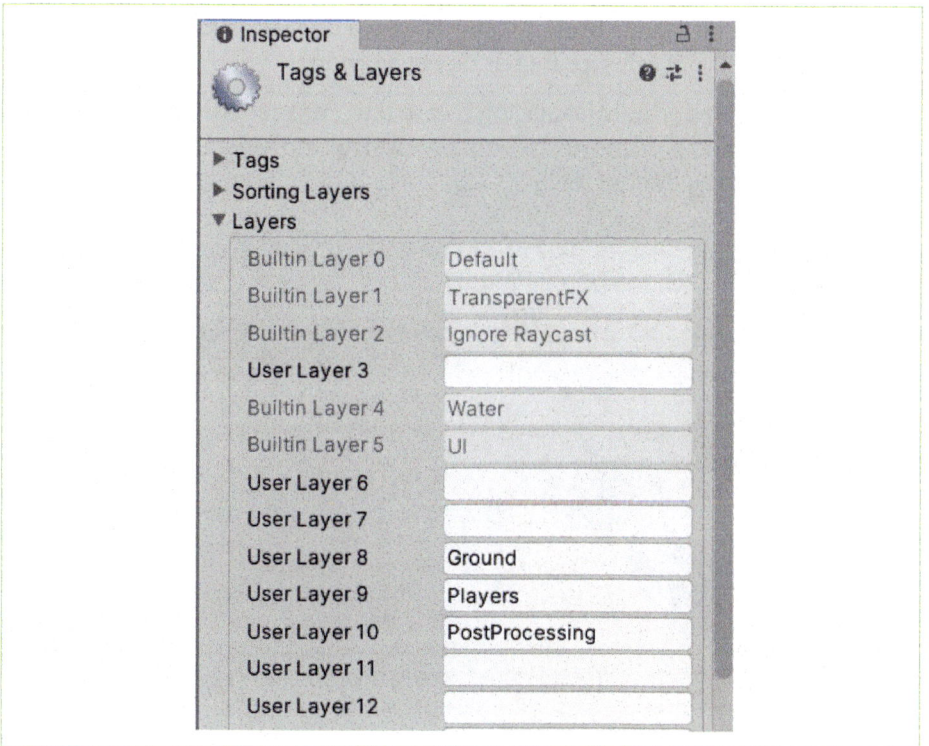

Figura 5.32 Editor de Layers (capas) en la pestaña Inspector.

5.9 Game View

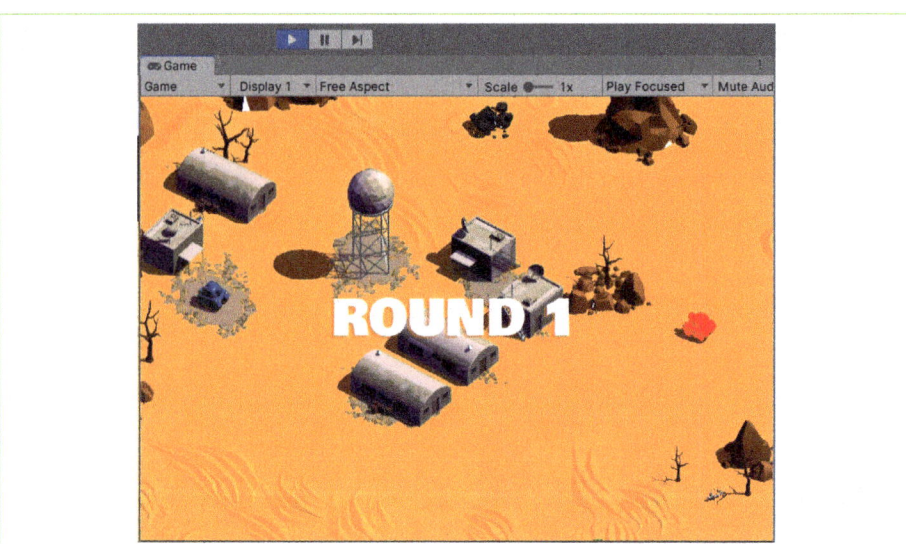

Figura 5.33 Vista de juego. Pestaña Game. Esto es lo que se vería al ejecutar el juego.

Unity admite hasta 8 pantallas. Por lo general tendremos una sola pantalla, pero podríamos realizar un juego en el que se usen varias pantallas. Para ello deberíamos tener una cámara para cada pantalla.

Por ejemplo, un juego de estrategia que muestre un plano en una pantalla y la acción del juego en otra. O un simulador de vuelo que muestre una pantalla con la ventana frontal y en otras los mapas de navegación.

También es muy importante la relación de aspecto de la cámara. Por ejemplo, si el juego está diseñado para móvil (4:3), no tendrá el mismo aspecto que uno diseñado para monitores grandes (16:9).

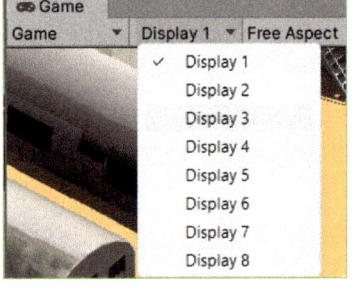

Figura 5.34 Seleccione el número pantallas para su juego.

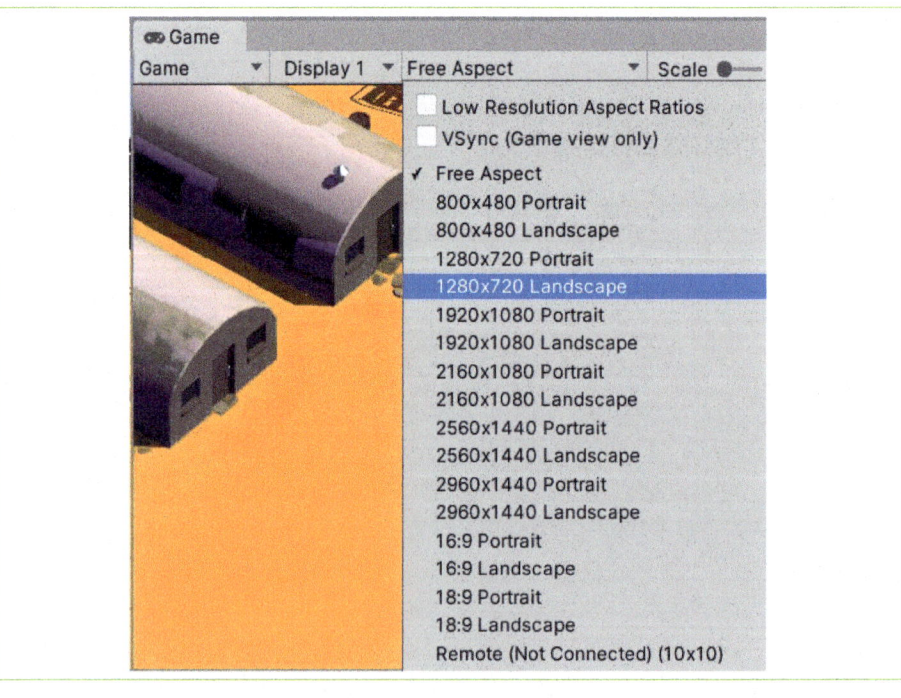

Figura 5.35 Seleccione la relación de aspecto de la pantalla.

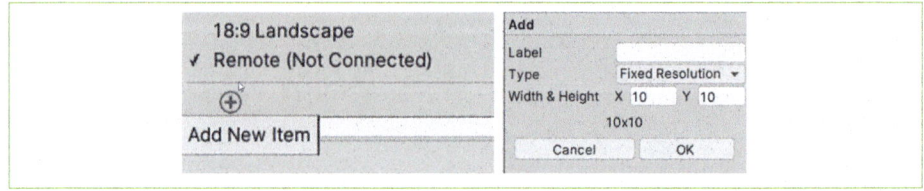

Figura 5.36 Puede crear su propia resolución.

5.10 Barra de control de Game View

Figura 5.37 Barra de control de Game View.

Scale slider. Esto le permite acercarse y examinar áreas de la pantalla del juego con más detalle, o se puede alejar para ver la pantalla completa donde la resolución de la pantalla sea mayor que el tamaño de la ventana de la vista del juego. También puede utilizar la *scroll wheel* (rueda de desplazamiento) para hacerlo mientras el juego está parado o pausado.

Play Focused. Habilite este enfoque para cambiar el foco a la vista de juego seleccionada mientras el Editor está en modo Jugar. El uso del modo *Maximizado* implica enfocar la vista de juego maximizada ocupando toda la pantalla.

Mute Audio. Silenciará cualquier audio en la aplicación cuando ingrese al modo de reproducción.

Stats. Puede activar las estadísticas de renderización para supervisar el rendimiento de su aplicación mientras está en modo de reproducción.

Gizmos. Seleccione solo aquellos gizmos que desee visualizar en el modo de reproducción. .

El menú Gizmos contiene opciones sobre cómo Unity muestra los gizmos para **GameObjects** y otros items en el **Game View**. Este menú está disponible tanto en el **Scene View** como en el **Game View**.

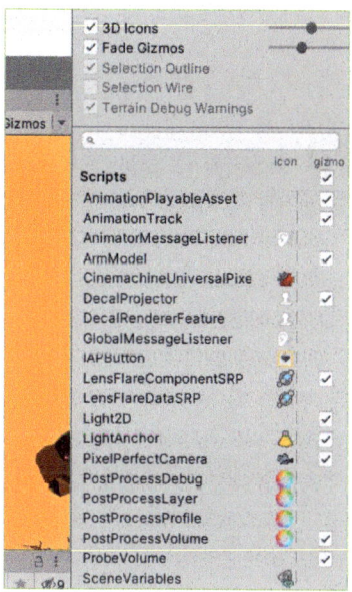

Figura 5.38 Menú Gizmos.

— **PARA SABER MÁS** —
https://docs.unity3d.com/Manual/GizmosMenu.html

5.11 Pestaña Inspector

Cuando seleccione un GameObject (por ejemplo, en la Jerarquía o la vista de escena), en la pestaña **Inspector** se mostrarán las propiedades de todos sus componentes y materiales. Puede editar las propiedades y reordenar los componentes en esta ventana.

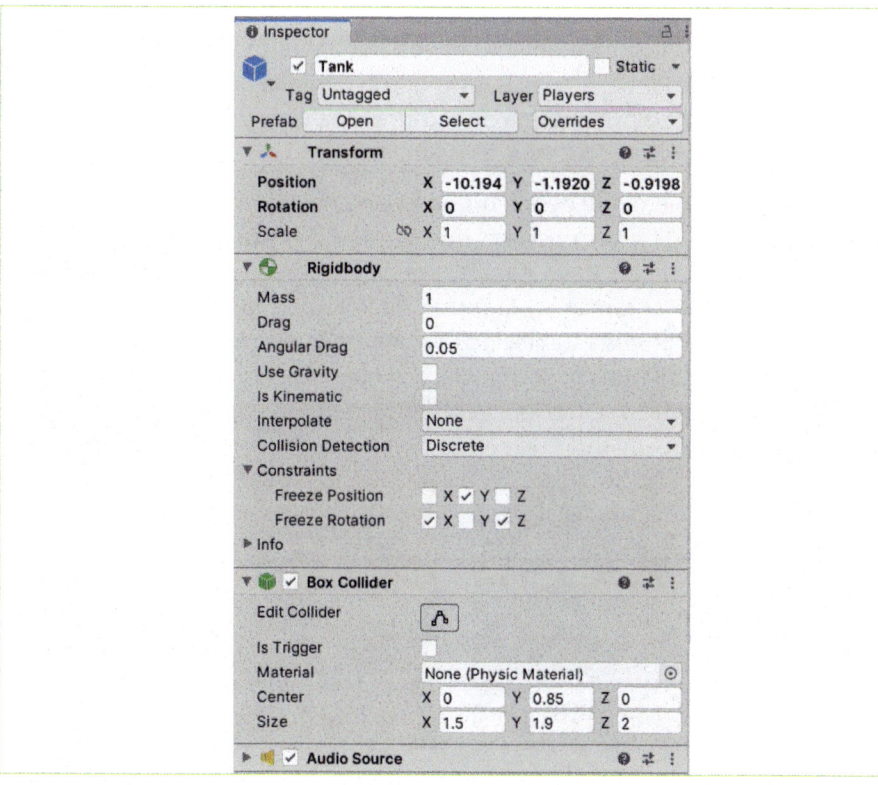

Figura 5.39 Pestaña Inspector.

Los juegos en Unity están compuestos de múltiples **GameObjects** que contienen **meshes (mallas)**, **scripts**, **sounds** y otros elementos.

El **Inspector** muestra información detallada sobre el **GameObject** seleccionado, incluyendo sus elementos seleccionados y sus propiedades.

Cualquier propiedad puede modificarse directamente. Incluso las variables de los scripts pueden cambiarse sin modificar el script. Se pueden cambiar las variables mientras el juego está siendo ejecutado para realizar pruebas. En un script, si se definió una variable pública de un tipo objeto (como **GameObject** o **Transform**), se puede arrastrar y soltar el **GameObject** o **prefab** dentro del **Inspector** para asignarlo(s) como variable(s) del script.

—PARA SABER MÁS—
https://docs.unity3d.com/Manual/UsingTheInspector.html

5.12 Pestaña Consola

La ventana (Window > Console) muestra errores, advertencias y otros mensajes generados por Unity.

Para ayudar con *debugging*, podemos mostrar nuestros propios mensajes en la Consola utilizando las funciones:

* Debug.Log

* Debug.LogWarning

* Debug.LogError

Figura 5.40 Pestaña Consola.

El botón **Clear** quita cualquier mensaje generado.

La opción *Collapse* muestra solamente la primera instancia de un mensaje de error que sigue ocurriendo.

La opción *Error Pause* es llamada desde script. Esto puede ser de gran ayuda cuando quiera congelar la reproducción en un punto específico en ejecución e inspeccionar la escena.

5.13 Configuración de cámaras

Una escena en Unity se crea mediante el posicionamiento y movimiento de objetos en un espacio tridimensional. Puesto que la pantalla del espectador es bidimensional, se necesita alguna forma de capturar una vista y "aplanarla" para mostrarla. Esto se logra utilizando **Cameras** (Cámaras).

Una cámara es un objeto que define una vista en una escena. La posición del objeto define el punto de vista, mientras que sus ejes Z e Y definen la dirección de la vista y la parte superior de la pantalla, respectivamente. El **Camera component** también define el tamaño y la forma de la región que recae dentro de la vista. Con estos parámetros establecidos, la cámara puede mostrar lo que "ve" actualmente en la pantalla. En consecuencia, si el objeto de cámara se mueve y rota, la vista mostrada también se moverá y rotará.

Figura 5.41 Vista perspectiva (*perspective*) y vista ortográfica (*orthographic*).

Una cámara en el mundo real, o incluso el ojo humano, ven el mundo de una forma que hace que los objetos se vean más pequeños cuanto más alejados están del punto de vista. Este efecto de *perspectiva* tan conocido es utilizado en el arte y gráficos por ordenador y es importante para la creación de escenas realistas. Naturalmente, Unity soporta cámaras de perspectiva, pero para algunos propósitos, querrá renderizar la vista sin este efecto.

Por ejemplo, es posible que quiera crear un mapa o mostrar información que no se supone que tenga que aparecer exactamente como un objeto del mundo real. Una cámara que no disminuye el tamaño de los objetos con la distancia es conocida como *ortográfica* y las cámaras de Unity también pueden ser de este tipo. Los modos de ver una escena tanto en perspectiva como ortográfica son conocidos como *proyecciones* de la cámara.

— CURIOSIDADES —

Podemos alinear frente a un objeto, la cámara, de una manera "sencilla". En Scene View nos movemos hasta ponerla frente al objeto con el que la queremos alinear y pulsamos Ctrl+Shift+F.

5.14 Tutorial Tanks, cambiar iluminación y cámara

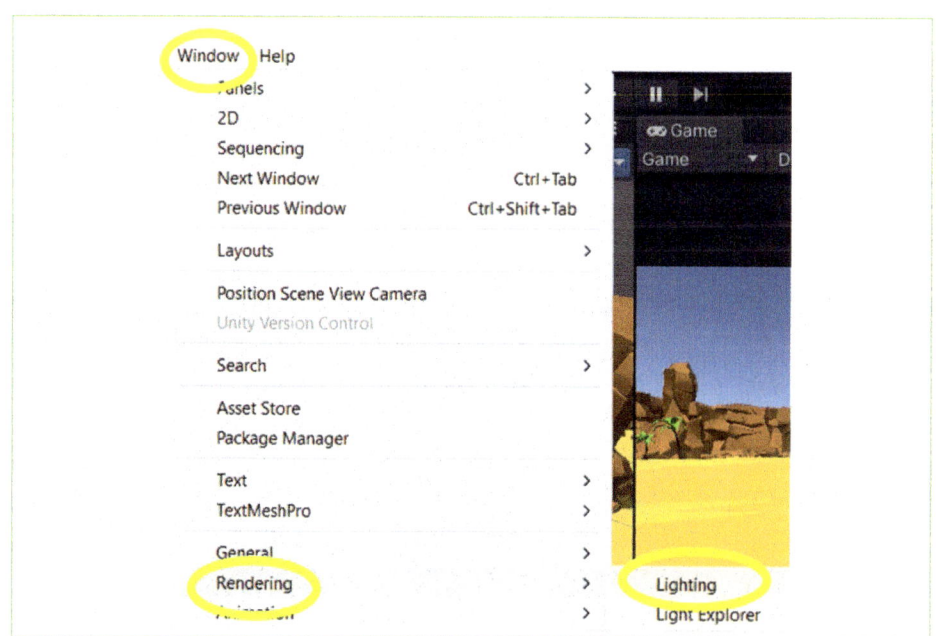

Figura 5.42 Abrir ventana de opciones de configuración de la iluminación.

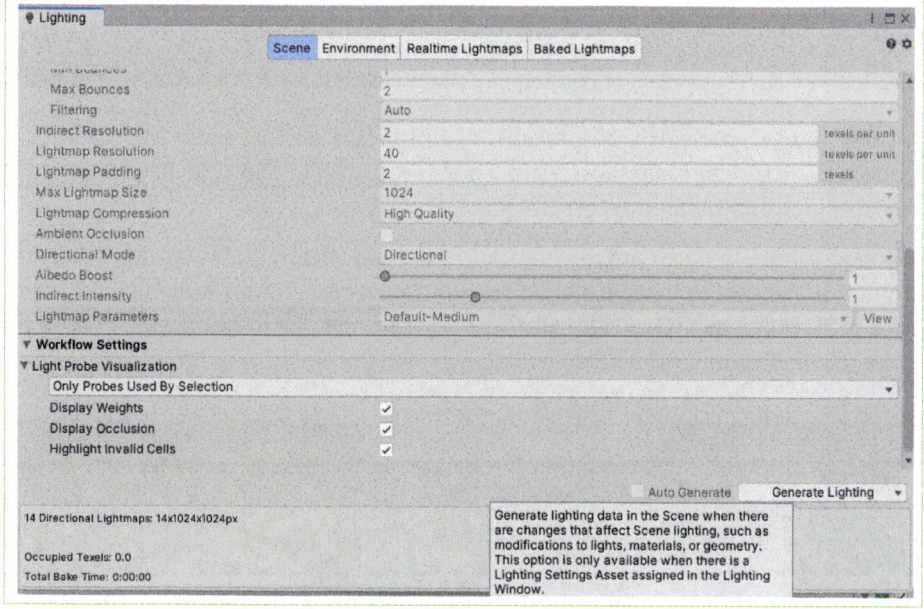

Figura 5.43 Desmarque la opción "Auto Generate".

Figura 5.44 Por defecto, la fuente de luz ambiental es el "Skybox".

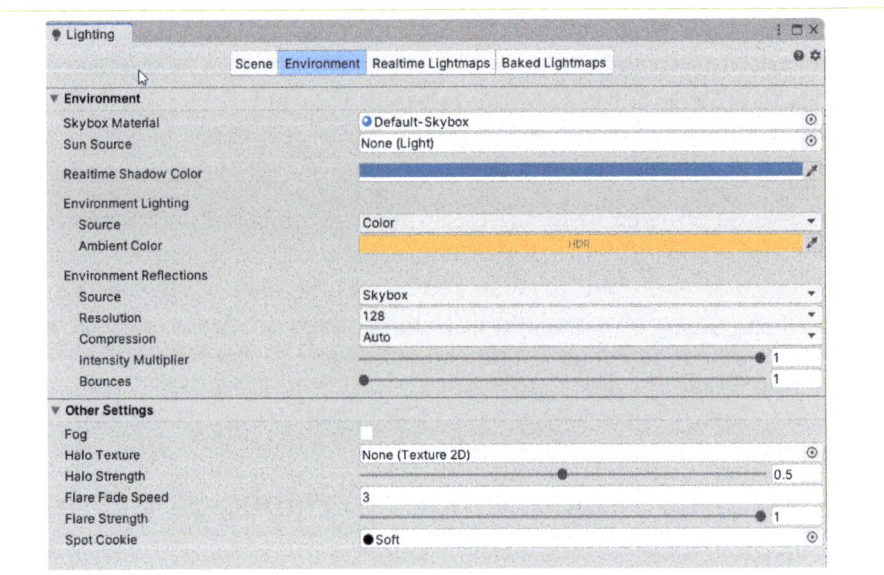

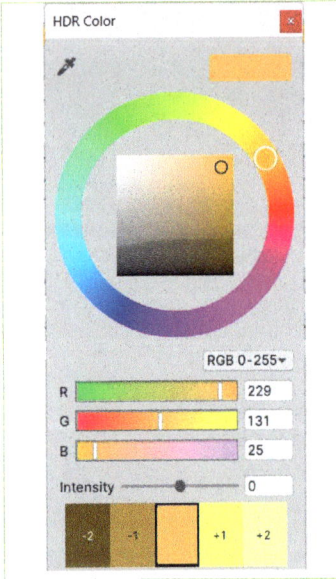

Figura 5.45 Una vez configurado a nuestro gusto pulsamos "Generate Lighting".

Vamos a cambiar la fuente de esta luz ambiental para que sea un color en concreto haciendo doble clic en "Ambient Color".

5.15 Cambiar cámara principal

Figura 5.46 Modifique las opciones de la cámara principal en la pestaña Inspector.

Modificamos la posición y la rotación. Y cambiamos la proyección a "Ortográfica". Podemos modificar el tamaño ("Size") para jugar con el zoom de la cámara; para nuestro juego, lo dejaremos en 5.

El juego tendrá una cámara que se adaptará a la posición de los tanques. Aun así, no queremos que se visualice el skybox detrás del escenario. Para ello cambiaremos el "Background Type" del entorno ("Environment") y lo pondremos como un color ("Solid Color").

Figura 5.47 Cambie el entorno eligiendo un color.

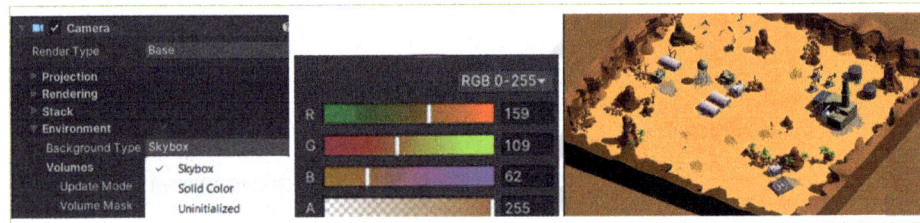

RESUMEN

- Unity muestra una interfaz gráfica que podemos adaptar fácilmente a nuestras necesidades. En su parte superior derecha tenemos el desplegable Layout (disposición) que nos ofrece distintas opciones e incluso la posibilidad de, una vez adaptadas todas las ventanas de la interfaz a nuestro gusto, poder guardarlas dándole un nombre a dicha disposición.

- El **GameObject** es el concepto más importante en el Editor de Unity. Cada objeto en su juego es un GameObject, desde personajes y objetos seleccionables hasta luces, cámaras y efectos especiales. Sin embargo, un GameObject no puede hacer nada por sí mismo; necesita darle propiedades antes de que pueda convertirse en un personaje, un entorno o un efecto especial.

- La pestaña Hierarchy (Jerarquía) contiene todo GameObject en la actual escena. Se pueden seleccionar y vincular objetos en esta pestaña. Cuando los objetos sean añadidos y eliminados de la escena, estos aparecerán y desaparecerán de la pestaña Hierarchy.

- Todo proyecto en Unity tiene una carpeta de **Assets** (activos, bienes). El contenido de esta carpeta es presentado en la vista de proyecto (Project View). Aquí es donde se pueden guardar todas las propiedades necesarias para crear su juego, como **scenes**, **scripts**, 3D models, **textures**, audio files y prefabs.

- **Scene View** es una ventana interactiva. Se puede usar para seleccionar y posicionar los ambientes, el jugador, la cámara, los enemigos, y otros **GameObjects**. Maniobrar y manipular estos objetos dentro del **Scene View** es una de las funciones más importantes en el Unity. Podemos arrastrar desde la pestaña Project cualquier Asset a nuestra vista de escena; de esta manera, también aparecerá en la pestaña Hierarchy.

- Herramienta Hand Tool. Ofrece hasta tres posibles formas de movernos por la escena: Move, Orbit y Zoom.

- Las capas (Layers) son una manera de organizar los elementos de un proyecto por grupos. Podemos visualizar u ocultar las diferentes capas en las que tengamos organizados los elementos y así decidir qué elementos se verán en la escena.

- Unity admite hasta 8 pantallas. Por lo general tendremos una sola pantalla, pero podríamos realizar un juego en el que se usen varias pantallas. Para ello deberíamos tener una cámara para cada pantalla. Por ejemplo, un juego de estrategia que muestre un plano en una pantalla y la acción del juego en otra.

- Cuando seleccione un GameObject (por ejemplo, en la Jerarquía o la vista de escena), en la pestaña **Inspector** se mostrarán las propiedades de todos sus componentes y materiales. Puede editar las propiedades y reordenar los componen-tes en esta ventana.

- Una escena en Unity se crea mediante el posicionamiento y movimiento de objetos en un espacio tridimensional. Puesto que la pantalla del espectador es bidimensional, se necesita alguna forma de capturar una vista y "aplanarla" para mostrarla. Esto se logra utilizando **Cameras** (Cámaras).

- Una cámara en el mundo real, o incluso el ojo humano, ven el mundo de una forma que hace que los objetos se vean más pequeños cuanto más alejados están del punto de vista. Este efecto de perspectiva tan conocido es utilizado en el arte y en gráficos por ordenador y es importante para la creación de escenas realistas.

- Es posible que quiera crear un mapa o mostrar información que no se supone que tenga que aparecer exactamente como un objeto del mundo real. Una cámara que no disminuye el tamaño de los objetos con la distancia es conocida como *ortográfica* y las cámaras de Unity también pueden ser de este tipo.

1. El desplegable Layout:

a) Nos permite cambiar la distribución de la interfaz.

b) Nos permite cambiar el modo escena.

c) Nos permite cambiar el modo juego.

d) Nos permite cambiar el proyecto.

2. Los GameObject:

a) Son solo los objetos seleccionables.

b) Son los personajes, tanto el principal como los enemigos.

c) Es únicamente el personaje principal.

d) Todos los personajes y objetos seleccionables hasta luces, cámaras y efectos especiales.

3. En la vista Jerarquía:

a) Está todo GameObject que haya en los prefabs.

b) Está todo GameObject que haya en el proyecto.

c) Está todo GameObject que haya el Game View.

d) Está todo GameObject que haya en la escena actual.

4. La carpeta de Assets se muestra en la:

a) Assets View

b) Scene View

c) Project View

d) Game View

5. Para movernos por el Scene View con las teclas W, A, S y D:

a) Mantenemos pulsado CTRL.

b) Mantenemos pulsada la ruleta del ratón.

c) Mantenemos pulsado el botón izquierdo del ratón.

d) Mantenemos pulsado el botón derecho del ratón.

6. Al hacer doble clic en cualquier elemento de la pestaña Hierarchy:

a) En el Project View, nos posicionaremos en dicho elemento.

b) En el GameView, nos posicionaremos en dicho elemento.

c) En la escena, nos posicionaremos en dicho elemento.

d) En la pestaña Inspector, nos posicionaremos en dicho elemento.

7. En el modo de sombras, la opción Wireframe:

a) Muestra el sombreado normal.

b) Muestra las aristas de nuestros objetos.

c) Muestra la escena sin sombras.

d) Muestra las aristas sombreadas.

8. La herramienta Hand Tool ofrece hasta tres posibilidades:

a) Move, orbit y zoom

b) Scale, zoom y move

c) Zoom, orbit y scale

d) Move, orbit y scale

9. Las capas:

a) Son los personajes y objetos seleccionables incluso luces, cámaras y efectos especiales.

b) Son una manera de organizar los elementos de un proyecto, por grupos.

c) Son las opciones de configuración de la interfaz.

d) Son las pantallas de nuestro juego.

10. En la pestaña Inspector:

a) Mostrará las propiedades de los componentes y materiales del objeto seleccionado en la pestaña Hierarchy.

b) Mostrará las propiedades de los componentes y materiales del objeto seleccionado en la pestaña Layers.

c) Mostrará las propiedades de los componentes y materiales del objeto seleccionado en la pestaña Assets.

d) Mostrará las propiedades de los componentes y materiales del objeto seleccionado en la pestaña Game.

ACTIVIDADES

ACTIVIDAD 1

Como actividad se propone seguir avanzando en el tutorial Tanks realizando los pasos vistos en este capítulo.

U 6

Componentes. Scripting

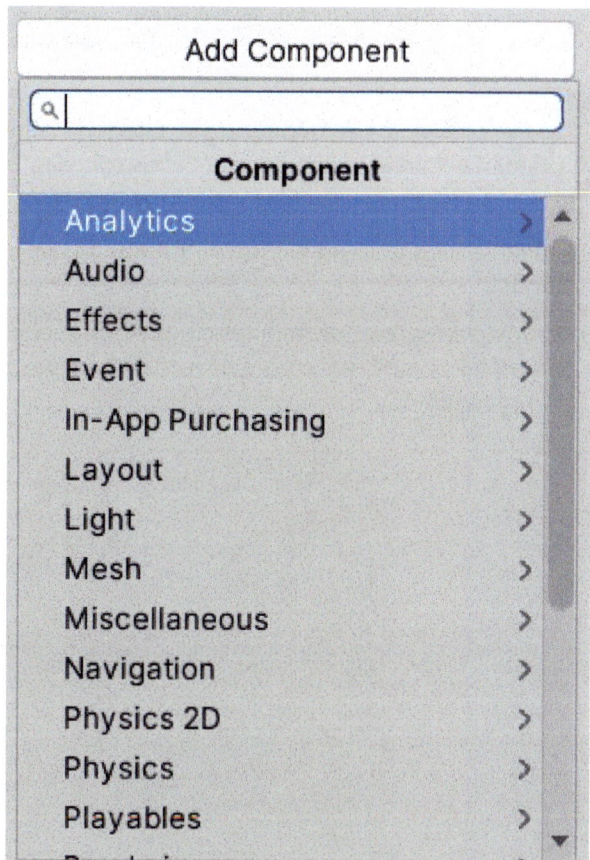

En esta unidad va a estudiar:

- Qué son los componentes.
- Distintos tipos de componentes.
- Añadir un nuevo componente.
- Qué es un prefab.
- Cómo crear un prefab.
- Qué es instanciar un prefab.
- Qué es el ciclo de vida de un componente.
- Cómo crear scripts.

Con su estudio, va a ser capaz de:

- Agregar componentes a un GameObject.
- Crear prefabs.
- Realizar scripts y añadirlos como componentes de los GameObject.

6.1 Componentes de los GameObject

Como vimos en la unidad anterior, un objeto en su juego es un *GameObject*, desde personajes y objetos coleccionables hasta luces, cámaras y efectos especiales. Sin embargo, un GameObject no puede hacer nada por sí mismo; necesita asignarle una serie de componentes antes de que pueda convertirse en un personaje, un entorno o un efecto especial.

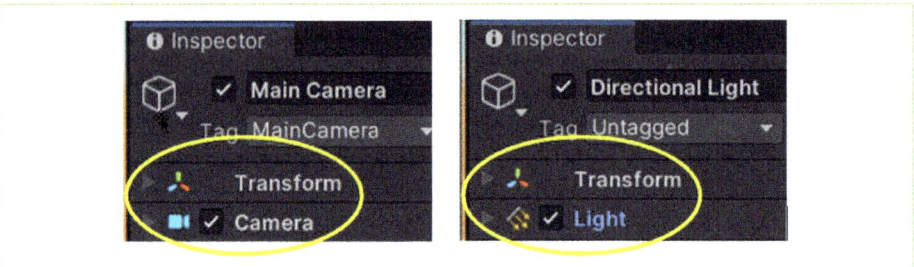

Figura 6.1 Si seleccionamos la cámara principal en la pestaña Inspector vemos que tiene varios componentes. Igualmente la luz tendrá otros componentes.

Los valores de los componentes se pueden resetear a sus valores por defecto y se pueden eliminar, pulsando sobre ellos con el ratón derecho.

Podemos hacer que el comportamiento de un objeto, cumpla con las leyes de la gravedad. Cuando añadimos un objeto a la escena, en principio aparecerá "flotando".

Para añadir un comportamiento debe pulsar el botón Add Component y siguiendo con el ejemplo del cumplimiento de las leyes de la gravedad, añadir el componente Rigidbody.

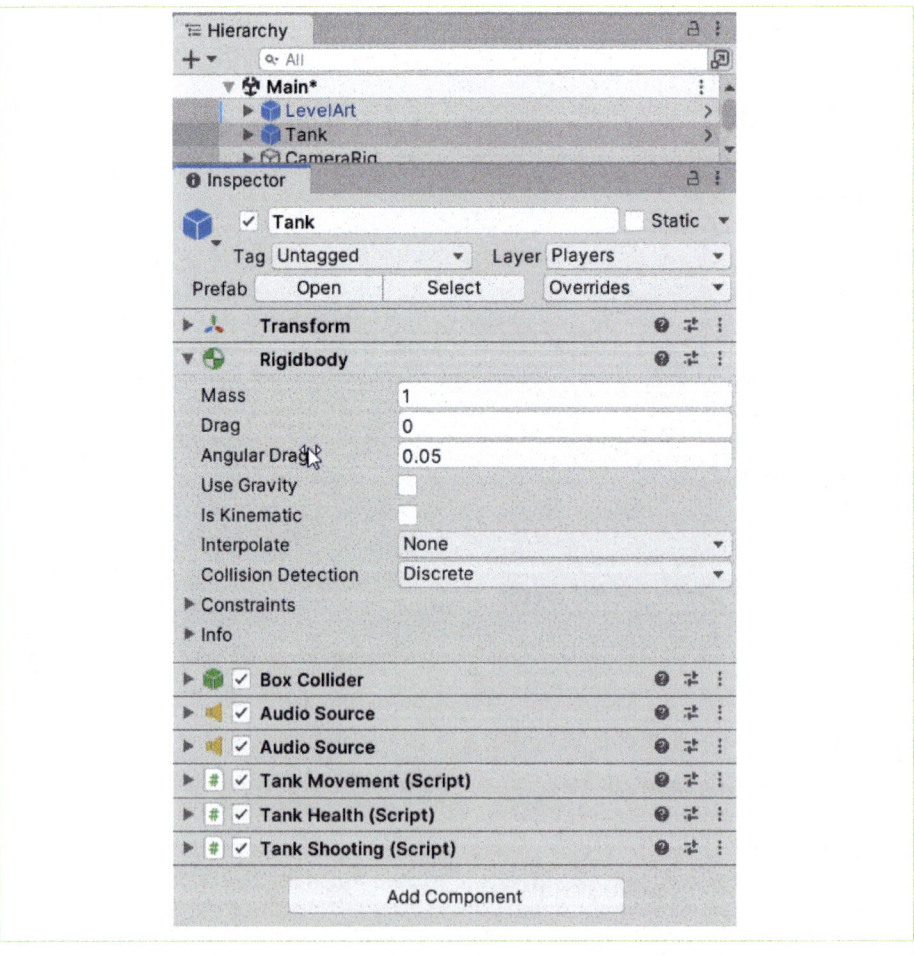

Figura 6.2 Componentes del tanque.

Como podemos ver en la imagen anterior, dentro del componente Rigidbody aparecen distintas propiedades. Una de estas propiedades es "Use Gravity".

Una vez marcada, al ejecutar nuestro juego, en la Game View podremos ver que el objeto, en lugar de flotar, caerá hacia abajo.

Un componente puede ser añadido a varios objetos a la vez. Se pueden seleccionar todos en la pestaña Jerarquía y con todos seleccionados, pulsar en Añadir Componente.

6.2 Componente Transform

Este componente contiene información sobre posición, rotación y escala. Todos los objetos lo tienen y no se puede eliminar. Contiene métodos y atributos relativos al posicionamiento del objeto en el mundo, por lo que debe recordar que debe diferenciar entre global y local.

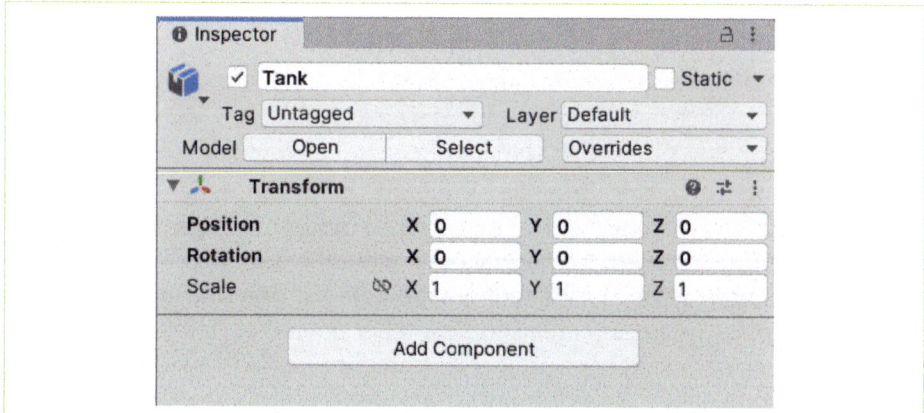

Figura 6.3 Componente Transform del tanque.

6.3 Tutorial Tanks. Insertando el tanque

Un archivo modelo puede contener un modelo 3D, como lo es un personaje, un edificio, o un mueble. El modelo es importado en múltiples Assets.

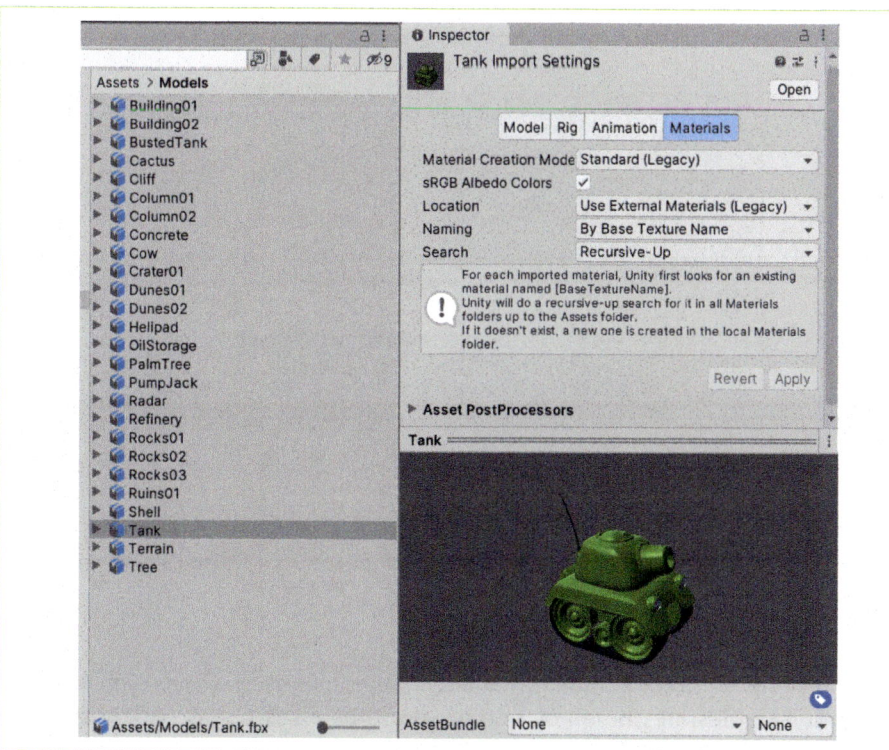

Figura 6.4 Componentes del tanque.

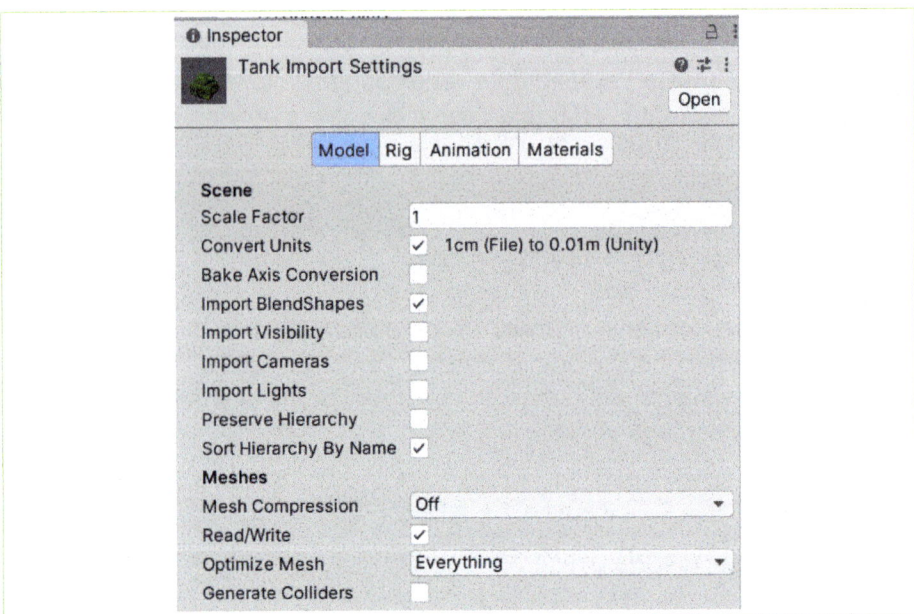

Figura 6.5 Ajustes del modelo.

- **Scale Factor**: Este factor de escala es utilizado para compensar las diferencias en unidades entre Unity y una herramienta de modelado 3D; esta vuelve a escalar el archivo completo. Lo normal es configurarlo a valor 1. Tenga en cuenta que el motor de física está configurado como si **una unidad fuera igual a un metro**. Es importante que si quiere tener un comportamiento de físicas adecuado, el modelo debería estar correctamente escalado en la aplicación de modelado original. De todas formas, si no tiene el control sobre la modificación del mesh (malla), la escala del modelo puede ser ajustada aquí.

- **Generate colliders**: Esto va a generar un mesh (malla) de colisión que le permita a su modelo colisionar con otros objetos.

- **Material Naming and Search**: Esto le va a ayudar a configurar automáticamente sus materiales y localizar texturas

Un modelo puede también contener información de animación que puede ser utilizada para animar este modelo u otros. La información de la animación es importada como uno o más Clips de Animación.

– PARA SABER MÁS –
https://docs.unity3d.com/es/530/Manual/FBXImporter-Model.html

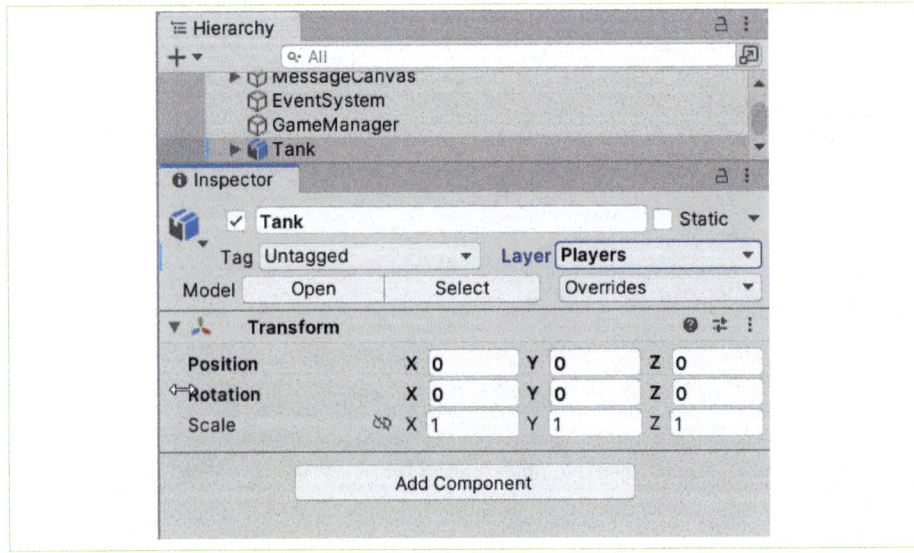

Figura 6.6 Simplemente, arrastre el modelo "Tank" a la pestaña Jerarquía.

Vamos a poner el objeto "Tank" en la capa (Layer) llamada "Players". Esto lo hacemos porque después haremos que los disparos y sus ondas expansivas solo afecten a objetos que estén en la capa "Players".

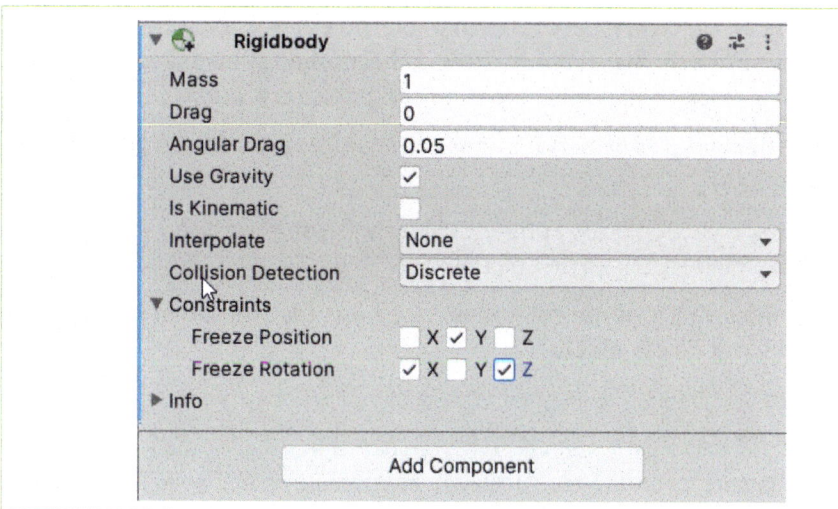

Figura 6.7 Añada el componente Rigidbody.

Un **Rigidbody** es el componente principal que permite el comportamiento físico para un objeto. Con un Rigidbody adjunto, el objeto inmediatamente responderá a la gravedad y si, además le añade uno o más componentes **Collider**, también detectará colisiones con otros GameObject.

Debido a que un componente Rigidbody asume el movimiento del objeto al que está adjunto, no debe intentar moverlo desde un script cambiando las propiedades del componente Transform, como lo son la posición y rotación. En su lugar, debe aplicar fuerzas (**forces**) que empujen al objeto y le permitan al motor de física calcular los resultados de dichas fuerzas.

Debe modificar las restricciones (Constraints) para congelar el movimiento en la posición del eje Y. Es decir, no queremos que el tanque pueda hacer un movimiento hacia arriba. Tampoco queremos que rote en el eje X ni en el eje Z.

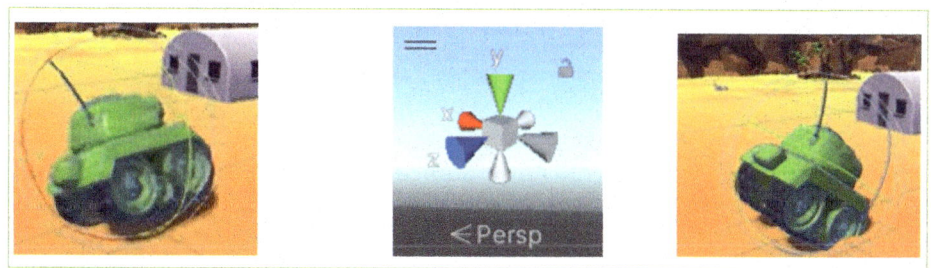

Figura 6.8 Al permitir la rotación en X y en Z se produciría el efecto de la imagen.

Para que el tanque pueda chocar contra otros elementos, añadimos el componente **Box Collider**.

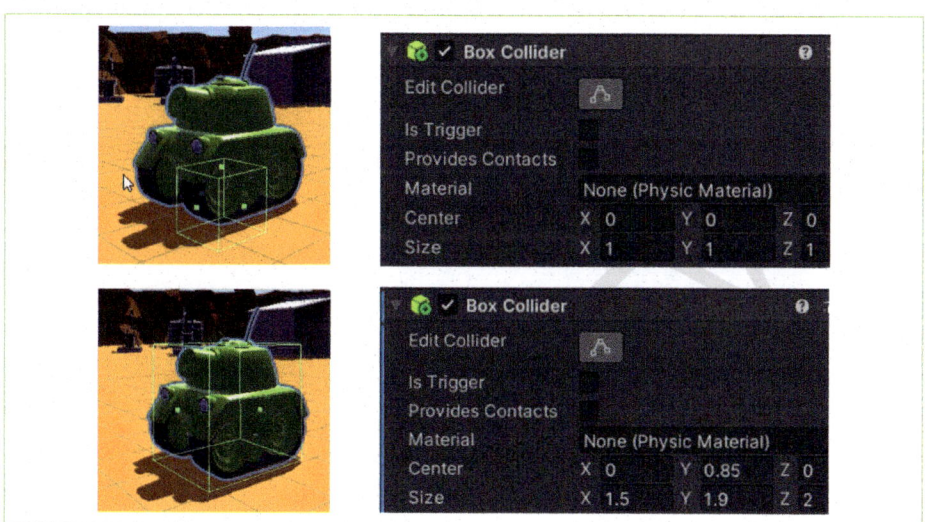

Figura 6.9 Debemos modificar su centro (Center) y su tamaño (Size) para que englobe por completo al tanque.

Los componentes Collider definen la forma de un objeto para los propósitos de colisiones físicas. Un collider, el cual es invisible, no es necesario que tenga la forma exacta que el mesh (malla) del objeto y, de hecho, una aproximación a la forma del objeto a menudo es más eficiente e indistinguible en el juego.

Los colliders más simples (y menos intensivos al procesador) son los llamados primitive (primitivos).

En 3D, estos son Box Collider, Sphere Collider y Capsule Collider. En 2D, puede utilizar el Box Collider 2D y Circle Collider 2D.

El motor de física va a reportar colisiones contra un objeto al llamar funciones de evento en el script de ese objeto.

Las funciones `OnCollisionEnter`, `OnCollisionStay` y `OnCollisionExit` serán llamadas a medida que haya un contacto hecho, mantenido o finalizado.

Las funciones correspondientes `OnTriggerEnter`, `OnTriggerStay` y `OnTriggerExit` serán llamadas cuando el collider del objeto esté configurado como un Trigger.

— PARA SABER MÁS —
https://docs.unity3d.com/es/530/ScriptReference/Collider.html

6.4 Añadir componente de audio al tanque

El tanque hará dos tipos de sonidos, el motor (en movimiento y en ralentí) y el disparo (el disparo propiamente dicho y la recarga del disparo). Los archivos de sonido se encuentran en la carpeta AudioClips de la carpeta Assets.

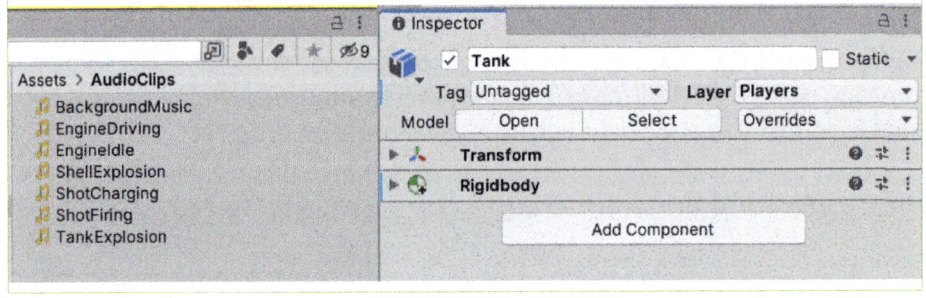

Figura 6.10 Añada al objeto "Tanque" un componente Audio Source y asígnele el clip de audio EngineIdle (motor inactivo).

Una vez añadido el componente Audio Source bastará con arrastrar el archivo de la vista Project al campo "AudioClip".

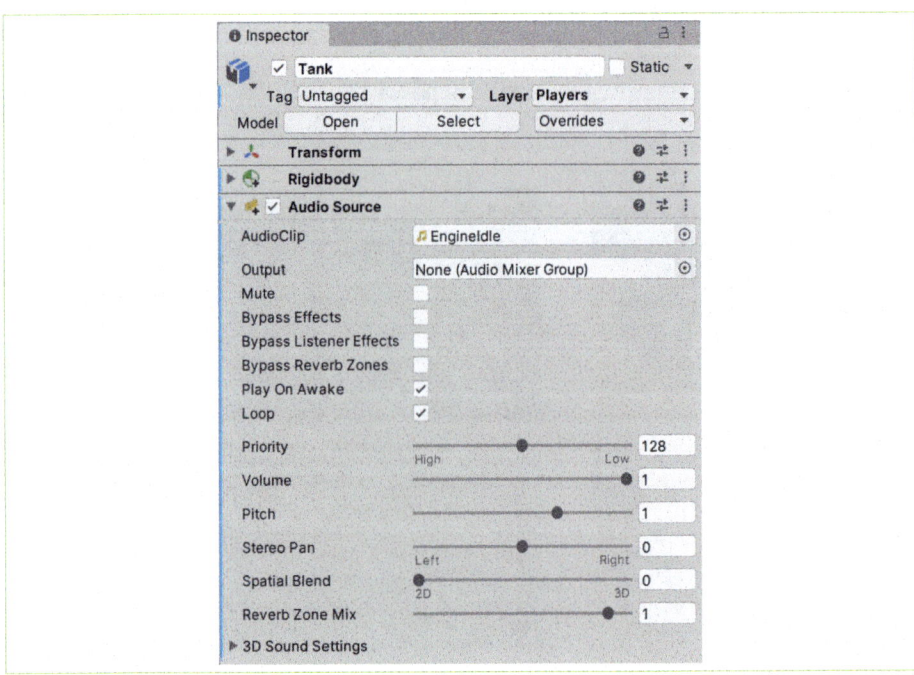

Figura 6.11 Seleccione que el clip se inicie con la escena (Awake) para que, nada más aparecer el tanque, el sonido se empiece a escuchar. También debe marcar su repetición en bucle (Loop).

Añadimos al objeto "Tanque" otro componente Audio Source para el disparo. En este caso no asociaremos ningún archivo de sonido. ***Durante la ejecución del juego, mediante código***, se asociará el sonido del disparo o de la recarga del disparo. Por lo tanto, ahora no marcamos "Play On Awake" ni por supuesto "Loop".

6.5 Añadir un efecto al tanque

Para crear el efecto de polvo del desierto levantándose por el movimiento del tanque, vamos a añadir un objeto prefab llamado "DustTrail" (rastro de polvo) al objeto Tanque de la pestaña Jerarquía, de tal forma que pase a ser "hijo" del objeto "Tank".

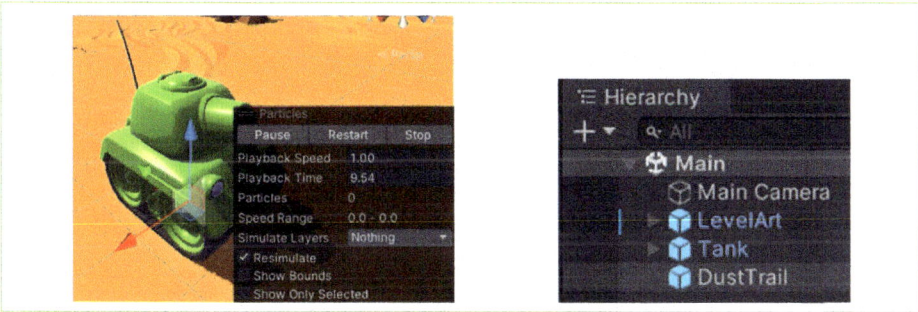

Figura 6.12 Ahora el prefab es hijo del objeto "Tank". Su posición será (0,0,0) respecto al tanque, que es su padre.

Como tenemos ruedas a ambos lados del tanque, lo suyo sería que este efecto reprodujera debajo de cada uno de los juegos de ruedas. Duplique el prefab que ya teníamos asociado al Tanque y aproveche para cambiar el nombre de ambos, indicando cuál será el efecto de partículas de las ruedas de la derecha y cuál el de las ruedas de la izquierda.

Figura 6.13 La posición de los prefabs se ajusta según su padre.

Hay que recordar que el objeto "Tanque" fue arrastrado a la pestaña Jerarquía desde la carpeta de modelos (Models). Ahora que le ha añadido los complementos que ha considerado necesarios, es el momento de ***convertirlo en un prefab*** para que después podamos instanciarlo y así crear otros jugadores. Bastará con arrastrarlo a la carpeta de Prefabs.

6.6 Prefab

El sistema de prefabs de Unity permite crear, configurar y almacenar un GameObject completo con todos sus componentes, propiedades y objetos hijos en forma de Asset reutilizable. Puede verlo como un sistema de plantillas de objetos.

Cuando hace una copia de un prefab, está creando una instancia. Los únicos objetos que se pueden crear dinámicamente a través de código son los prefabs.

Es muy útil cuando se quiere reutilizar un objeto múltiples veces en la escena o en varias escenas, por ejemplo:

- *Powerups*
- Assets de entorno (árboles, rocas, vegetación, etc.)
- Enemigos
- Proyectiles
- Efectos de partículas

La gran ventaja del sistema de prefabs es que los cambios que se hagan al prefab se transmiten de forma automática a las instancias del mismo.

6.7 Crear un prefab

Para crear el prefab tras construir el objeto que quiera tener como prefab, debe arrastrarlo a la ventana de proyecto.

Si el proyecto es más complejo, debería haber varias carpetas para organizar los prefabs por temáticas.

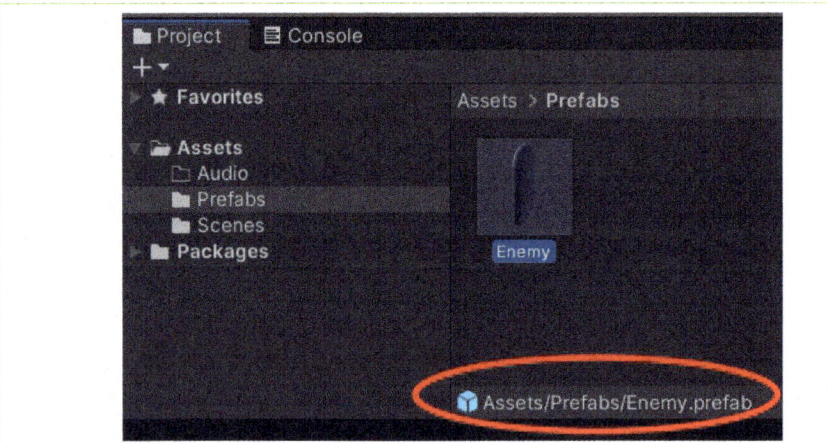

Figura 6.14 Al crearlo observamos que aparece el objeto en Project View con la extensión .prefab.

6.8 Instanciar un prefab

El proceso de crear copias de un prefab es lo que se denomina **instanciar**. Es un símil con el término utilizado en programación: crear una entidad concreta (objeto) a partir de una abstracta (la clase, el prefab).

Para crear una instancia solo es necesario arrastrar el prefab a la Jerarquía.

Durante el juego, este proceso se llevará a cabo por código (por ejemplo, para crear nuevas partículas para efectos, sonidos cuando se dispare o generar enemigos al azar).

6.9 Reescribir un prefab

Los *overrides* o *sobreescrituras* permiten crear variaciones entre las instancias del prefab sin perder por ello el enlace con el prefab original. Podemos hacer esto de cuatro formas distintas:

- Cambiando el valor de una propiedad.

- Añadiendo un componente.

- Eliminando un componente.

- Añadiendo un objeto hijo.

Hay algunas limitaciones:

- No se pueden eliminar GameObjects que sean hijos del prefab.

- No se puede cambiar el padre de un hijo de un prefab.

Las propiedades que sobrescriben valores se muestran en negrita. Si se añade un componente, se ve una línea azul abarcando todo el componente.

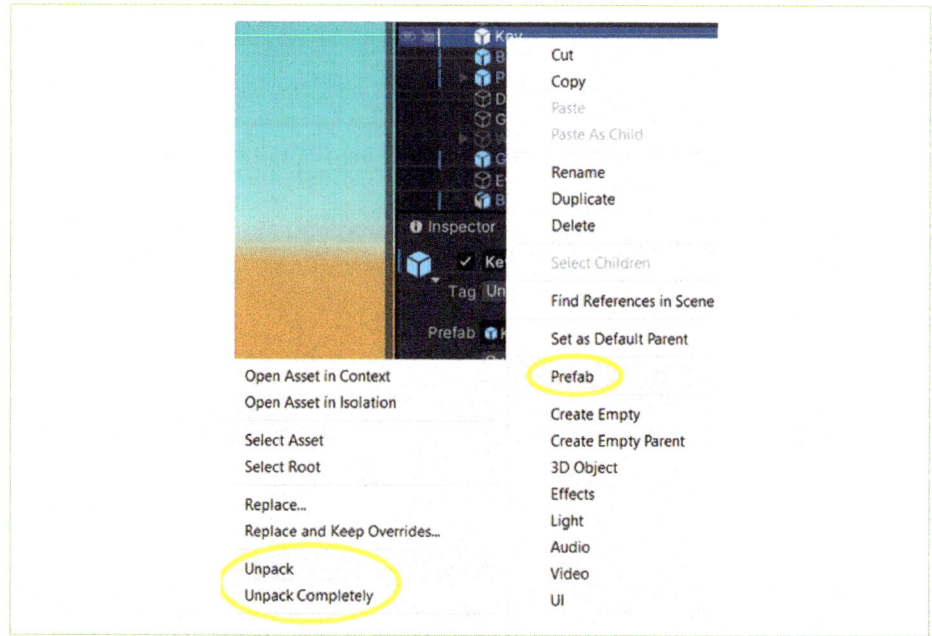

Figura 6.15 Desempaquetar un prefab.

Desempaquetar un prefab, se realiza principalmente por necesidad de llevar a cabo modificaciones sobre el prefab que no están soportadas, como eliminar GameObjects que sean hijos del prefab o bien cambiar la jerarquía de algún elemento del prefab.

6.10 Ciclo de vida de un componente

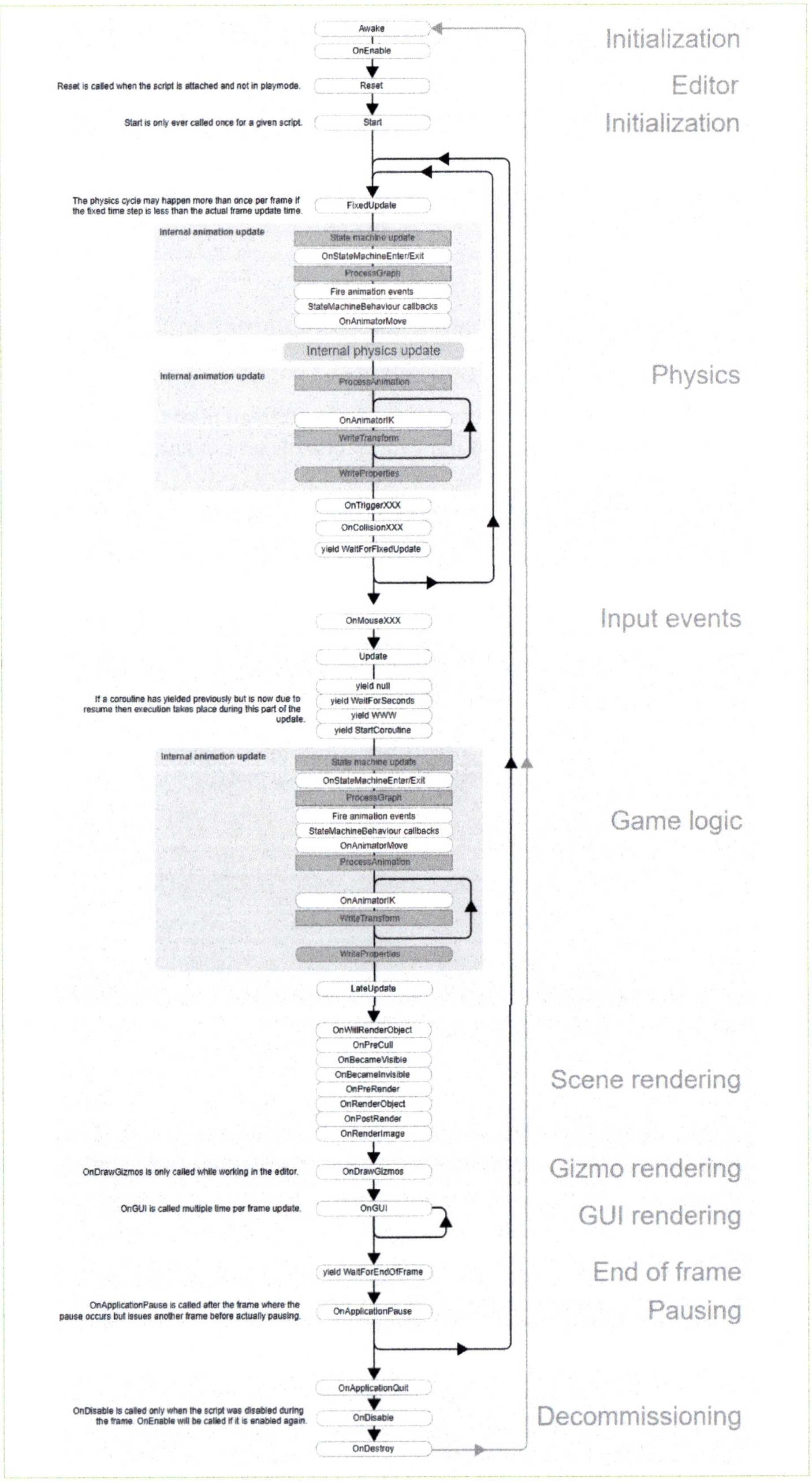

Figura 6.16 Ciclo de vida de un componente.

En primer lugar, destacamos los métodos que corresponden a la inicialización de nuestro componente; después, los que se repiten constantemente a lo largo de la vida de nuestro juego y, finalmente, la desactivación o destrucción de los objetos.

─ PARA SABER MÁS ─
https://docs.unity3d.com/es/2021.1/Manual/ExecutionOrder.html

6.11 Scripts del motor de videojuego

El comportamiento de los **GameObjects** es controlado por los *components* adjuntos. Aunque los *components* integrados de Unity pueden ser muy versátiles, vamos a necesitar ir más allá de lo que estos pueden proporcionar para implementar las características propias de su juego.

Unity le va a permitir crear sus propios *components* utilizando **scripts**. Estos le permitirán (activar/desactivar) eventos del juego, modificar propiedades del *component* en el tiempo de ejecución y responder al input del usuario de la forma que deseemos.

Unity soporta dos lenguajes nativamente:

- **C#** (pronunciado C-sharp), un lenguaje estándar de la industria similar a Java o C++;

- **UnityScript**, un lenguaje diseñado específicamente para uso con Unity y modelado tras JavaScript.

6.12 Crear un script

Pulsando el botón derecho del ratón sobre la vista del proyecto, aparecerá la opción para crear un nuevo script. O bien en el menú principal Assets > Create.

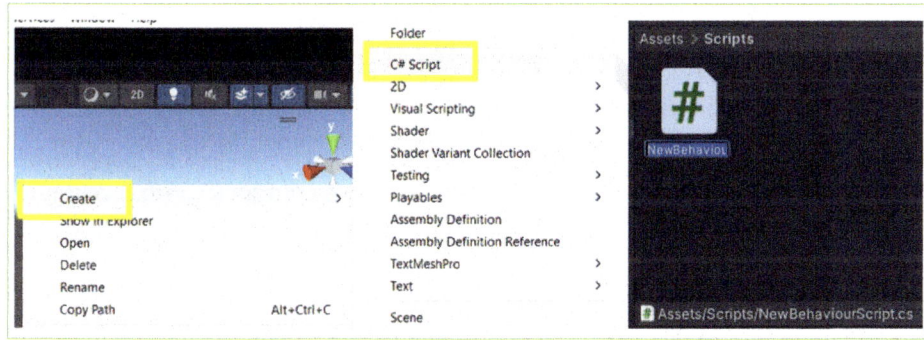

Figura 6.17 Por organización, lo mejor es crear una carpeta Scripts dentro de Assets.

Al crear un C# Script se genera un archivo *cs* llamado *NewBehaviourScript.cs*

6.13 Convenciones Unity

Variables: Empiezan con una letra minúscula. Las variables se usan para almacenar información sobre cualquier aspecto de un estado de juego.

Funciones: Empiezan con una letra mayúscula. Las funciones son bloques de códigos que han sido escritos una vez y que se pueden rehusar tantas veces como sea necesario.

Clases: Empiezan con una letra mayúscula. Estos pueden tomarse como colecciones de funciones.

6.14 Clase MonoBehaviour

```
1  using System.Collections;
2  using System.Collections.Generic;
3  using UnityEngine;
4
   Script de Unity | 0 referencias
5  public class Player : MonoBehaviour
6  {
7      // Start is called before the first frame update
       Mensaje de Unity | 0 referencias
8      void Start()
9      {
10
11     }
12
13     // Update is called once per frame
       Mensaje de Unity | 0 referencias
14     void Update()
15     {
16
17     }
18 }
```

Figura 6.18 Nuevo script al que hemos llamado "Player".

El script hace sus conexiones con el funcionamiento interno de Unity al implementar una clase que deriva desde la clase integrada denominada **MonoBehaviour**.

Esta clase se utilizará para crear un nuevo tipo de *component* que puede ser adjuntado a GameObjects.

Cada vez que se adjunte un script a un **GameObject**, este crea una nueva instancia del objeto definido por la clase.

Si sitúa el ratón sobre el nombre de una clase y pulsa F12 podrá ver el código de dicha clase. Así verá que MonoBehaviour hereda de la clase Behaviour, que a su vez hereda de la clase **Component** que a su vez hereda finalmente de la clase **Object**.

La clase **Object** de Unity tiene una serie de atributos comunes como son "name", "tag" (etiqueta) y la propia referencia del **GameObject**.

```
void Start()
{
    Debug.Log("Hola desde starT, soy "+ name);
    Debug.Log("Mi etiqueta es " + tag);
    Debug.Log("Mi referencia a GameObject es " + gameObject);
```

Clear ▼ Collapse Error Pause Editor ▼

- [19:10:02] Hola desde start, soy Player
  UnityEngine.Debug:Log (object)
- [19:10:02] Mi etiqueta es Player
  UnityEngine.Debug:Log (object)
- [19:10:02] Mi referencia a GameObject es Player (UnityEngine.GameObject)
  UnityEngine.Debug:Log (object)

Figura 6.19 Modifique el script para mostrar los atributos de la clase. Debug.Log imprime un mensaje en la salida de consola de Unity.

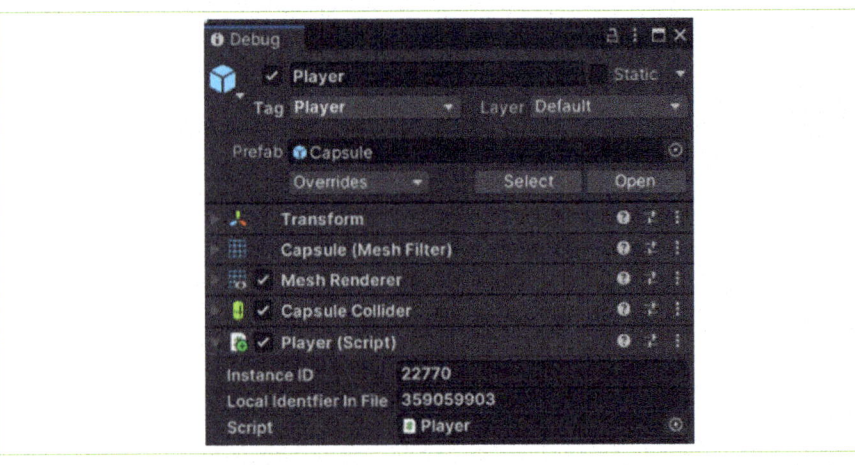

Figura 6.20 Para que el script sea un componente de un GameObject una vez guardado arrástrelo a la pestaña Inspector de dicho GameObject.

6.15 Funciones de eventos actualizados regularmente

Un script en Unity no es como cualquier otra idea tradicional de un programa donde el código corre continuamente en un ciclo hasta que complete su tarea. En lugar de eso, Unity pasa el control a un script de forma intermitente al llamar ciertas funciones que están declaradas dentro de él. Una vez una función haya terminado de ejecutarse, el control es devuelto a Unity. Estas funciones son conocidas como ***event function*** (funciones de evento), ya que son activadas por Unity en respuesta a eventos que ocurren durante el tiempo de juego.

Un juego es una animación donde los frames (**cuadros de animación**) son generados sobre la marcha.

Un concepto clave en la programación de juegos es el de hacer cambios de la posición, estados y comportamientos de objetos en el juego justo antes de que cada frame sea renderizado. La función **Update()** es el lugar principal para este tipo de código en Unity.

La función **Update()** es el lugar para colocar el código que se encargará de la actualización por frame para el GameObject. Esta función puede incluir movimiento, acciones de trigger y responder al input del usuario, básicamente cualquier cosa que necesite ser manejada en tiempo de *gameplay*. Para que la función **Update()** haga su trabajo, a veces es útil configurar variables, leer preferencias y hacer conexiones con otros GameObjects antes de que cualquier acción del juego sea realizada.

PARA RECORDAR

Se puede adjuntar un script arrastrando el fichero a un GameObject en el panel de Jerarquía o al inspector del GameObject, el cual está actualmente seleccionado.

```
public class Player : MonoBehaviour
{
    public string myName;

    // Start is called before the first frame update
    Mensaje de Unity | 0 referencias
    void Start()
    {
        Debug.Log("Hola mundo! desde start del Player. Y me llamo :" + myName);
    }
```

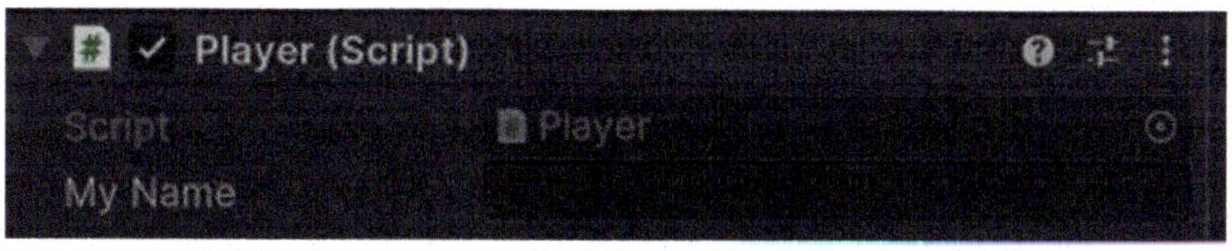

Figura 6.21 Este código crea un campo editable en el Inspector llamado "My Name".

En UnityScript, las variables son públicas por defecto a menos que se especifique que deberían ser privadas.

Unity permite cambiar el valor de las variables del script mientras el juego se está ejecutando. Esto es muy útil para ver los efectos de cambios directos sin tener que parar y reiniciar. Cuando el modo de juego termine, los valores de las variables se resetean a sus valores iniciales.

```
public class Player : MonoBehaviour
{
    public string myName;
    public int vidas = 5;
    public bool isAlive = true;
```

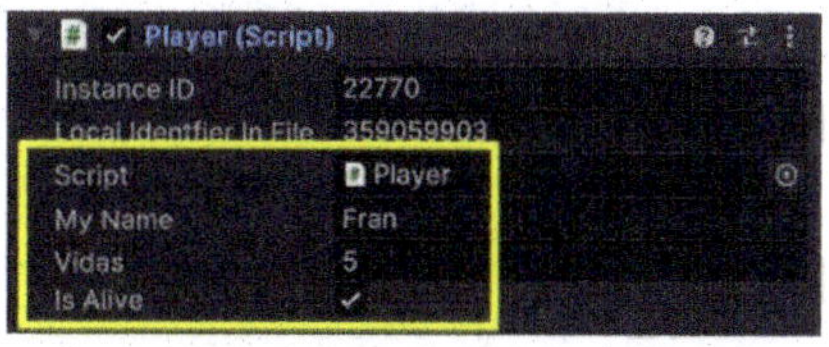


```
public class Player : MonoBehaviour
{
    public string myName;
    public int vidas = 5;

    [HideInInspector]
    public bool isAlive = true;
```

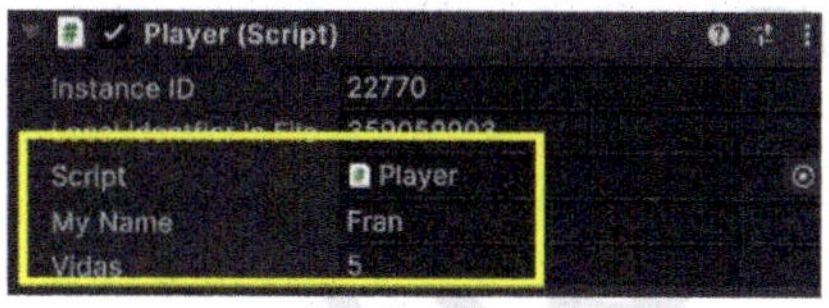

Figura 6.22 Un atributo se puede ocultar y que no aparezca en el Inspector utilizando una etiqueta "HideInspector".

Una función de evento denominada **FixedUpdate()** se llama justo antes de cada actualización de física. Debido a que las actualizaciones de física y actualizaciones de frame no ocurren en la misma frecuencia, vamos a obtener un resultado más preciso de código de física si lo colocamos en la función de **FixedUpdate()** en vez de **Update()**.

Es muy común implementar dentro de esta función la aplicación de fuerzas a un Rigidbody (cuerpo rígido).

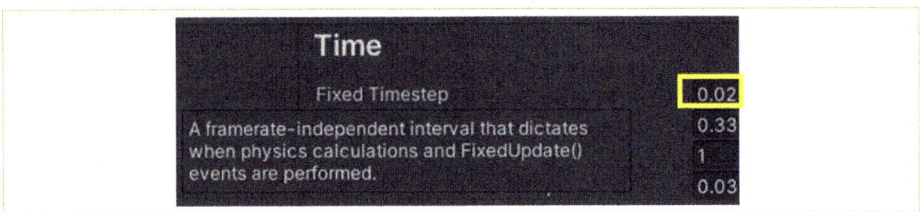

Figura 6.23 El valor de "Fixed Timestep" está en segundos. Un valor de 0.02 equivale a 50 actualizaciones por segundo.

6.16 Funciones de eventos de inicialización

A veces es útil ser capaz de llamar código de inicialización con anterioridad a cualquier actualización que ocurra en el tiempo de juego.

```
5    public class PlayerController : MonoBehaviour
6    {
7        private Rigidbody rig;
8
9        // Start is called before the first frame update
         Mensaje de Unity | 0 referencias
10       void Start()    {
11       }
12
13       //Use this for initialization
         Mensaje de Unity | 0 referencias
14       private void Awake()
15       {
16           rig = GetComponent<Rigidbody>(); //Obtenemos la referencia del Rigibody
17       }
```

Figura 6.24 El método Awake() es llamado para cada objeto cuando se carga la escena.

Tenemos que tener en cuenta que aunque las funciones del objeto **Start()** y **Awake()** son llamadas en un orden arbitrario, todos los **Awake()** y **OnEnable()** habrán finalizado antes de que el primer **Start()** sea llamado. Esto significa que el código en el método **Start()** puede hacer uso de otras inicializaciones previamente llevadas en la fase **Awake()**.

Después de **Awake()**, el siguiente método que se ejecuta en el ciclo de vida de un componente es el método **OnEnable()**. El método **OnEnable()** se ejecuta *siempre que se active el objeto o componente*; por tanto, puede ejecutarse varias veces.

Tal y como se observa en el ciclo de vida de un componente, la función **Start()** va a ser llamada por Unity antes de que el *gameplay* comience (por ejemplo, antes de que la función **Update()** sea llamada por la primera vez) y es un lugar ideal para hacer cualquier inicialización.

No existe una función constructor para inicializar objetos. Esto se debe a que la construcción de los objetos es manejada en el Editor y no se realiza al comienzo del *gameplay* como se podría suponer. Si se intenta definir un constructor para un componente script, este va a interferir con la operación normal de Unity y puede causar problemas mayores con el proyecto.

El método **Start()** se ejecuta una única vez en el primer frame en el que el componente está activo. Se utiliza para inicializar valores, obtener referencias y obtener recursos de otros objetos que han sido inicializados en el método **Awake()**.

6.17 Acceso a componentes mediante scripting

Como hemos visto en el Editor de Unity podemos hacer cambios en las propiedades del componente utilizando el Inspector. Por ejemplo, podríamos realizar cambios de los valores de posición del componente **Transform** variando así la posición del **GameObject**. También podemos cambiar el color del material del **Renderer** o la masa del **Rigidbody** con un efecto correspondiente en la apariencia o comportamiento del **GameObject**.

Mediante scripting también se modifican las propiedades del componente para manipular GameObjects. La diferencia, respecto a un cambio a través del Inspector, es que un script puede variar un valor de una propiedad gradualmente en el tiempo o en respuesta al input del usuario.

6.18 Acceso a componentes propios

El caso más simple y común es dónde un script necesita acceder a otros componentes adjuntados al mismo **GameObject**. Como hemos dicho con anterioridad, un componente es una instancia de una clase, por lo que el primer paso es tomar una referencia a la instancia del componente con la que queremos trabajar. Esto se hace con la función **GetComponent()**.

Funciones que obtienen un componente del propio objeto:

- GetComponent()

- GetComponentInChildren() (componentes por debajo en jerarquía)

- GetComponentInParent() (componentes por encima en jerarquía)

— PARA SABER MÁS —
https://docs.unity3d.com/
es/530/ScriptReference/Com-
ponent.GetComponent.html

```
void Start()
{
    Rigidbody rb = GetComponent<Rigidbody>();
    Debug.Log("Componente Rigidbody de Player pesa :" + rb.mass);
    rb.mass = 10f;
    Debug.Log("Ahora hemos cambiado el peso :" + rb.mass);
}
```

Figura 6.25 Acceso al atributo mass del componente Rigidbody.

Una característica extra que no está disponible en el Inspector es la posibilidad de llamar a funciones o instancias de componente.

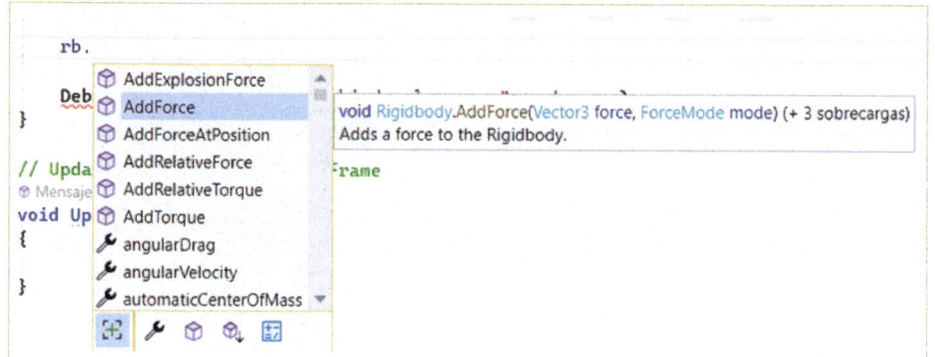

Figura 6.26 Acceso al método AddForce del componente Rigidbody.

Puede existir más de un script personalizado adjunto al mismo objeto. Si se necesita acceder a un script desde otro, se puede utilizar **GetComponent()** y, simplemente, utilizar el nombre de la clase script (o nombre del archivo) para especificar el tipo de componente que quieres.

A veces, una escena de juego hará uso de un número de objetos del mismo tipo, como lo son los enemigos, puntos de interés y obstáculos. Estos pueden necesitar ser rastreados por un script en particular que supervise o reaccione a estos.

```csharp
public Transform[] waypoints;

Mensaje de Unity | 0 referencias
private void Start()
{
    waypoints = new Transform[transform.childCount];
    int i = 0;
    foreach (Transform t in transform)
    {
        waypoints[i++] = t;
    }
}
```

Figura 6.27 Recorrer puntos de interés.

Utilizar variables para vincular estos objetos es una posibilidad, pero eso hará que el proceso de diseño sea tedioso si cada nuevo punto de interés tiene que ser arrastrado a una variable en un script. Del mismo modo, si un punto de interés es eliminado entonces es una molestia tener que quitar la variable que referencia al objeto que falta. En casos como estos, a veces es mejor manejar el conjunto de objetos al hacerlos todos hijos de un objeto padre. Los objetos hijos pueden recuperarse utilizando el componente del Transform del padre (ya que todos los GameObjects implícitamente tienen un Transform).

También se puede ubicar un objeto hijo específico por el nombre utilizando la función **Transform.Find()**:

transform.Find("Gun");

Esto puede ayudar cuando un objeto tiene un hijo que puede ser agregado y quitado durante el tiempo de juego. Un arma que puede ser recogida y dejada en el suelo es un buen ejemplo de esto.

6.19 Acceso a componentes de otros GameObjects

La manera más directa de encontrar un GameObject relacionado es agregar una variable public GameObject a un script.

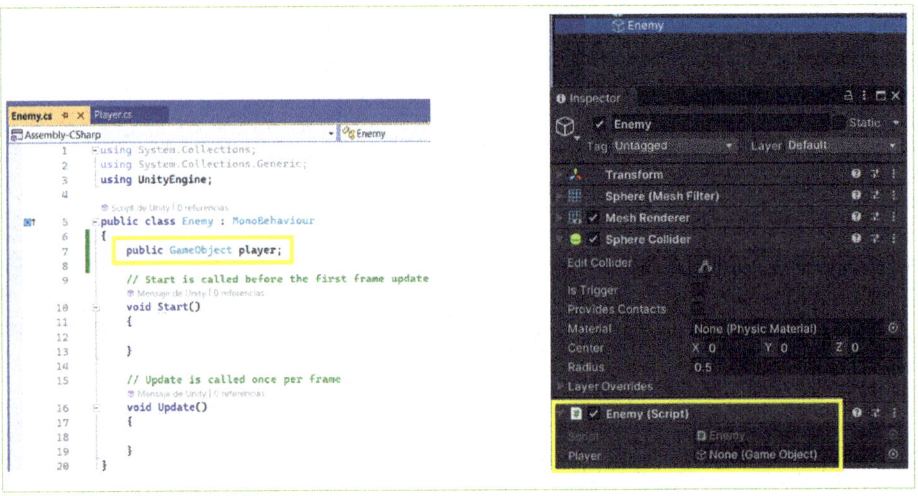

Figura 6.28 Arrastre el objeto desde la escena o panel de Jerarquía a esta variable para asignarlo.

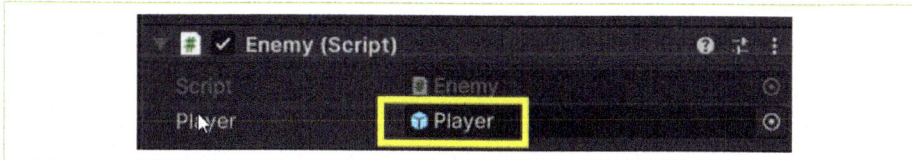

Figura 6.29 Ahora desde "Enemy" puede acceder al objeto "Player" y modificar sus características.

Siempre es posible ubicar GameObjects donde sea en la Jerarquía de la escena mientras tenga alguna información para identificarlos. Objetos individuales pueden ser recuperados por el nombre utilizando la función GameObject.Find.

```
GameObject player;
void Start() {
  player = GameObject.Find("Hero");
}
```

Un objeto o una colección de objetos también pueden ser ubicados por su tag (etiqueta) utilizando las funciones **FindWithTag()** y **FindGameObjectsWithTag()**.

```
GameObject player;
GameObject[] enemies;

void Start() {
  player = GameObject.FindWithTag("Player");
  enemies =
     GameObject.FindGameObjectsWithTag("Enemy");
}
```

6.20 Añadir componentes en tiempo de ejecución

¿Cuándo va a necesitar añadir un componente? Por ejemplo, un juego en primera persona donde el personaje principal agarra un objeto. En ese momento puede ser necesario añadir el componente RigidBody y el componente Fixed Joint, de tal forma que el sistema de físicas hará que cuando se mueva el personaje principal, también lo haga el objeto que ha tomado.

Para simular que soltamos el objeto que hemos tomado bastará con eliminar estos componentes.

AddComponent() es un método de la clase **GameObject** que nos permite añadir un componente de forma dinámica al propio objeto o a otros de la escena.

Component GameObject.AddComponent(System.type)

T GameObject.AddComponent()

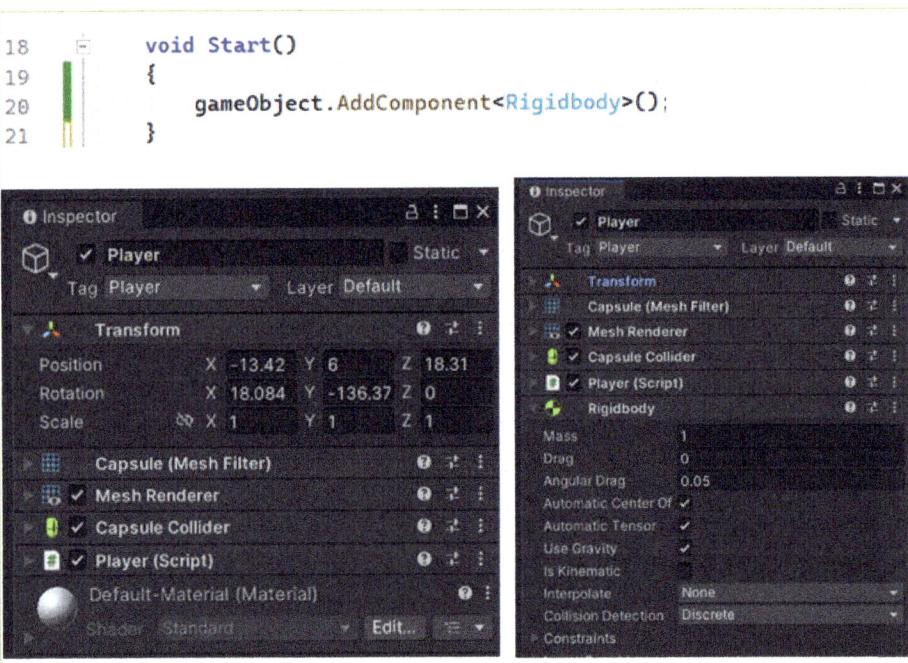

```
18    void Start()
19    {
20        gameObject.AddComponent<Rigidbody>();
21    }
```

Figura 6.30 En la escena, no aparece el componente RigidBody. Pero al ejecutar el juego, sí que aparece.

Este método devuelve una referencia componente que se ha añadido. Esto nos permite crear una variable del tipo de componente que devuelve y así poder manejar sus atributos.

Como vimos en la unidad anterior, un objeto en su juego es un **GameObject**, es decir, desde personajes y objetos coleccionables hasta luces, cámaras y efectos especiales. Sin embargo, un GameObject no puede hacer nada por sí mismo; necesita asignarle una serie de componentes antes de que pueda convertirse en un personaje, un entorno o un efecto especial.

Para añadir un comportamiento debe pulsar el botón Add Component y seleccionar el componente que desea añadir.

El componente Transform contiene información sobre posición, rotación y escala del objeto. Todos los objetos lo tienen y no se puede eliminar. Contiene métodos y atributos relativos al posicionamiento del objeto en el mundo, por lo que debe recordar que debe diferenciar entre global y local.

Un **Rigidbody** es el componente principal que permite el comportamiento físico para un objeto. Con un Rigidbody adjunto, el objeto inmediatamente responderá a la gravedad y si, además le añade uno o más componentes **Collider**, también detectará colisiones con otros GameObject.

Debido a que un componente Rigidbody asume el movimiento del objeto al que está adjunto, no debe intentar moverlo desde un script cambiando las propiedades del componente Transform, como lo son la posición y rotación. En su lugar, debe aplicar fuerzas (**forces**) que empujen al objeto y le permitan al motor de física calcular los resultados de dichas fuerzas.

Los componentes Collider definen la forma de un objeto para los propósitos de colisiones físicas. Un collider, el cual es invisible, no es necesario que tenga la forma exacta que el mesh (malla) del objeto y, de hecho, una aproximación a la forma del objeto a menudo es más eficiente e indistinguible en el juego.

El sistema de prefabs de Unity permite crear, configurar y almacenar un GameObject completo con todos sus componentes, propiedades y objetos hijos en forma de Asset reutilizable. Puede verlo como un sistema de plantillas de objetos.

Cuando hace una copia de un prefab, está creando una instancia. Los únicos objetos que se pueden crear dinámicamente a través de código son los prefabs.

Unity le va a permitir crear sus propios **components** utilizando **scripts**. Estos le permitirán (activar/desactivar) eventos del juego, modificar propiedades del **component** en el tiempo de ejecución y responder al input del usuario de la forma que deseemos.

Un juego es una animación donde los frames (**cuadros de animación**) son generados sobre la marcha. Un concepto clave en la programación de juegos es el de hacer cambios de la posición, estados y comportamientos de objetos en el juego antes de que cada frame sea renderizado.

Tenemos que tener en cuenta que aunque las funciones del objeto **Start()** y **Awake()** son llamadas en un orden arbitrario, todos los **Awake()** y **OnEnable()** habrán finalizado antes de que el primer **Start()** sea llamado. Esto significa que el código en el método **Start()** puede hacer uso de otras inicializaciones previamente llevadas en la fase **Awake()**.

Mediante scripting también se modifican las propiedades del componente para manipular GameObjects. La diferencia, respecto a un cambio a través del Inspector, es que un script puede variar un valor de una propiedad gradualmente en el tiempo o en respuesta al input del usuario.

1. Para añadir un comportamiento debe pulsar el botón:

a) Add Component

b) New Component

c) Component

d) Insert Component

2. El componente Transform:

a) Contiene información sobre posición y escala.

b) Contiene información sobre rotación y escala.

c) Contiene información sobre posición, rotación y escala.

d) Contiene información sobre situación, rotación y escala.

3. El atributo Scale Factor de los modelos:

a) Se utiliza para modificar la escala de un objeto.

b) Se utiliza para compensar las diferencias en unidades entre Unity y una herramienta de modelado 3D.

c) Se utiliza para igualar la escala de Unity y una herramienta de modelado 3D.

d) Está en todo GameObject que haya en la escena actual y se puede modificar en tiempo de ejecución.

4. Para que un GameObject pueda chocar contra otros elementos, añadimos el componente:

a) Mesh

b) Audio

c) RigidBody

d) Collider

5. Para iniciar un componente de audio con la escena, en dicho componente debe marcar la opción:

a) Play On Awake

b) Loop

c) Play On Start

d) Start

6. El sistema de prefabs de Unity permite:

a) Crear, configurar y almacenar un GameObject completo con todos sus componentes.

b) Crear y almacenar un GameObject completo con todos sus componentes.

c) Configurar y almacenar un GameObject completo con todos sus componentes.

d) Almacenar un GameObject completo con todos sus componentes.

7. Al crear un C# Script nos crea un archivo llamado:

a) NewBehaviour.sc

b) NewBehaviourScript.sc

c) NewBehaviour.cs

d) NewBehaviourScript.cs

8. En Unity las clases:

a) Empiezan con una letra minúscula.

b) Empiezan con una letra mayúscula.

c) Empiezan con un número.

d) Empiezan con minúscula y guion bajo.

9. La función Update():

a) Se encargará de crear por frame el GameObject.

b) Se encargará de la inserción por frame de un GameObject.

c) Se encargará de la actualización por frame para el GameObject.

d) Se encargará de modificar los GameObject.

10. Después de Awake(), el siguiente método que se ejecuta en el ciclo de vida de un componente es:

a) Update()

b) Start()

c) OnEnable()

d) FixedUpdate()

ACTIVIDAD 1

Como actividad se propone seguir avanzando en el tutorial Tanks realizando los pasos descritos en este capítulo.

ACTIVIDAD 2

Cree un nuevo proyecto nuevo en 3D. Incluya en la Jerarquía tres objetos 3D (un plano, una esfera y un cubo). Modifique el componente Transform del cubo y de la esfera para que aparezcan encima del plano (5 unidades sobre el eje Y).

Añada el componente Rigidbody al cubo y a la esfera y ejecute el juego.

Ponga al objeto cubo la etiqueta "Player".

Cree un nuevo script llamado Player.cs y asócielo al objeto cubo. Utilice el método Debug.Log para mostrar los valores de los atributos del objeto. Modifique dichos atributos y muéstrelos de nuevo.

Inserte mensajes en las distintas funciones de eventos y utilice la vista consola para comprobar en qué momento se muestran esos mensajes.

U 7

Mover objetos

En esta unidad va a estudiar:

- Cómo modificar el componente Transform para cambiar la posición de un GameObject.

- Cómo modificar el componente Transform para rotar su posición de un GameObject.

- Qué son los Vector3.

- La clase Input para gestionar los eventos de entrada por teclado, ratón o joystick.

- La clase Camera para manipular y consultar propiedades de las cámaras.

- Los distintos sistemas de coordenadas con los que trabaja Unity.

Con su estudio, va a ser capaz de:

- Controlar el movimiento de un GameObject mediante el teclado, el ratón o un joystick.

- Consultar las propiedades de las cámaras para saber en qué zona de la pantalla se ha pulsado o en qué zona de la pantalla se encuentra un GameObject.

- Continuar el tutorial Tanks para añadir los controles de los tanques, la barra de energía y los controles de la cámara.

7.1 Atributo Transform

```
transform.position = player.transform.
og("
     Transform GameObject.transform { get; }
     The Transform attached to this GameObject.
```

Figura 7.1 En este caso hablamos de "transform" con *t* minúscula y se trata de una instancia de la clase Transform.

Tal y como vimos en el capítulo anterior, el componente Transform contiene información sobre posición, rotación y escala. Todos los objetos lo tienen y no se puede eliminar.

La mayoría de las manipulaciones de **GameObjects** son hechas a través del componente **Transform** y/o el **Rigidbody** de estos. Estos son accesibles dentro de los *behaviour scripts* a través de las variables miembro *transform* y *rigidbody*, respectivamente.

Por ejemplo, si se quiere rotar un objeto 5 grados alrededor del eje Y cada **frame** se podría hacer escribiendo el siguiente código:

```
function Update() {

        transform.Rotate(0, 5, 0);

}
```

Si se quiere mover un objeto en el eje Z en cada **frame**, se podría escribir el siguiente código:

```
function Update() {

        transform.Translate(0, 0, 2);

}
```

7.1.1 Atributos principales de la clase Transform

Todas las instancias de Transform contienen al menos estos atributos:

- *up*, *right*, *forward*. Contienen un Vector3 con las "direcciones" que apuntan hacia arriba, derecha y hacia delante en el espacio local de nuestro objeto.

- *position*, *rotation*.

- *localPosition*, *localRotation*, *localScale*.

- *childCount*. Cuántos objetos hijos tiene un Transform.

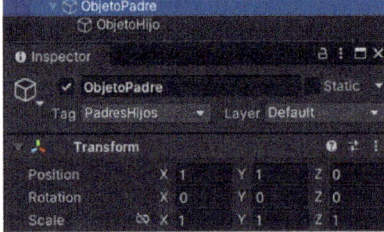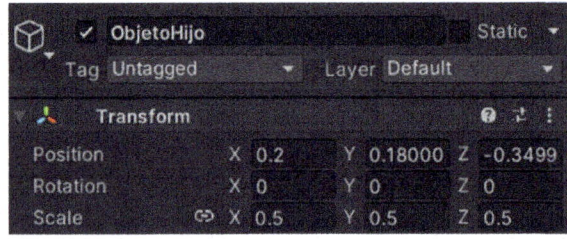

Figura 7.2 En la imagen el objeto cubo lo hemos llamado "ObjetoPadre" y a la esfera "ObjetoHijo".

Figura 7.3 Código insertado en la función start() del objeto "ObjetoPadre" para mostrar los atributos de la instancia de Transform.

Como se observa en la imagen, el "ObjetoPadre" indica a través del atributo childCount que tiene un objeto hijo e indica los valores de *up*, *right* y *forward*.

El atributo position es del tipo Vector3 que es un tipo de dato *estructura* con tres valores X, Y light Z, la cual puede contener una posición, un vector o una dirección.

```
void Start()
{
    Debug.Log("Hola desde start, soy "+ name);
    Debug.Log("Mi etiqueta es " + tag);
    Debug.Log("Mi referencia a GameObject es " + gameObject);

    Debug.Log("El objeto está en  :" + transform.position);
    transform.position = new Vector3(0f, 2f, 0f);
    Debug.Log("Y ahora el objeto está en  :" + transform.position);
}
```

> [14:16:51] El objeto está en :(3.00, 2.00, 1.00)
> UnityEngine.Debug:Log (object)
>
> [14:16:51] Y ahora el objeto está en :(0.00, 2.00, 0.00)
> UnityEngine.Debug:Log (object)

Figura 7.4 Cambiamos el atributo position.

Algunos métodos útiles que veremos en profundidad más adelante son:

- **Translate**. Mover el objeto.

- **Rotate**. Rotar el objeto.

- **GetChild(int index)**. Junto al índice del hijo para poder manejarlo.

- **LookAt**. Cambiar la orientación de un objeto para hacer que "mire" a un punto en concreto.

- **SetParent**. Cambiar el padre de un objeto o poner el padre a null.

- **[Inverse]Transform[Direction, Point, Vector]**. Con inverso cambia de mundo a local y sin inverso convierte de local a mundo.

7.1.2 Uso de vectores. Vector3

La aritmética de vectores es fundamental para las gráficas 3D, física y animación y es muy útil entenderlos para sacarle el mayor provecho a Unity.

Esta estructura se utiliza en Unity para pasar posiciones y direcciones en 3D. También contiene funciones para realizar operaciones vectoriales comunes.

Algunos métodos de manipulación de un Vector3 son:

- Distance (medir distancia entre dos vectores).

- Angle (ángulo formado entre dos vectores).

- Dot (producto de dos vectores).

- Lerp (interpolación lineal).

— PARA SABER MÁS —
https://docs.unity3d.com/ScriptReference/Vector3.html

Existe una serie de campos estáticos auxiliares que son "accesos rápidos" a vectores muy utilizados, por ejemplo: **zero** (Vector3 con todos sus valores a cero), **one** (Vector3 con todos sus valores a uno), **up** (Vector3 con el valor Y será uno, mientras que X y Z serán cero), **down**, **left**, **right**, **forward**, **back**, etc.

```
Debug.Log("El objeto tiene una escala  :" + transform.localScale);
transform.localScale = Vector3.one * 2f;
Debug.Log("Y ahora el objeto tiene una escala  :" + transform.localScale);
```

> [19:04:57] El objeto tiene una escala :(1.00, 1.00, 1.00)
> UnityEngine.Debug:Log (object)
>
> [19:04:57] Y ahora el objeto tiene una escala :(2.00, 2.00, 2.00)
> UnityEngine.Debug:Log (object)

Figura 7.5 Escalar un objeto se hace de forma similar a la modificación de la posición.

— PARA SABER MÁS —

https://docs.unity3d.com/
ScriptReference/Quaternion.
html

Por simplificar, en lugar de escribir un Vector3 hemos utilizado el **Vector3.one** con todos sus valores a uno. Al multiplicarlo por dos, se modifica la escala del objeto y aumenta su tamaño por dos.

Además de los métodos y los atributos que hemos visto, también se pueden utilizar otras clases para manipular vectores. Por ejemplo, la clase Quaternion es muy útil para rotar o transformar vectores. Por ejemplo, para las rotaciones se utilizan *cuaterniones*, ya que son un instrumento matemático para definir rotaciones.

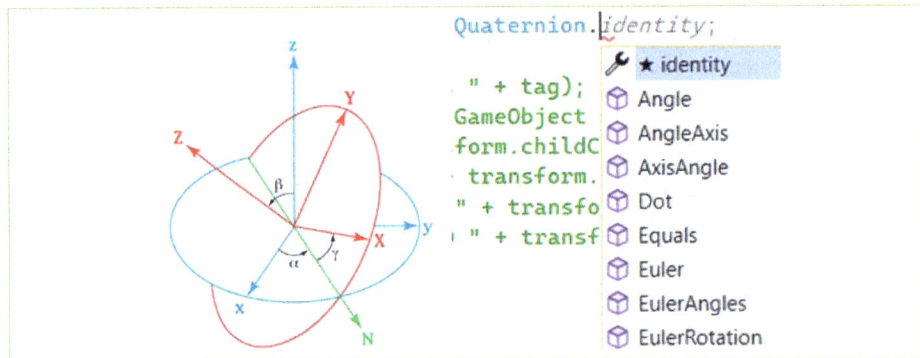

Figura 7.6 Clase Quaternion.

Los **ángulos de Euler** constituyen un conjunto de tres coordenadas angulares que sirven para especificar la orientación de un sistema de referencia de ejes ortogonales, normalmente móvil, respecto a otro sistema de referencia de ejes ortogonales normalmente fijos.

```
public class ObjetoPadre : MonoBehaviour
{
    // Start is called before the first frame update
    // Mensaje de Unity | 0 referencias
    void Start()
    {
        Debug.Log("Hola desde start, soy " + name);
        transform.localRotation = Quaternion.Euler(0f, 45f, 0f);
    }
```

Figura 7.7 Rotación de 45° en el eje Y.

Los métodos más usados de la clase Quaternion son:

- LookRotation (crear un quaternion que sea una rotación que apunte a una dirección concreta).

- Angle (conocer el ángulo formado por dos quaternions).

- Euler (crear un quaternion a partir de tres ángulos).

- Slerp (interpolación esférica entre dos quaternions).

- FromToRotation (producir una rotación entre una rotación inicial y una final).

- Identity (podemos decir que es el elemento nulo de los quaternions. No afecta en nada a la rotación del objeto).

Cuando instanciemos objetos podemos indicar que utilice la rotación "identity" para no modificar la rotación del objeto.

7.1.3 Transform Translate

Como hemos dicho anteriormente, la clase *transform* se encarga de gestionar la posición, rotación y escala de los objetos. Se puede hacer mediante atributos o bien utilizando sus múltiples métodos de manipulación. Por ejemplo, el método Translate permite:

- Desplazar un objeto cierta distancia. Dicha distancia puede estar definida por:

  ○ Un Vector3

  ○ O bien por un desplazamiento por ejes individuales

- El movimiento se puede realizar en:
  - El espacio Local
  - El espacio Mundo

En todos los casos, para conseguir un movimiento suave e independiente de fps se realiza la siguiente operación:

Distancia = velocidad * Time.deltaTime

```
public class ObjetoPadre : MonoBehaviour
{
    public Transform lookTarget;
    public float speed = 10f;
    Mensaje de Unity | 0 referencias
    void Start()
    { }

    // Update is called once per frame
    Mensaje de Unity | 0 referencias
    void Update()
    {
        /* Uso de ejes virtuales para el movimiento */
        /* Contendrán valores entre -1 y 1 */
        /* No contemplamos el eje Y porque no queremos movernos arriba y abajo */
        float x = Input.GetAxis("Horizontal") * speed * Time.deltaTime;
        float z = Input.GetAxis("Vertical")* speed * Time.deltaTime;

        transform.Translate(x,0f,z);
```

Figura 7.8 Código sencillo para mover un objeto a cierta velocidad a través de los ejes X y Z.

En cada frame cambiará la posición del GameObject, puesto que se irán modificando las coordenadas del eje X y las del eje Z.

7.1.4 Transform LookAt

El método LookAt modifica la rotación para "mirar" a un punto. Por ejemplo, nos permite modificar el eje Y (lo que para un espectador sería mirar hacia delante). Para ello podemos utilizar:

- Un Vector3.
- Un *transform*. Por ejemplo, para que la cámara mire siempre a un personaje, la cámara tendría que hacer un LookAt al personaje.

```
public class ObjetoPadre : MonoBehaviour
{
    Mensaje de Unity | 0 referencias
    void Start()
    { }

    // Update is called once per frame
    Mensaje de Unity | 0 referencias
    void Update()
    {

        /* Para que el personaje mire siempre al transform de la cámara) */
        transform.LookAt(Camera.main.transform);
```

Figura 7.9 Código sencillo para hacer que un objeto "mire" siempre a la cámara.

También podríamos conseguir el efecto de que un objeto "mire" a otro, pasándole un transform como parámetro.

```
public class ObjetoPadre : MonoBehaviour
{
    public Transform lookTarget;
    Mensaje de Unity | 0 referencias
    void Start()
    { }

    // Update is called once per frame
    Mensaje de Unity | 0 referencias
    void Update()
```

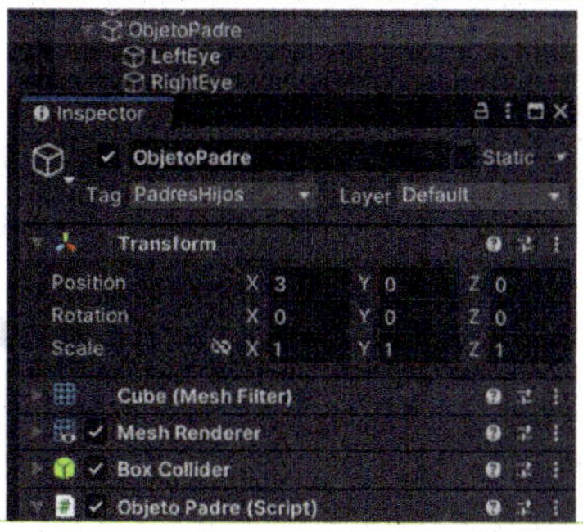

Figura 7.10 Debemos arrastrar en la pestaña Inspector el transform que queremos que mire el objeto.

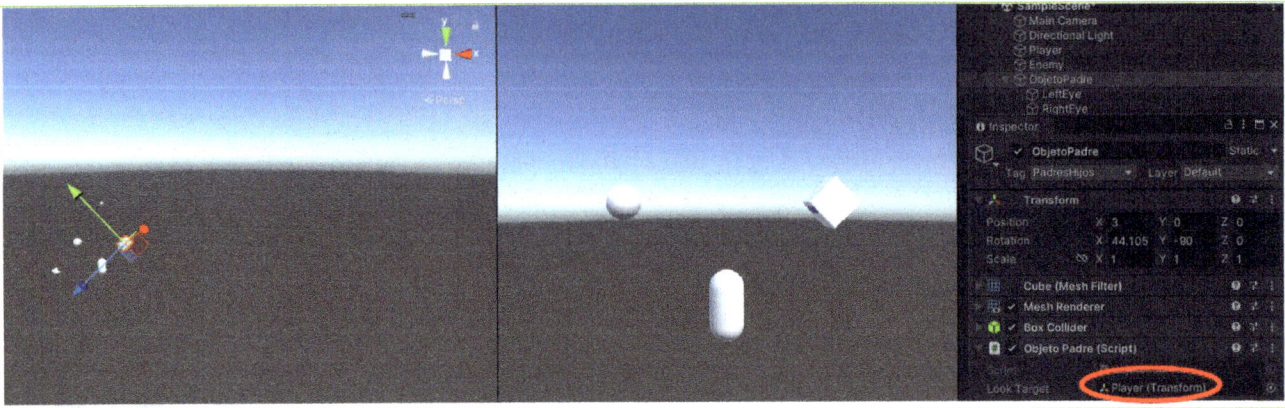

Figura 7.11 El llamado "ObjetoPadre" mirará al objeto "Player".

7.2 La clase Input

La clase Input gestiona todos los métodos de entrada:

- Teclado

- Ratón

- Gamepad / joystick

- Pantallas táctiles

- Acelerómetro

- Giroscopio

```
void Update()
{
    Input.
}
        GetAxis
        GetAxisRaw
        GetButton
        GetButtonDown
        GetButtonUp
        GetJoystickNames
        GetKey
        GetKeyDown
        GetKeyUp
```

Figura 7.12 Algunos métodos de la clase Input.

Podemos acceder al teclado, preguntando por la tecla que se ha pulsado a través de los métodos:

- Input.**GetKey**(KeyCode): True si la tecla está pulsada en ese momento.

- Input.**GetKeyDown**(KeyCode): True si la tecla acaba de pulsarse (será cierto solo durante un frame).

- Input.**GetKeyUp**(KeyCode): True si la tecla acaba de soltarse (será cierto solo durante un frame).

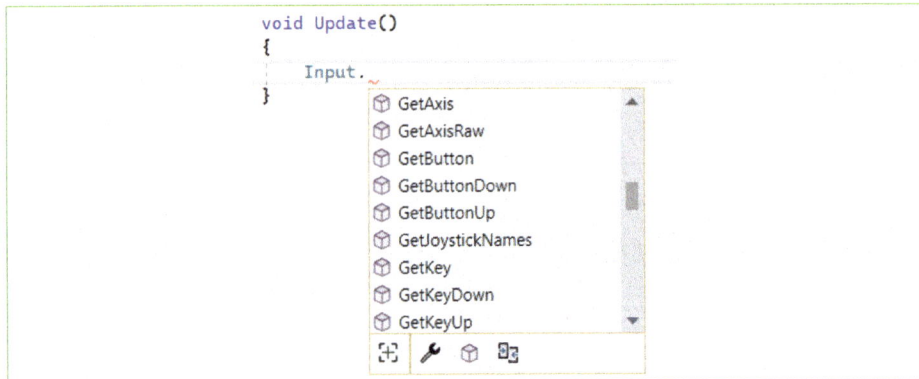

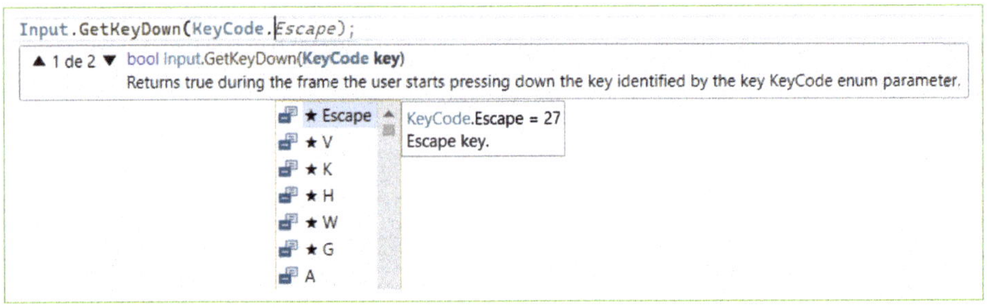

Figura 7.13 Los métodos deben recibir como parámetro un KeyCode que determina la tecla pulsada.

Algunos parámetros comunes de tipo KeyCode son:

- KeyCode.A

- KeyCode.Space

- KeyCode.LeftArrow

```
void Update()
{
    if (Input.GetKeyDown(KeyCode.Space)) {
        Debug.Log("Se acaba de pulsar tecla espacio");
    }
    if (Input.GetKeyUp(KeyCode.Space))
    {
        Debug.Log("Se acaba de soltar tecla espacio");
    }
}
```

```
[18:04:50] Se acaba de pulsar tecla espacio
UnityEngine.Debug:Log (object)

[18:04:52] Se acaba de soltar tecla espacio
UnityEngine.Debug:Log (object)
```

Figura 7.14 Ejemplo de código que muestra en el *debug* si se ha pulsado la barra espaciadora o si se ha soltado.

En la imagen podemos ver que se ha mantenido pulsada la tecla espacio durante dos segundos. El mensaje de que la hemos pulsado solo aparece una vez. Después de dejar de pulsar la tecla, se muestra el mensaje de que hemos soltado la tecla.

La clase Input no tienen ningún método que nos indique qué tecla se acaba de pulsar. Tiene un método que nos dice que hay una tecla pulsada o algún botón del ratón, pero no cuál.

7.2.1 Clase Input: Ejes y botones virtuales

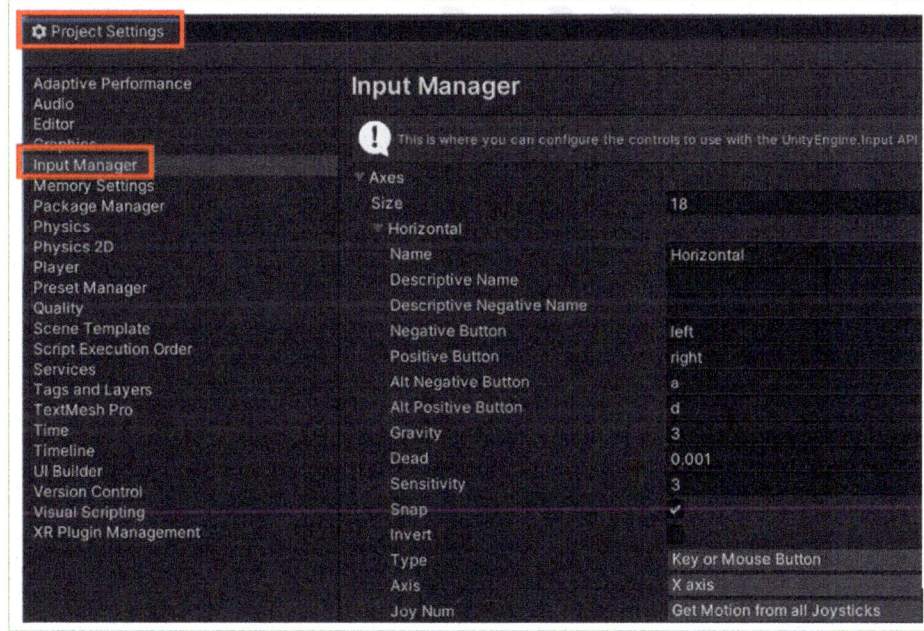

Figura 7.15 En Project Settings se configura el Input Manager.

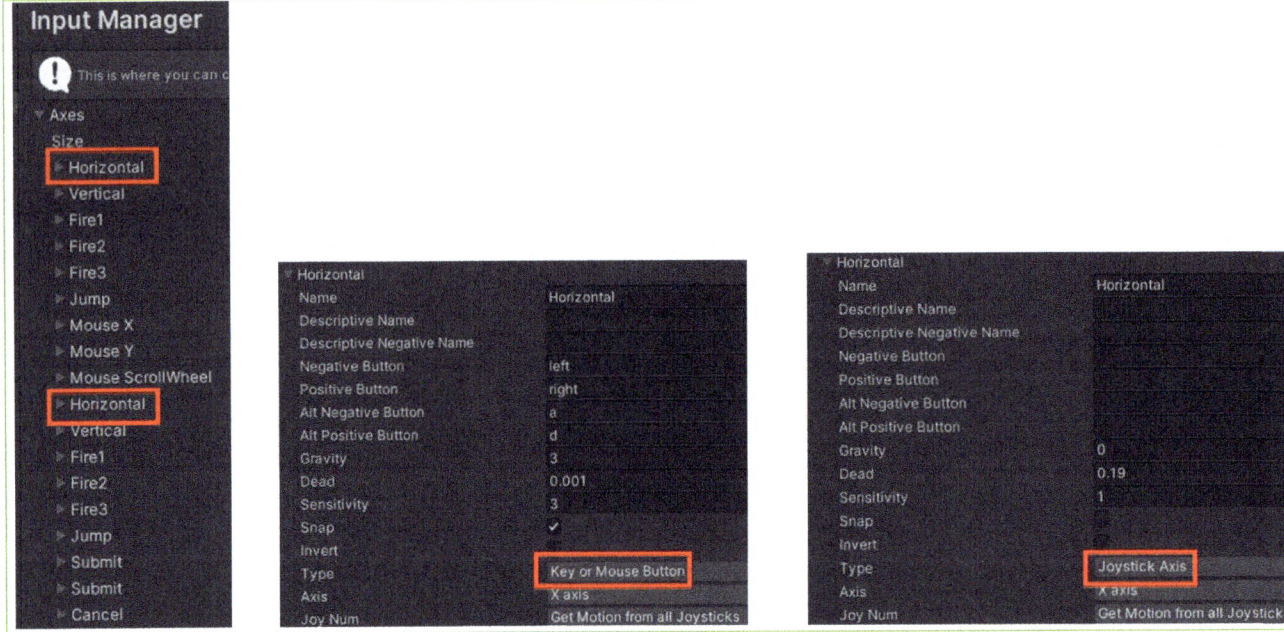

Figura 7.16 En el Input Manager podemos ver los ejes.

Si nos fijamos, en el Input Manager hay dos entradas para *Horizontal* y otras dos para *Vertical*. La primera corresponde a un ***eje virtual*** horizontal/vertical que se utiliza con las teclas (por ejemplo, en el horizontal las teclas a, d, flecha izquierda, flecha derecha), mientras que el segundo hace referencia al eje X del joystick.

El método **GetButton[Down|Up](string)** devuelve el estado del botón virtual. Toman como parámetro el nombre del botón o eje virtual.

Figura 7.17 En el Input Manager tenemos configurado como "Fire1" (primera tecla de disparo) la tecla ctrl izquierda y el mouse 0 (botón izquierdo del ratón).

```
void Update()
{
    if (Input.GetButtonDown("Fire1")) {
        Debug.Log("Acabas de pulsar Fire1");
    }
    if (Input.GetButtonUp("Fire1"))
    {
        Debug.Log("Acabas de soltar Fire1");
    }

    Debug.Log(Input.GetKey(KeyCode.Space));
}

@ Mensaje de Unity | 0 referencias
private void OnGUI()
{
    GUILayout.Label("Valor de Fire1:" + Input.GetButton("Fire1"));
}
```

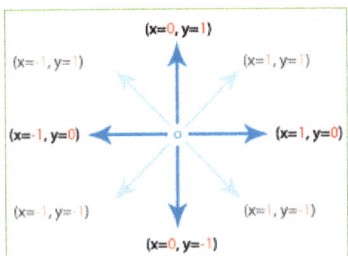

Figura 7.18 Los ejes virtuales son una abstracción de los ejes de un joystick en un dispositivo como el teclado en el que no existen los ejes como tal.

El método **GetAxis(string)** devuelve la posición del eje virtual que será un valor comprendido entre -1 y 1.

7.2.2 Clase Input: Ratón

Lo métodos relacionados con el ratón sirven para obtener estado de los botones:

GetMouseButton[Down|Up]

Toma como parámetro el botón a comprobar:

- 0: Botón configurado como principal del ratón
- 1: Botón configurado como secundario
- 2: Botón terciario (central)

```
        void Update()
        {
            if(Input.GetMouseButtonDown(0))
            {
                Debug.Log("Se ha pulsado el botón principal del ratón");
            }
            if (Input.GetMouseButtonUp(0))
            {
                Debug.Log("Se ha soltado el botón principal del ratón");
            }
        }
```

Figura 7.19 Código para detectar el botón que se ha pulsado del ratón.

También podemos consultar la posición del ratón en pantalla respecto a la esquina Inferior izquierda de la pantalla del juego, mostrando el valor del atributo mousePosition

```
private void OnGUI()
  {
    GUI.color = Color.black;

    GUILayout.Label("Estado del botón del ratón: " + Input.GetMouseButton(0));
    GUILayout.Label("Posición del puntero del ratón: " + Input.mousePosition);
```

> Game   ▾ Display 1 ▾ Free Aspect   ▾
> Estado del botón del ratón: False
> Posición del puntero del ratón: (205.20, 333.00, 0.00)

Figura 7.20 Devuelve parámetros en X e Y.

7.3 La clase Camera

Mediante esta clase podemos manipular y consultar propiedades de las cámaras.

Acceso a la cámara principal con Camera.main. Esta será la primera cámara activa que encuentre Unity con la etiqueta "MainCamera". Es decir, si hubiera varias, Unity accedería a una de ellas, a la primera que encuentre.

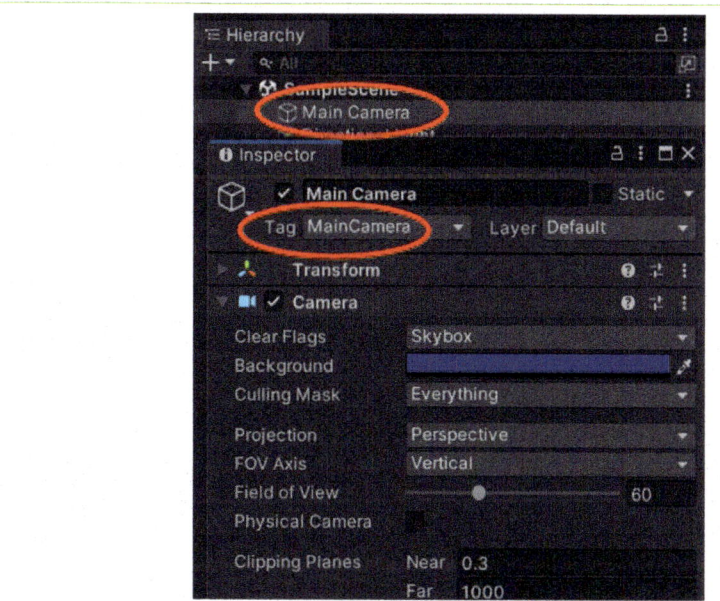

Figura 7.21 Cámara principal en la Jerarquía. La cámara principal tiene la etiqueta (tag) MainCamera.

Esta clase contiene métodos para transformar sistemas de coordenadas:

- Mundo a Pantalla o Viewport
- Pantalla a Mundo o Viewport
- Viewport a Pantalla o Mundo

WorldSpace: Sistema de coordenadas donde habitan los objetos de nuestra escena. Aquí el punto (0,0,0) es el origen (cero en los tres ejes).

ScreenSpace: Sistema de coordenadas de la pantalla del dispositivo donde estamos ejecutando nuestro juego, por lo tanto dichas coordenadas irán desde [0,0] hasta [Screen.*width*, Screen.*height*] en píxeles.

ViewportSpace: Sistema de coordenadas de la pantalla del dispositivo donde estamos ejecutando nuestro juego pero "normalizado". Va desde [0,0] que será la esquina inferior izquierda hasta [1,1] que es la esquina superior derecha. El centro de la pantalla sería el punto [0.5,0.5].

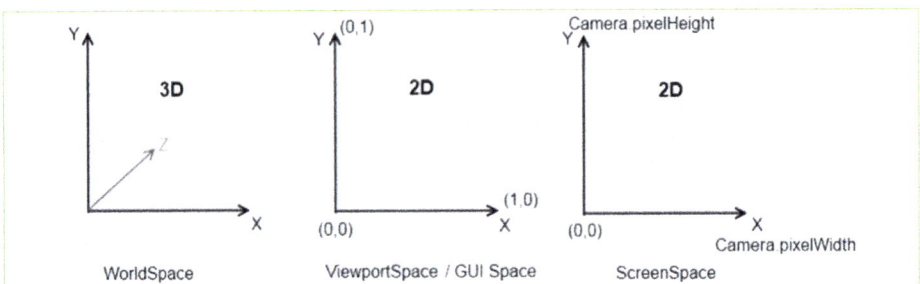

Figura 7.22 Distintos sistemas de coordenadas.

Poder convertir entre estos sistemas es muy útil:

```
void Update()
{
    if(Input.GetMouseButtonDown(0))
    {
        Vector3 viewportPosition = Camera.main.ScreenToViewportPoint(Input.mousePosition);
        /* Posición del puntero del ratón en el SpaceViewport estará entre 0,0 y 1,1*/

        string horizontal = "";
        string vertical = "";

        if (viewportPosition.x > 0.5f)
        {
            horizontal = "Derecha";
        }
        else {
            horizontal = "Izquierda";
        }

        if (viewportPosition.y > 0.5f)
        {
            vertical = "Arriba";
        }
        else
        {
            vertical = "Abajo";
        }

        Debug.LogFormat("Has pulsado en {0} - {1}",vertical,horizontal);
    }
}
```

Figura 7.23 Saber en qué zona de la pantalla se pulsa. Screen to Viewport.

```
void Update()
{
    if (Input.GetMouseButtonDown(1))/* Si pulsamos el botón derecho del ratón */
    {
        /* Mover un objeto a la posición donde se haya pinchado con el ratón */
        Vector3 mousePosition = Input.mousePosition;

        /*ScreenToWorldPoint convierte un punto en pixeles desde la pantalla a un espacio en el "mundo" */

        /*Debemos indicarle a qué distancia de la cámara queremos que nos devuelva el punto en el "mundo" */
        mousePosition.z = 10f;

        transform.position = Camera.main.ScreenToWorldPoint(mousePosition);
    }
}
```

Figura 7.24 Mover un objeto a la posición donde se ha pulsado con el ratón. Screen to World.

Una posible variación sería dar la sensación de "arrastrar" el objeto a otra posición. Para ello bastaría con cambiar

`Input.GetMouseButtonDown(1)` **por**

`Input.GetMouseButton(1)`

```
private void OnGUI()
{
    /* Conocer en que lado de la pantalla se encuentra el objeto */
    GUI.color = Color.yellow;
    Vector3 viewportPosition = Camera.main.WorldToViewportPoint(transform.position);

    string horizontal = "";
    string vertical = "";

    if (viewportPosition.x > 0.5f)
    {
        horizontal = "Derecha";
    }
    else
    {
        horizontal = "Izquierda";
    }

    if (viewportPosition.y > 0.5f)
    {
        vertical = "Arriba";
    }
    else
    {
        vertical = "Abajo";
    }

    GUILayout.Label(string.Format("Estoy en {0} - {1}", vertical, horizontal));
}
```

Figura 7.25 Saber en qué zona de la pantalla está un objeto. World to ViewportPoint.

En la imagen puede ver el mismo script que el ejemplo anterior. Al mover el objeto por la pantalla, va cambiando el mensaje de la etiqueta.

```
public class TheCamera : MonoBehaviour
{
    public Camera myCamera;
    // Start is called before the first frame update
    void Start()
    {
        if (Camera.main == myCamera)
        {
            Debug.Log("La cámara es la principal");
        }
        else
        {
            Debug.Log("La cámara no es la principal");
        }

        /*Viewport To World */
        /*Conocer los "límites" del mundo utilizando las coordenadas de viewport */
        /*Si obtenemos la posición del mundo correspondiente al viewport [1,1] sabremos el límite del mundo  por la parte superior derecha*/

        Debug.Log("Límites: "+ Camera.main.ViewportToWorldPoint(Vector3.one));
    }
}
```

Figura 7.26 Calcular los límites del mundo según la resolución de pantalla. Viewport to World.

7.4 Tutorial Tanks. Moviendo el tanque

Continuando con el tutorial Tanks, ahora vamos a ver cómo mover el tanque.

```
public class TankMovement : MonoBehaviour
{
    public int m_PlayerNumber = 1;
    public float m_Speed = 12f;
    public float m_TurnSpeed = 180f;
    public AudioSource m_MovementAudio;
    public AudioClip m_EngineIdling;
    public AudioClip m_EngineDriving;
    public float m_PitchRange = 0.2f;

    private string m_MovementAxisName;
    private string m_TurnAxisName;
    private Rigidbody m_Rigidbody;
    private float m_MovementInputValue;
    private float m_TurnInputValue;
    private float m_OriginalPitch;
```

Figura 7.27 Arrastramos el script "TankMovement" para que pase a ser un componente del GameObject Tank.

Si observa el código del script, podrá ver que hay un grupo de atributos públicos que aparecerán en la pestaña Inspector de tal forma que podrá modificar sus valores. En este grupo tenemos una variable para indicar el número de jugador, otra para la velocidad que se aplicará al tanque, la tercera son los grados de giro por segundo que se aplicarán.

También se necesitarán variables de tipo audio para poder seleccionar un sonido del motor u otro mediante código, según el tanque esté parado "m_EngineIdling" o si está en movimiento "m_EngineDriving".

Y finalmente la variable "m_PitchRange" (Rango de paso) indica el rango en el que variará el tono del sonido del motor.

En los atributos privados m_MovementInputValue y m_TurnInputValue contendrán valores comprendidos entre -1 y 1 que se utilizarán para el movimiento del tanque. Si su valor es 0, significa que no se está pulsando ninguna tecla.

En Edit > Project Settings podrá ver cómo están configurados los input:

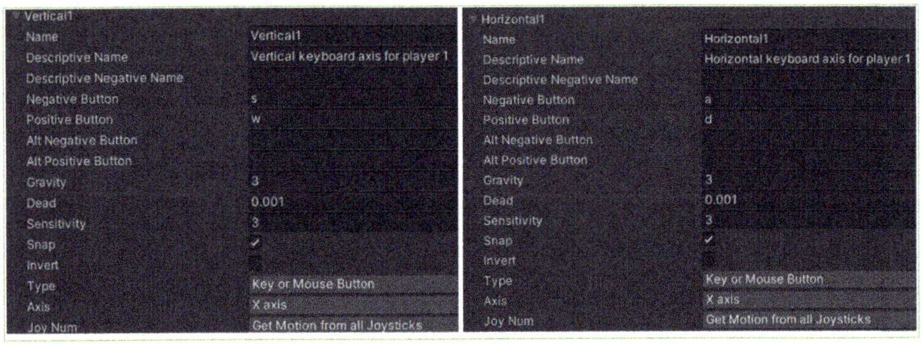

Figura 7.28 El tanque del Jugador1 se moverá con las teclas s,w en su eje Vertical y las teclas a,d en su eje Horizontal.

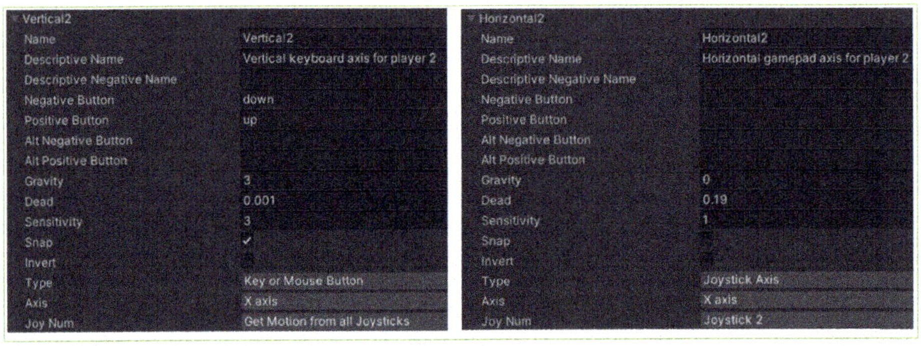

Figura 7.29 El tanque del Jugador2 se moverá con las teclas de dirección (flechas), arriba y abajo para el eje Vertical y las de izquierda y derecha para su eje Horizontal.

La variable m_MovementAxisName contendrá Vertical1 o Vertical2 según hagamos referencia al Jugador1 o al Jugador2.

La variable m_TurnAxisName contendrá Horizontal1 o Horizontal2 según hagamos referencia al Jugador1 o al Jugador2.

La variable m_OriginalPitch guardará una copia del tono inicial que tenga el "Audio source" asociado al objeto.

7.4.1 Métodos del script TankMovement

```
private void Awake()
{
    m_Rigidbody = GetComponent<Rigidbody>();
}
Mensaje de Unity | 0 referencias
private void OnEnable ()
{
    m_Rigidbody.isKinematic = false;
    m_MovementInputValue = 0f;
    m_TurnInputValue = 0f;
}
Mensaje de Unity | 0 referencias
private void OnDisable ()
{
    m_Rigidbody.isKinematic = true;
}
Mensaje de Unity | 0 referencias
private void Start()
{
    m_MovementAxisName = "Vertical" + m_PlayerNumber;
    m_TurnAxisName = "Horizontal" + m_PlayerNumber;

    m_OriginalPitch = m_MovementAudio.pitch;
}
```

Figura 7.30 Primeros métodos en ejecutarse.

El método `Awake()` se suele utilizar para obtener la referencia a los componentes. En este caso, vamos a obtener la referencia al componente `Rigidbody` del GameObject Tank.

El método `OnEnable()` se ejecuta cuando el objeto se activa en la escena. Al iniciarse la escena, activaremos el GameObject "`Tank`" y en su componente `Rigidbody` ponemos "`Is Kinematic`" a falso, lo que hará que le afecten las físicas (colisiones, fuerzas, etc.).

En el método `OnDisable()` se hará lo contrario y entonces no podrá ser afectado por las físicas.

```
private void Update()
{
    // Store the player's input and make sure the audio for the engine is playing.
    m_MovementInputValue = Input.GetAxis(m_MovementAxisName);
    m_TurnInputValue = Input.GetAxis(m_TurnAxisName);

    EngineAudio();
}
```

Figura 7.31 El método `Update()` se ejecutará en cada fotograma (frame).

En el método `Update()` se almacenará la entrada en ambos ejes (Horizontal y Vertical) del Jugador. Además llama al método `EngineAudio()`.

```
private void EngineAudio()
{
    // Reproduce el clip de audio correcto según si el tanque se está moviendo o no.
    if (Mathf.Abs(m_MovementInputValue) < 0.1f && Mathf.Abs(m_TurnInputValue) < 0.01f)
    {
        //Si no se está pulsando ninguna tecla el tanque estará parado
        if (m_MovementAudio.clip != m_EngineIdling)
        { //Para no hacer esto en cada fotograma
          //Comprobamos si lo que está sonando es distinto del clip de audio de motor en ralentí
            m_MovementAudio.clip = m_EngineIdling; //Cambiamos a motor en ralentí
            m_MovementAudio.pitch = Random.Range(m_OriginalPitch - m_PitchRange, m_OriginalPitch + m_PitchRange);
            m_MovementAudio.Play();
        }
    }
    else {
        //El tanque está moviendose o girando
        if (m_MovementAudio.clip != m_EngineDriving)
        { //Para no hacer esto en cada fotograma
          //Comprobamos si lo que está sonando es distinto del clip de audio de motor moviendose
            m_MovementAudio.clip = m_EngineDriving; //Cambiamos a motor moviendose
            m_MovementAudio.pitch = Random.Range(m_OriginalPitch - m_PitchRange, m_OriginalPitch + m_PitchRange);
            m_MovementAudio.Play();
        }
    }
}
```

Figura 7.32 Método `EngineAudio()`.

Mediante el método `Range` la clase `Random`, obtiene un valor aleatorio entre el rango original de sonido menos el que deseamos abarcar y el original más el que queremos abarcar.

Para que no nos dé el Aviso de *"The variable m_MovementAudio of TankMovement has not been assigned"*, este sería el momento de asignar a las variables públicas del script los componentes que vamos a utilizar. Le tenemos indicar cuál es la fuente de sonido, y los ficheros de audio que utilizaremos.

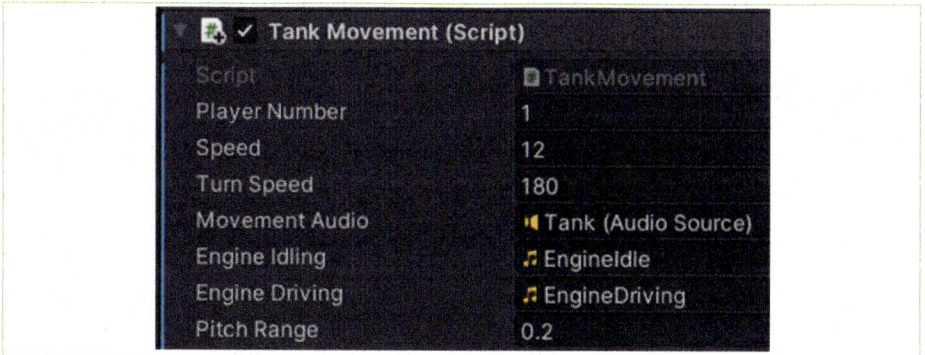

Figura 7.33 Asignar las fuentes de audio.

```
private void FixedUpdate()
{
    // Move and turn the tank.
    Move();
    Turn();
}

1 referencia
private void Move()
{
    // Adjust the position of the tank based on the player's input.
    Vector3 movement = transform.forward * m_Speed * m_MovementInputValue  * Time.deltaTime;
    m_Rigidbody.MovePosition(m_Rigidbody.position+movement);
}

1 referencia
private void Turn()
{
    // Adjust the rotation of the tank based on the player's input.
    float turn = m_TurnInputValue * m_TurnSpeed * Time.deltaTime;
    Quaternion turnRotation = Quaternion.Euler(0f, turn, 0f);
    m_Rigidbody.MoveRotation(m_Rigidbody.rotation * turnRotation);
}
```

Figura 7.34 `FixedUpdate()` se ejecuta a cada paso del motor de físicas. Por lo tanto, en dicho método será donde aplicaremos las fuerzas para producir el movimiento o el giro.

— PARA RECORDAR —

Todas las instancias de Transform contienen los atributos: *up, right, forward* que son Vector3 con las "direcciones" que apuntan *hacia arriba, derecha* y *hacia delante* en el espacio local de nuestro objeto.

El vector de movimiento será igual al `transform.forward` (hacia delante), que es un vector unitario por lo que lo multiplicamos por la velocidad (así no vale uno constantemente), después lo multiplicamos por `m_MovementInputValue` que, al tener un valor entre -1 y 1, hará que el movimiento sea positivo (hacia delante) o negativo (hacia atrás) y finalmente se multiplica por `Time.deltaTime` para ajustar el movimiento a cada fotograma (frame).

Finalmente, el movimiento será igual a la posición actual del `Rigidbody` más el nuevo movimiento obtenido anteriormente.

El giro se producirá sobre el eje Y. Por lo tanto, al crear el Quaternion, los valores en los ejes X y Z serán cero. Y para calcular el valor de la rotación en cada fotograma en el eje Y multiplicamos el valor de la entrada por la velocidad y por `Time.deltaTime`.

Finalmente, el movimiento de rotación será igual a la rotación que ya está haciendo el `Rigidbody` multiplicado por la rotación obtenida en el Quaternion.

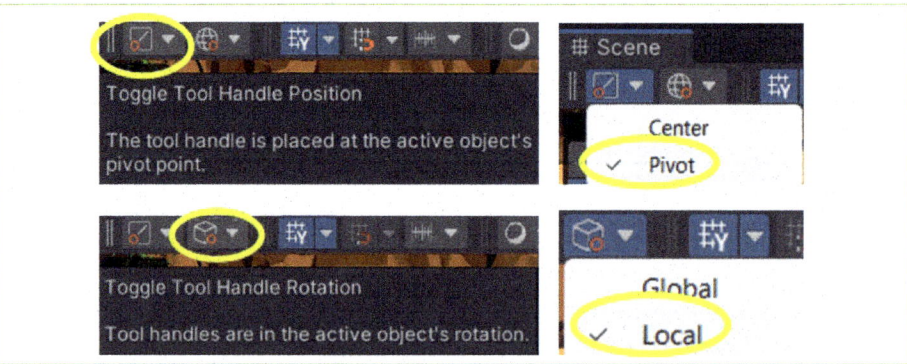

Figura 7.35 Con Pivot se indica a Unity que se quieren transformar objetos utilizando el pivote (punto de referencia) de un objeto y con Local que el sistema de referencia será el propio del objeto.

7.5 Tutorial Tanks – Moviendo la cámara

Ahora vamos a ajustar la cámara para que su posición y nivel de zoom haga que los tanques siempre aparezcan centrados en la pantalla.

La cámara principal la pondremos como hija del objeto que acabamos de crear.

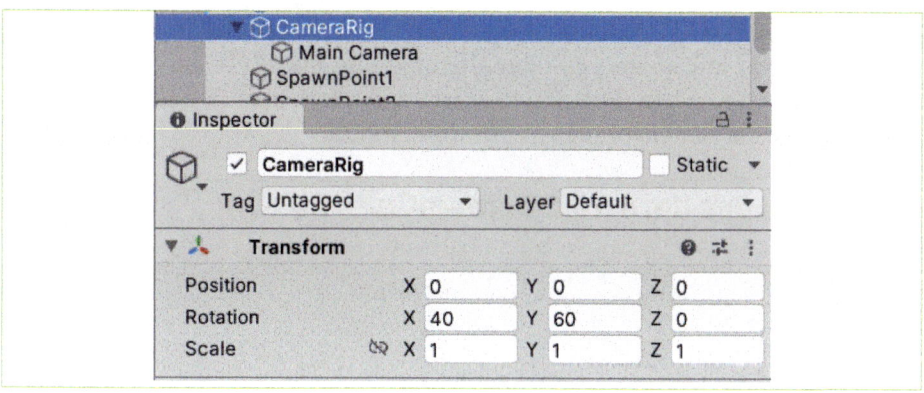

Figura 7.36 Ajustamos los valores de su posición respecto al padre.

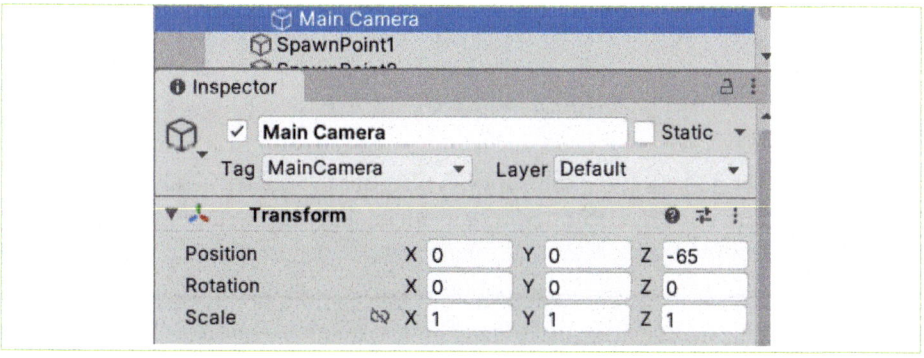

Figura 7.37 Ajuste los valores de la posición de la MainCamera respecto a la CameraRig (padre).

El valor de Z es la distancia a la que se mantendrá del objeto padre. Lo que se persigue es buscar la posición intermedia entre todos los tanques (jugadores) que haya en la escena para posicionar el objeto "CameraRig" en ese punto.

```csharp
public class CameraControl : MonoBehaviour
{
    public float m_DampTime = 0.2f;
    public float m_ScreenEdgeBuffer = 4f;
    public float m_MinSize = 6.5f;
    /*[HideInInspector]*/ public Transform[] m_Targets;

    private Camera m_Camera;
    private float m_ZoomSpeed;
    private Vector3 m_MoveVelocity;
    private Vector3 m_DesiredPosition;
```

Figura 7.38 Atributos del script CameraControl.

El atributo "m_ScreenEdgeBuffer" (**Buffer de borde de pantalla**) se utilizará para calcular el zoom dejando siempre una distancia mínima respecto a los bordes.

El atributo "m_MinSize" se utilizará para calcular el Size de la cámara ortográfica. Se calculará de forma dinámica según la posición de los tanques.

Transform[] m_Targets; es un array de objetos tipo Transform que contendrá todos los tanques a los que queramos seguir su posición.

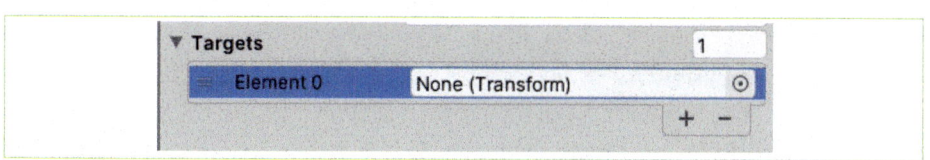

Figura 7.39 Por ahora, al comentar [HideInspector] el array se muestra en la pestaña Inspector de tal forma que podamos arrastrar los objetos al array. Posteriormente, dicho array se rellenará mediante código.

En los atributos *privados*, tenemos m_Camera de tipo Camera para poder acceder a las propiedades de la cámara principal.

Otro atributo es `m_ZoomSpeed` para la velocidad con la que haremos zoom y otra `m_MoveVelocity` de tipo `Vector3` para controlar la velocidad con la que vamos a mover la cámara y la última también de tipo `Vector3` denominada `m_DesiredPosition` (Posición deseada) que contendrá la posición a la que queremos que la cámara principal esté apuntando.

7.5.1 Métodos del script CameraControl

```
private void Awake()
{
    m_Camera = GetComponentInChildren<Camera>();
}

Mensaje de Unity | 0 referencias
private void FixedUpdate()
{
    Move();
    Zoom();
}

1 referencia
private void Move()
{
    FindAveragePosition();
    transform.position = Vector3.SmoothDamp(transform.position, m_DesiredPosition, ref m_MoveVelocity, m_DampTime);
}
```

Figura 7.40 Métodos iniciales.

El método `Awake()` se suele utilizar para obtener la referencia a los componentes. En este caso, vamos a obtener la referencia al **componente hijo** `Camera` del objeto "CameraRig".

En el método `FixedUpdate()` haremos que la cámara se mueva a una posición intermedia de todos los tanques activos en la escena y que haga un zoom a un nivel adecuado para que se vean todos los tanques de la escena.

En el método `Move()` se aplica un cambio en la posición del objeto "CameraRig" igual a un Vector3 *SmoothDamp* (suavizar movimiento). Este método devuelve un valor basado en la posición inicial `transform.position` del objeto "CameraRig" que avance a la velocidad indicada `m_MoveVelocity` y que llegue en el tiempo indicado `m_Damptime` a la posición deseada `m_DesiredPosition`.

```
private void FindAveragePosition()
{
    Vector3 averagePos = new Vector3();
    int numTargets = 0;

    for (int i = 0; i < m_Targets.Length; i++)
    {
        if (!m_Targets[i].gameObject.activeSelf)
            continue;

        averagePos += m_Targets[i].position;
        numTargets++;
    }

    if (numTargets > 0)
        averagePos /= numTargets;

    averagePos.y = transform.position.y;

    m_DesiredPosition = averagePos;
}
```

Figura 7.41 El método *FindAveragePosition* busca la posición intermedia entre todos los objetos tipo "Tanks" que están en el array de Transforms.

Recorre el array preguntando si el objeto está activo y en caso afirmativo incrementa el valor de la variable `averagePos` sumando la nueva posición obtenida.

Una vez recorrido el array, divide la suma de posiciones entre el número de objetos activos encontrados. El valor del eje Y obtenido de la división de la suma de posiciones entre el número de objetos activos, iguala el valor del eje Y del objeto "CameraRig" y finalmente la variable `m_DesiredPosition` (Posición deseada) pasa a valer el resultado de la división.

```
private void Zoom()
{
    float requiredSize = FindRequiredSize();
    m_Camera.orthographicSize = Mathf.SmoothDamp(m_Camera.orthographicSize, requiredSize, ref m_ZoomSpeed, m_DampTime);
}

2 referencias
private float FindRequiredSize()
{
    Vector3 desiredLocalPos = transform.InverseTransformPoint(m_DesiredPosition);
    /* Posición en el sistema de coordenadas local del objeto CameraRig */

    float size = 0f;

    for (int i = 0; i < m_Targets.Length; i++)
    {
        if (!m_Targets[i].gameObject.activeSelf)
            continue;

        Vector3 targetLocalPos = transform.InverseTransformPoint(m_Targets[i].position);

        Vector3 desiredPosToTarget = targetLocalPos - desiredLocalPos;

        size = Mathf.Max (size, Mathf.Abs (desiredPosToTarget.y));

        size = Mathf.Max (size, Mathf.Abs (desiredPosToTarget.x) / m_Camera.aspect);
    }

    size += m_ScreenEdgeBuffer;

    size = Mathf.Max(size, m_MinSize);

    return size;
}
```

Figura 7.42 El método FindRequiredSize busca el valor del zoom necesario para que todos los tanques estén visibles.

De nuevo se recorre el array de tanques y si están activados utiliza los valores de su posición para calcular el valor del zoom.

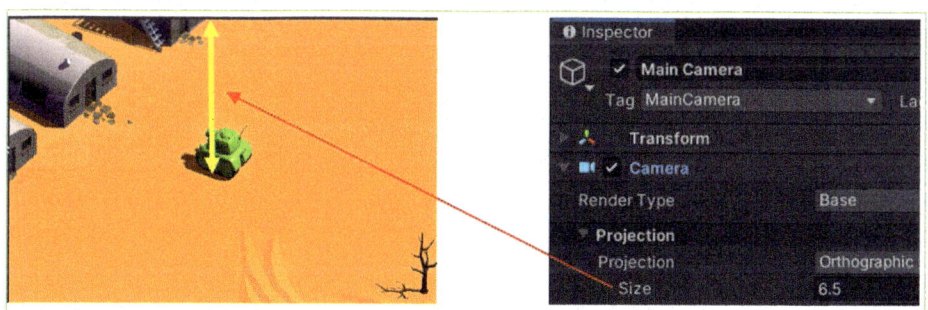

Figura 7.43 El atributo Size en una cámara de tipo Ortográfico es el número de unidades que separan el centro de la pantalla (0,0,0) del borde en la vertical.

```
public void SetStartPositionAndSize()
{
    FindAveragePosition();

    transform.position = m_DesiredPosition;

    m_Camera.orthographicSize = FindRequiredSize();
}
```

Figura 7.44 El último método se utilizará cuando haya finalizado una fase del juego.

De nuevo calcula la posición intermedia de todos los tanques y se mueve directamente (en este caso no lo hace suavemente mediante un *SmoothDamp*) a la posición indicada. También se establece "de golpe" el zoom que debe tener.

7.6 Tutorial Tanks – Barra de energía

En este apartado crearemos la barra de energía (vida) del tanque. Se creará mediante una UI (Interfaz de Usuario) denominado `Slider` que estará dentro de un objeto padre "Canvas" (lienzo).

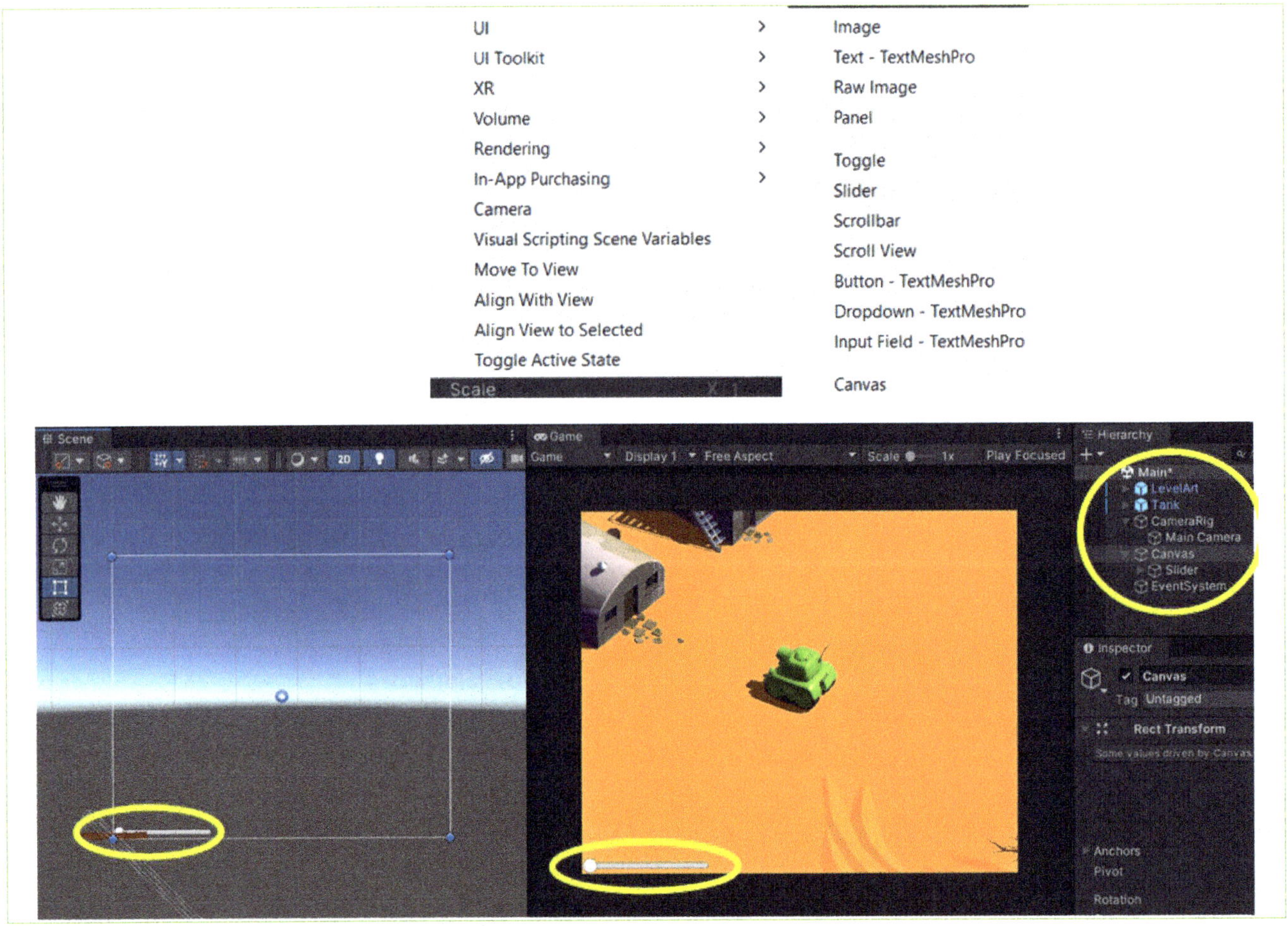

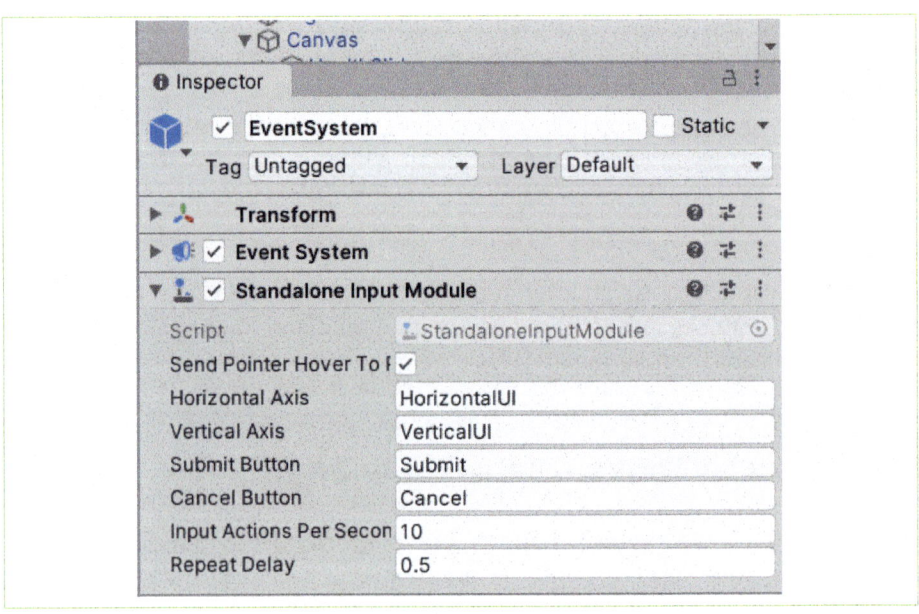

Figura 7.45 Cree el objeto UI tipo "Canvas" y después el objeto tipo "Slider" como hijo.

También debemos crear un objeto `EventSystem` que gestionará todos los eventos que tengan que ver con la UI.

Figura 7.46 Debe modificar los nombres de los ejes.

7.6.1 Configuración del Canvas

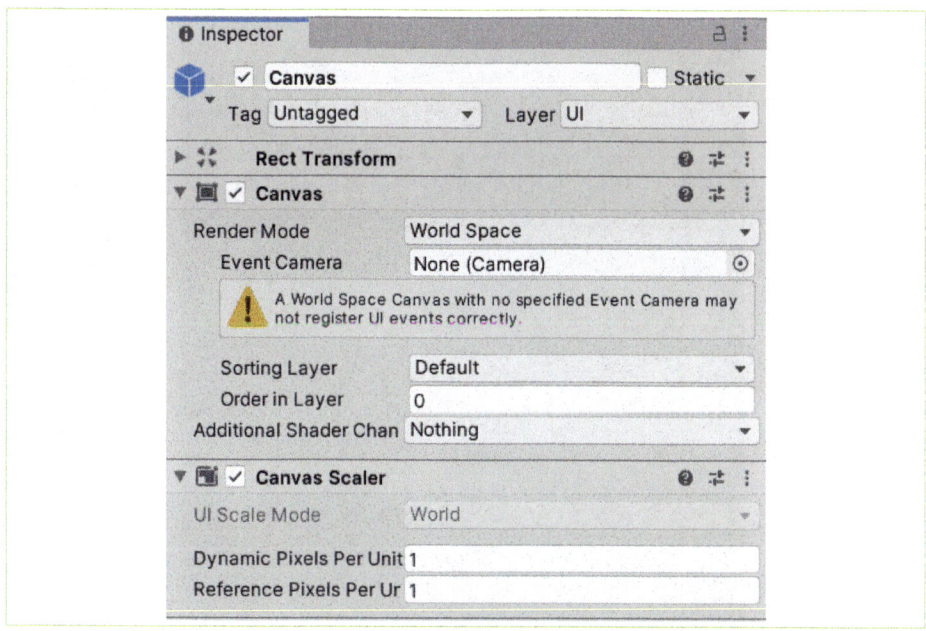

Figura 7.47 Debe modificar algunos parámetros del objeto "Canvas".

En **Reference Pixels Per Unit** (Píxeles de referencia por unidad) ponemos un 1, de esta forma indicamos que un píxel equivale a una unidad.

En el **Render Mode** indicamos que será un objeto más en nuestro mundo (World Space). De hecho, lo vamos a situar debajo del tanque. Asociaremos la cámara principal a su "Event Camera".

Finalmente arrastraremos el objeto "Canvas" (lienzo) para convertirlo en un objeto hijo del objeto "Tank".

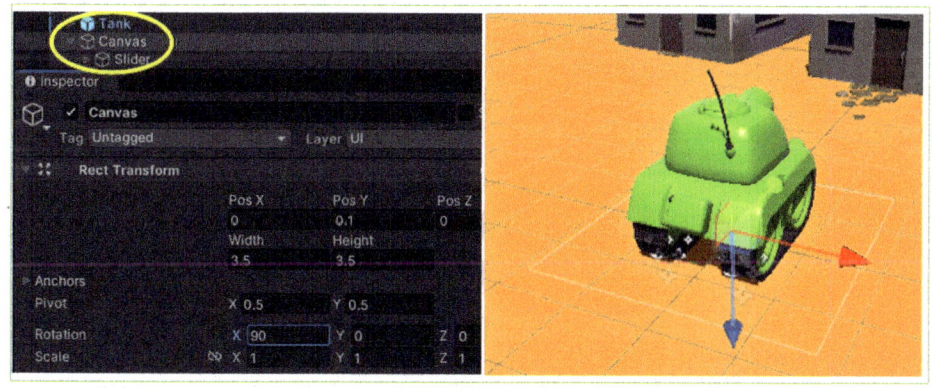

Figura 7.48 Debe cambiar su *posición* y su *tamaño*. También debe *rotar* 90 grados sobre su eje X para que aparezca debajo del tanque, a ras del suelo.

7.6.2 Configuración del Slider

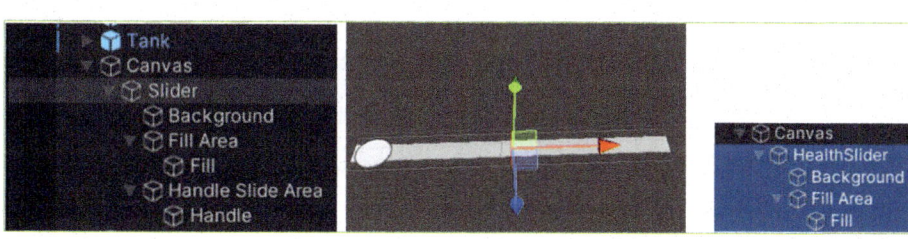

Figura 7.49 Debe impedir que el Jugador pueda manejar el área del Slider (Handle Slide Area), para ello debe eliminarla del objeto.

A continuación lo vamos a posicionar para que se "*dibuje*" donde está el Canvas. Manteniendo pulsada la tecla Shift, seleccionamos el Slider, Background y Fill Area.

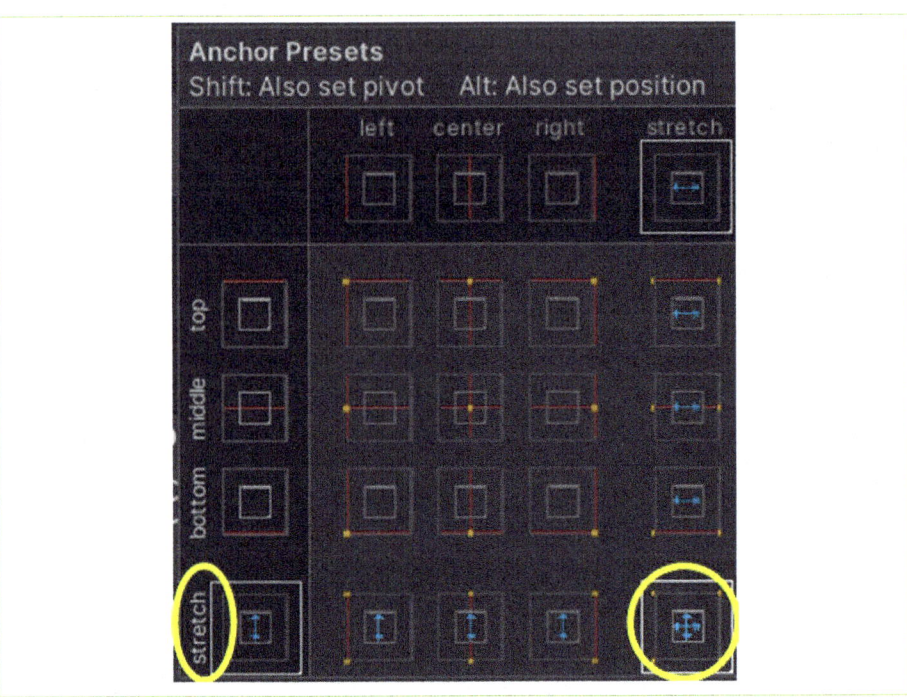

Figura 7.50 Con esta opción, se estira (strech) todo el ancho y alto que tenga el objeto padre.

Cambie el nombre al objeto slider por `HealthSlider`, quite el check de "`Interactable`" ya que será modificado por código y en `Transition` seleccione **None**.

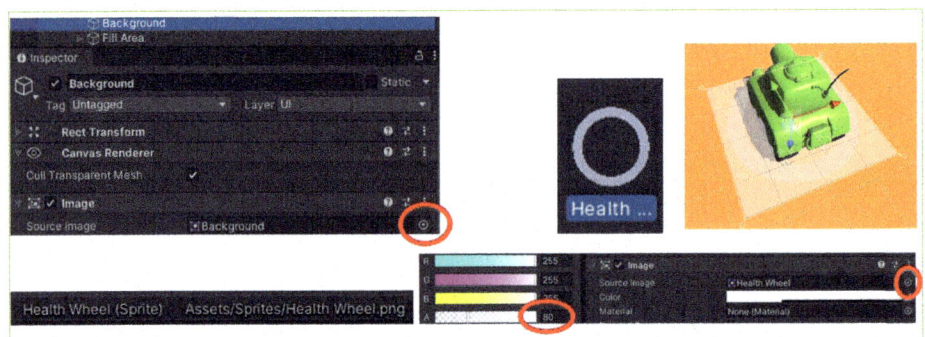

Figura 7.51 Debe cambiar el background del slider.

La imagen del background seleccionada será Health Wheel y en color debe dejar la transparencia en 80. La transparencia del relleno (Fill) la dejamos en 150.

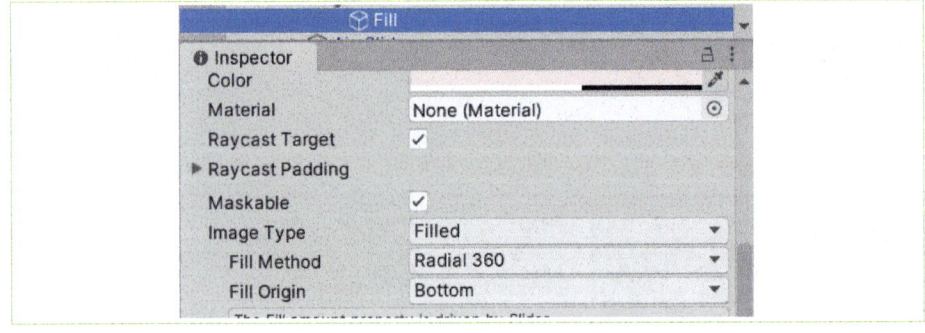

Figura 7.52 Para que la imagen seleccionada, al aumentar los valores, se vaya rellenando de forma circular debe cambiar el método de relleno (Fill Method).

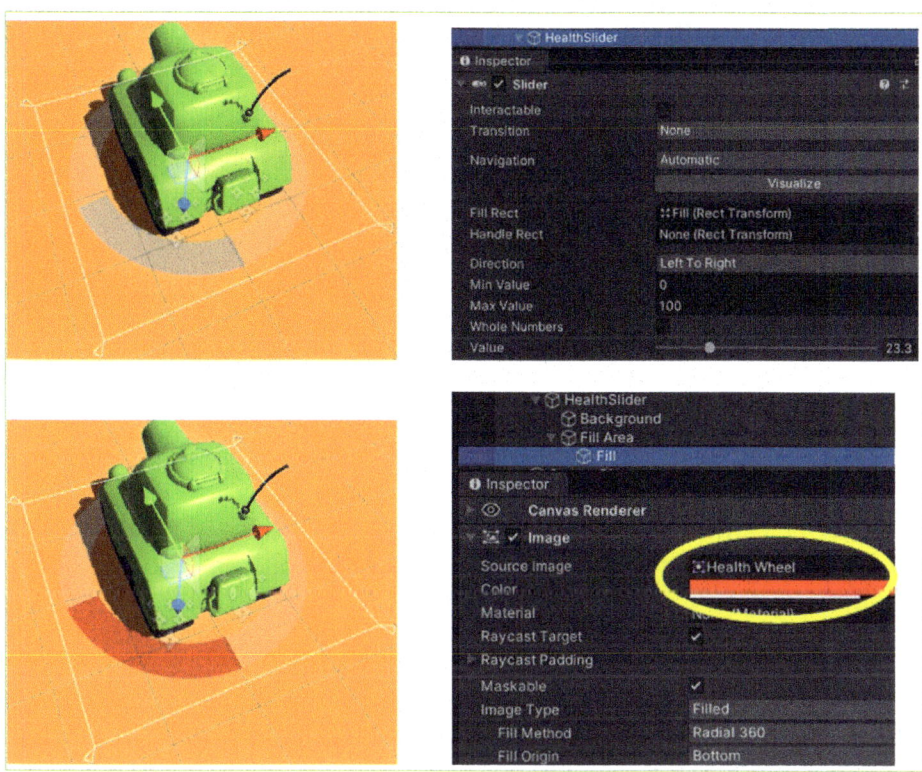

Figura 7.53 Puede cambiar el color para probar. Después habrá que dejarlo en blanco, ya que el color se lo asignaremos por código.

Para evitar que no se produzca el efecto de que el Slider gire cuando está girando el tanque, tenemos un script en Assets denominado UIDirectionControl.

```csharp
public class UIDirectionControl : MonoBehaviour
{
    public bool m_UseRelativeRotation = true;

    private Quaternion m_RelativeRotation;

    // Mensaje de Unity | 0 referencias
    private void Start()
    {
        m_RelativeRotation = transform.parent.localRotation;
    }

    // Mensaje de Unity | 0 referencias
    private void Update()
    {
        if (m_UseRelativeRotation)
            transform.rotation = m_RelativeRotation;
    }
}
```

Figura 7.54 Script en la carpeta UI. Si la variable booleana m_UseRelativeRotation es igual a true, el slider NO girará con el objeto.

Debe arrastrar el script al objeto "HealthSlider" para convertirlo en un componente más de dicho GameObject.

7.7 Tutorial Tanks – Efecto explosión

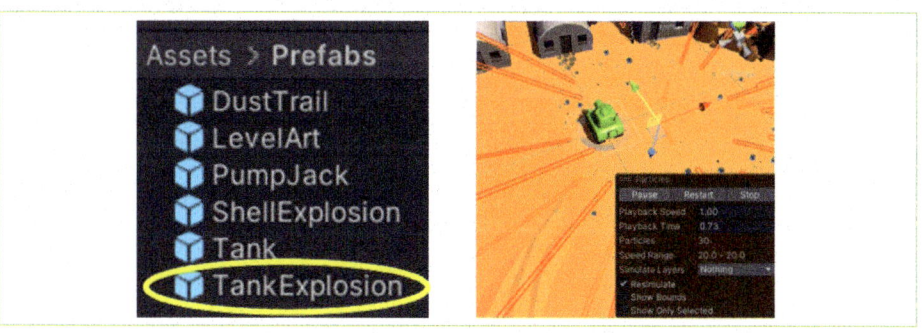

Figura 7.55 Añada el prefab a la pestaña Jerarquía.

El siguiente paso será añadir el efecto de sonido. Asigne el clip de sonido "Tank Explosion". Quite la opción "Play On Awake". Después, por código, instanciaremos el objeto explosión y ejecutaremos el clip de sonido.

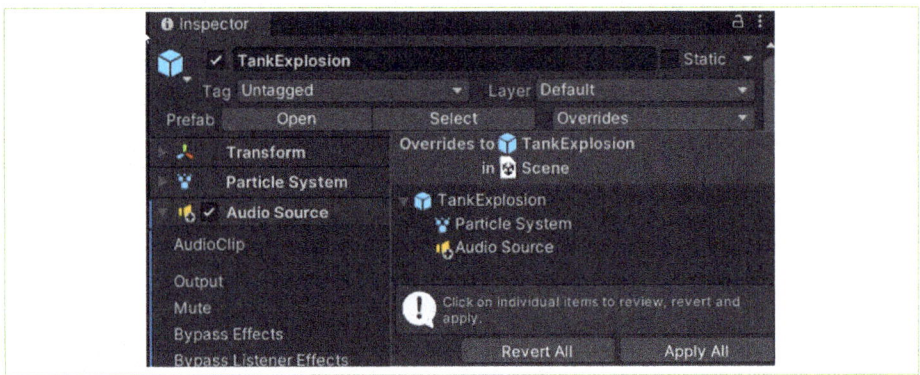

Figura 7.56 Recuerde aplicar los cambios para que se guarden en el prefab.

Lo puede quitar de la pestaña Jerarquía ya que, como hemos dicho, la explosión será instanciada por código.

7.8 Tutorial Tanks – Salud y explosión

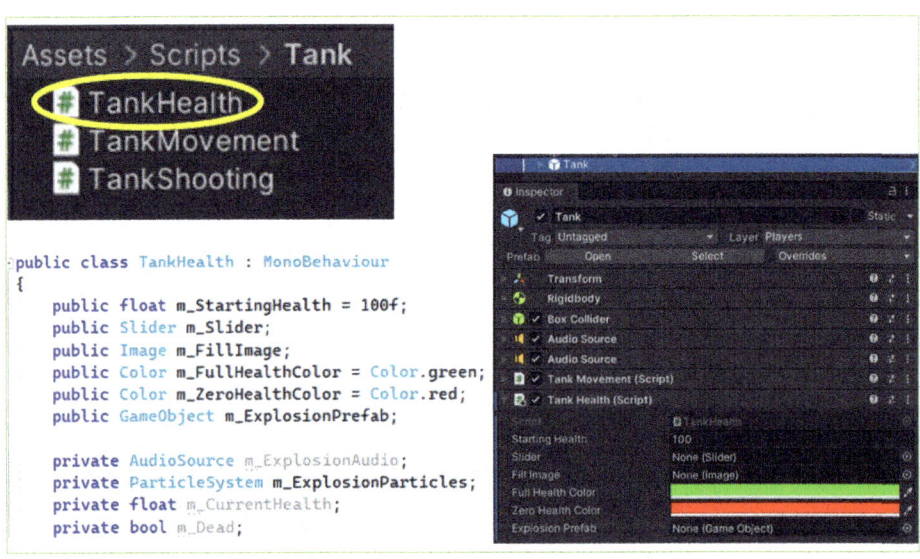

Figura 7.57 Asigne el script al objeto "Tank".

La variable m_StartingHealth se utiliza para controlar el nivel de energía. Se inicializa a 100.

La variable m_Slider es una referencia a Slider del tanque para poder cambiar su valor.

La variable m_FillImage es una referencia a Image del Fill (imagen de relleno) del tanque, para poder cambiar su color.

La variable m_FullHealthColor será verde para indicar que la energía está al 100%.

La variable m_ZeroHealthColor será roja para indicar que la energía ha llegado al 0%.

Por último necesitamos una variable m_ExplosionPrefab de tipo GameObject para obtener una referencia al prefab de la explosión.

En cuanto a las variables privadas, tenemos:

La variable m_ExplosionAudio es una referencia al AudioSource del objeto de la explosión.

La variable `m_ExplosionParticles` es una referencia al `ParticleSystem` para iniciar el efecto partículas.

La variable `m_CurrentHealth` al principio valdrá lo mismo que `m_StartingHealth` y después se irá decrementando hasta que llegue a cero.

Finalmente, la variable booleana `m_Dead` la utilizaremos para indicar si el tanque está muerto o no.

7.8.1 Métodos del script TankHealth

```csharp
private void Awake()
{
    m_ExplosionParticles = Instantiate(m_ExplosionPrefab).GetComponent<ParticleSystem>();
    m_ExplosionAudio = m_ExplosionParticles.GetComponent<AudioSource>();
    m_ExplosionParticles.gameObject.SetActive(false);
}

# Mensaje de Unity | 0 referencias
private void OnEnable()
{
    m_CurrentHealth = m_StartingHealth;
    m_Dead = false;
    SetHealthUI();
}
1 referencia
public void TakeDamage(float amount)
{
    // Ajusta la salud actual del tanque, actualiza la interfaz de usuario
    // según salud y verificae si el tanque está muerto o no.
    m_CurrentHealth -= amount;
    SetHealthUI();
    if (m_CurrentHealth < 0f && !m_Dead) {
        OnDeath();
    }
}
```

Figura 7.58 Métodos iniciales del script TankHealth.

En el método **Awake()** se instancia el prefab de la explosión (se incluye en la escena) y se referencia su sistema de partículas que es el que se almacena en `m_ExplosionParticles`.

Una vez referenciado el sistema de partículas podrá acceder a otro de sus componentes; en este caso, al `AudioSource`, el cual queda almacenado en `m_ExplosionAudio`.

Para terminar se desactiva el sistema de partículas de la explosión.

Utilizando el método **OnEnable()** los tanques serán habilitados al inicio de la partida y se deshabilitarán al finalizar. Es decir, no se destruye el objeto entre los distintos niveles del juego.

Al activarlo, la variable `m_CurrentHealth` valdrá lo mismo que `m_StartingHealth` (salud inicial). La variable booleana `m_Dead` se pone a falso y se llama al método `SetHealthUI()` que actualizará la barra de energía del tanque.

El método `TakeDamage()` calcula el daño recibido. Resta la cantidad recibida a la variable `m_CurrentHealth` y llama al método `SetHealthUI()` que actualizará la barra de energía del tanque.

Después si la variable `m_CurrentHealth` es menor que cero y la variable booleana `m_Dead` aún está a falso, llama al método `OnDeath()`.

```
private void SetHealthUI()
{
    // Ajusta el valor y el color del control slider.
    m_Slider.value = m_CurrentHealth;
    m_FillImage.color = Color.Lerp(m_ZeroHealthColor, m_FullHealthColor, m_CurrentHealth/m_StartingHealth);
}
1 referencia
private void OnDeath()
{
    // Iniciliza los efectos de la muerte del tanque y los desactiva.
    m_Dead = true;

    //Vamos a posicionar el efecto de particulas, justo donde está el tanque
    m_ExplosionParticles.transform.position = transform.position;

    //Activamos el sistema de particulas
    m_ExplosionParticles.gameObject.SetActive(true);

    //Reproducimos la animación
    m_ExplosionParticles.Play();

    //Reproducimos el sonido
    m_ExplosionAudio.Play();

    //Deshabilitamos el tanque
    gameObject.SetActive(false);
}
```

Figura 7.59 Métodos para gestionar el slider y distintos efectos.

En el método SetHealthUI() para *interpolar* el color del relleno del slider utiliza el método `Lerp`, que necesita tres parámetros de entrada:

El primer parámetro es el color inicial, el segundo el color final y después necesita un número entre 0 y 1. Para conseguirlo dividimos el valor de la salud actual dividido por el valor de la salud inicial. Al principio valdrán igual y por lo tanto dará 1 y el color que se mostrará será el color de salud completa.

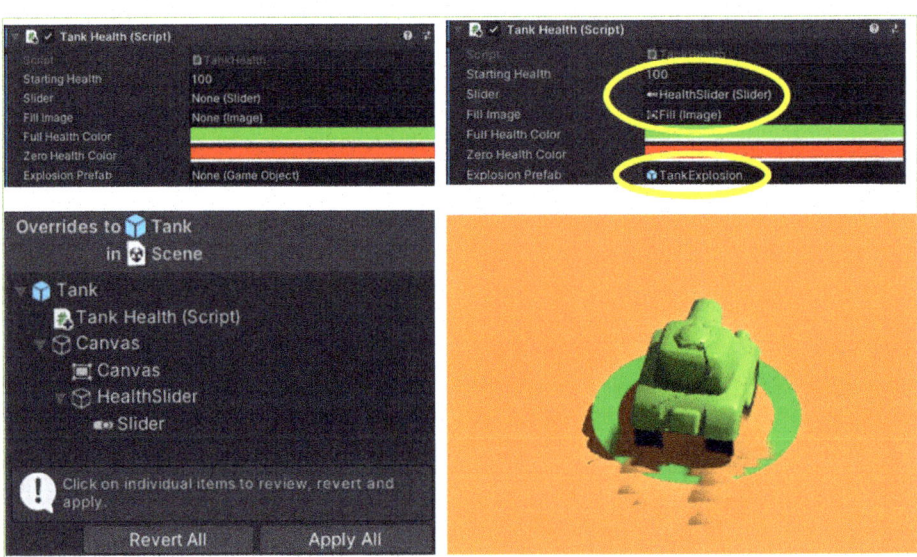

Figura 7.60 De nuevo recuerde aplicar los cambios para que se guarden en el prefab.

7.9 Tutorial Tanks – Proyectiles

Para la creación de los proyectiles debemos trabajar igual que al crear el tanque. Partiendo de un modelo que está en la carpeta de "Models" iremos añadiendo componentes y comportamiento a través de scripts.

Figura 7.61 Arrastre el modelo a la escena.

El primer componente será un *"Capsule Collider"* que marcaremos como disparador *"Is Trigger"*, ya que no queremos que rebote al chocar contra otros objetos. Lo que pretendemos es que al chocar se dispare la animación de la explosión.

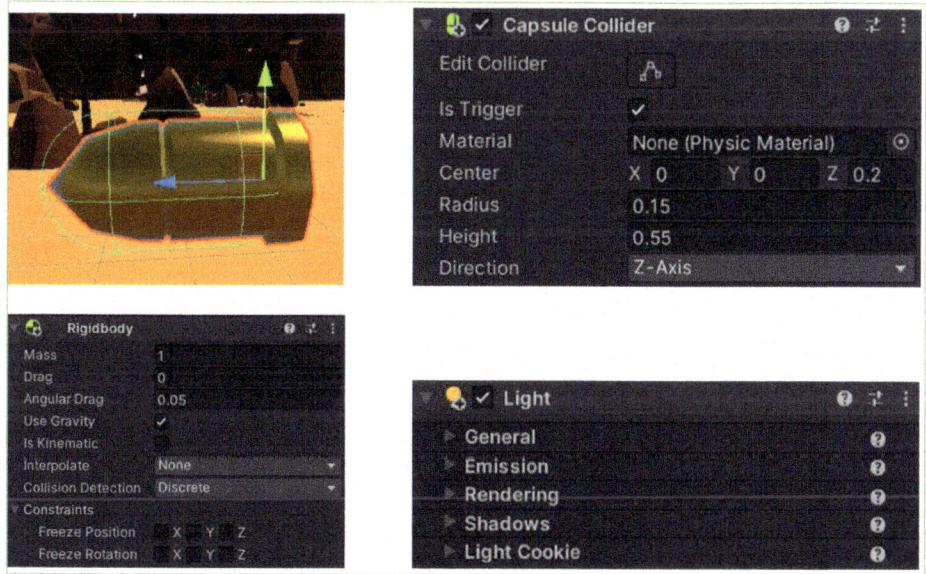

Figura 7.62 Añada otros dos componentes, por un lado un Rigidbody y por otro un componente Light, que es una luz para poder seguir al proyectil durante su trayectoria.

7.9.1 Explosión del proyectil

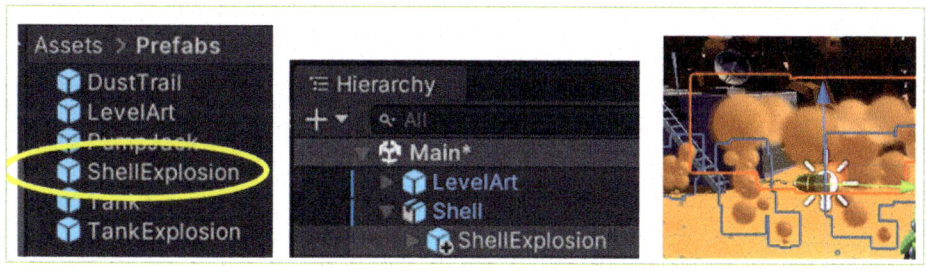

Figura 7.63 Arrastre el prefab "ShellExplosion" a la pestaña Jerarquía para que sea hijo del objeto "Shell".

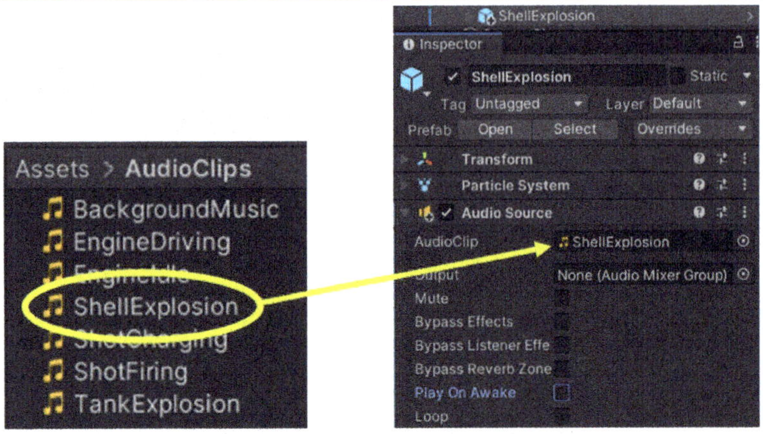

Figura 7.64 Añada un componente Audio Source al objeto "ShellExplosion". Arrastre el fichero de audio llamado "ShellExplosion" al parámetro AudioClip.

7.9.2 Gestión de las explosiones

Figura 7.65 Arrastre el script "ShellExplosion" para convertirlo en un componente del objeto "Shell" en la pestaña Jerarquía.

```csharp
public LayerMask m_TankMask;
public ParticleSystem m_ExplosionParticles;
public AudioSource m_ExplosionAudio;
public float m_MaxDamage = 100f;
public float m_ExplosionForce = 1000f;
public float m_MaxLifeTime = 2f;
public float m_ExplosionRadius = 5f;
```

La variable `m_TankMask` de tipo `LayerMask` la utilizaremos para guardar una referencia a la capa (Layer) de los tanques.

La variable `m_ExplosionParticles` de tipo `ParticleSystem` es una referencia para ejecutar el efecto de la explosión.

La variable `m_ExplosionAudio` de tipo `AudioSource` es una referencia para ejecutar el sonido de la explosión.

La variable `m_MaxDamage` será el daño máximo que se hará a un objeto si el proyectil impacta directamente en el centro de dicho objeto.

La variable `m_ExplosionForce` será la fuerza con la que la explosión hará que los tanques sean desplazados si están cerca de la explosión

La variable `m_MaxLifeTime` será el tiempo de vida del proyectil. Será destruido una vez transcurrido ese tiempo.

La variable `m_ExplosionRadius`, radio de acción del efecto de la explosión.

7.9.3 Métodos del script ShellExplosion

```
private void Start()
{
    Destroy(gameObject, m_MaxLifeTime);
}

[System.Obsolete]
 Mensaje de Unity | 0 referencias
private void OnTriggerEnter(Collider other)
{
    // Find all the tanks in an area around the shell and damage them.
    Collider[] colliders = Physics.OverlapSphere(transform.position, m_ExplosionRadius,m_TankMask);
    foreach (Collider collider in colliders) {
        Rigidbody targetRigidbody = collider.GetComponent<Rigidbody>();
        if (targetRigidbody != null)
        {
            targetRigidbody.AddExplosionForce(m_ExplosionForce, transform.position, m_ExplosionRadius);
            TankHealth targetHealth = targetRigidbody.GetComponent<TankHealth>();
            if (targetHealth != null)
            {
                float damage = CalculateDamage(targetRigidbody.position);
                targetHealth.TakeDamage(damage);
            }
        }
    }

    //Con cualquier impacto
    m_ExplosionParticles.transform.SetParent(null);
    //Si el efecto sigue siendo hijo del objeto, al destruir el objeto no se ve el efecto
    //Por eso hacemos que el efecto deje de ser hijo del objeto

    m_ExplosionParticles.Play();
    m_ExplosionAudio.Play();

    Destroy(gameObject);
    Destroy(m_ExplosionParticles.gameObject, m_ExplosionParticles.duration);
}
```

Figura 7.66 Métodos iniciales del script ShellExplosion.

En el método `Start()` destruimos el objeto proyectil una vez transcurridos 2 segundos (lo indicado en `m_MaxLifeTime`). Esto es para que no haya objetos creados que no han chocado con nada o que salen del campo de visión.

El método `OnTriggerEnter()` se ejecuta al detectar que otro *collider* (`Collider other`) ha entrado en contacto con el *collider* del proyectil.

Creamos un array de *colliders* donde guardaremos aquellos *colliders* que estén dentro de una esfera de acción.

El método `OverlapSphere()` (esfera superpuesta) crea una esfera en la posición que recibe como parámetro, con un radio que también recibe como parámetro y solo selecciona aquellos objetos que tengan la capa indicada en el tercer parámetro.

Después recorremos el array de los objetos obtenidos. De cada elemento del array obtenemos su componente Rigidbody al cual aplicamos el método `AddExplosionForce`.

Recordemos que los objetos "`Tank`" tienen asociado el script "`TankHealth`".

Creamos una variable denominada `targetHealth` que será del tipo `TankHealth`. Con dicha variable, podemos acceder al componente `TankHealth` del objeto "`Tank`" en el que nos encontramos dentro del recorrido del array.

De este modo, utilizando el método `TakeDamage` le aplicaremos un daño a ese objeto tanque.

Una vez fuera del bucle, sea el que sea el *collider* con el que ha impactado el proyectil, hay que ejecutar el sistema de partículas de la explosión y su sonido.

Finalmente destruimos el objeto proyectil en el que estamos y también el objeto que reproduce la animación de la explosión.

Tal y como se indica en los comentarios, si destruimos el objeto proyectil, no se ejecutará el sonido ni el efecto de la explosión. Por eso, antes de ejecutar esos métodos, hacemos que la animación no sea hija del objeto.

```
private float CalculateDamage(Vector3 targetPosition)
{
    // Calcula la cantidad de daño que debe recibir un objetivo en función de su posición.
    Vector3 explosionToTarget = targetPosition - transform.position;
    //Vector entre la posición del objeto impactado y la posición del proyectil

    float explosionDistance = Mathf.Min(explosionToTarget.magnitude,m_ExplosionRadius);
    //Hay que elegir la distancia mínima entre dos distancias
    //Distancia entre la posición del objeto impactado y la posición del proyectil magnitude
    //Distancia indicada en el radio de acción

    float relativeDistance = (m_ExplosionRadius- explosionDistance) /m_ExplosionRadius;

    float damage = relativeDistance * m_MaxDamage;

    return damage;
}
```

Figura 7.67 Calcule el porcentaje de m_MaxDamage que hay que devolver.

Figura 7.68 No olvide arrastrar a las variables públicas los distintos objetos que queremos asociar.

Figura 7.69 Finalmente convierta el modelo "Shell" en un prefab arrastrándolo a la carpeta de Prefabs.

7.10 Tutorial Tanks – Disparando proyectiles

Lo primero será crear un objeto vacío al que llamaremos "`fireTransform`" que será hijo del objeto "`Tank`". Utilizaremos este objeto para indicar el punto de salida de los proyectiles.

Figura 7.70 Intente que la aparición del proyectil sea en la boca del cañón y con una cierta inclinación en el eje X.

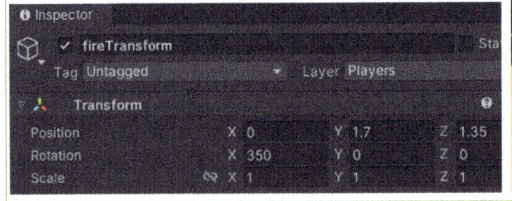

7.10.1 Fuerza del disparo

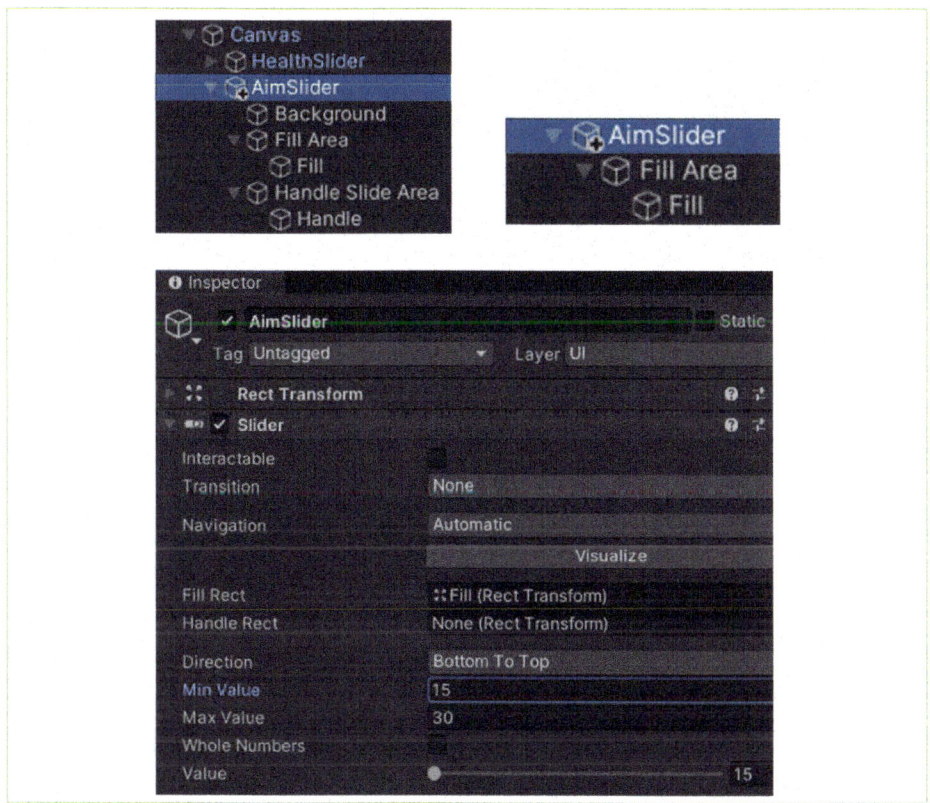

Figura 7.71 Cree un slider llamado "AimSlider" que se irá llenando a medida que aumente la fuerza de lanzamiento del proyectil.

Desplegamos todos los componentes de slider y eliminamos los que no nos interesan.

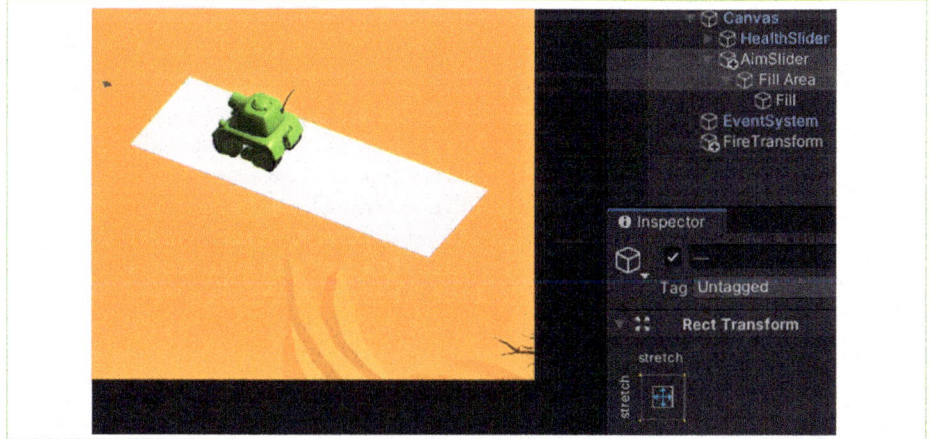

Figura 7.72 Configuramos las características del slider.

No será interactivo, no tendrá transiciones, su dirección será desde el fondo hacia delante y sus valores mínimo y máximo serán 15 y 30, respectivamente.

Seleccionamos "AimSlider" y "Fill Area". Pulsamos ▼ :: Rect Transform y manteniendo pulsada la tecla Alt seleccionamos la última de las opciones que hará que el slider se ensanche a lo largo y a lo ancho del objeto padre.

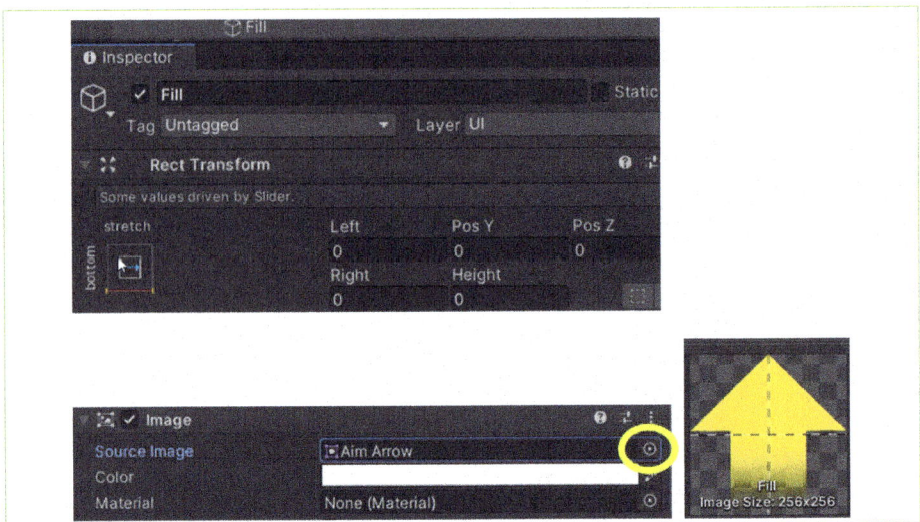

Figura 7.73 Seleccione el objeto "Fill" (relleno). Ponga la altura a cero. Cambie su imagen para que sea una flecha.

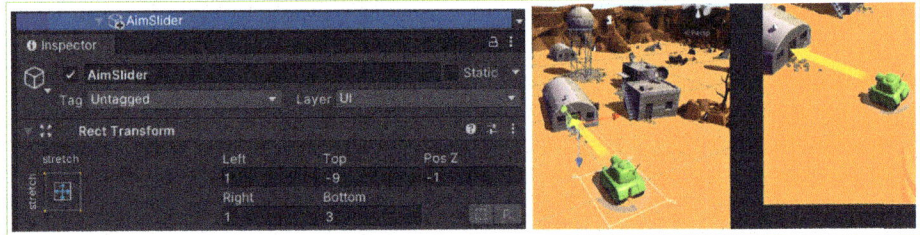

Figura 7.74 Modifique la posición y el tamaño del slider.

7.10.2 Gestión del disparo

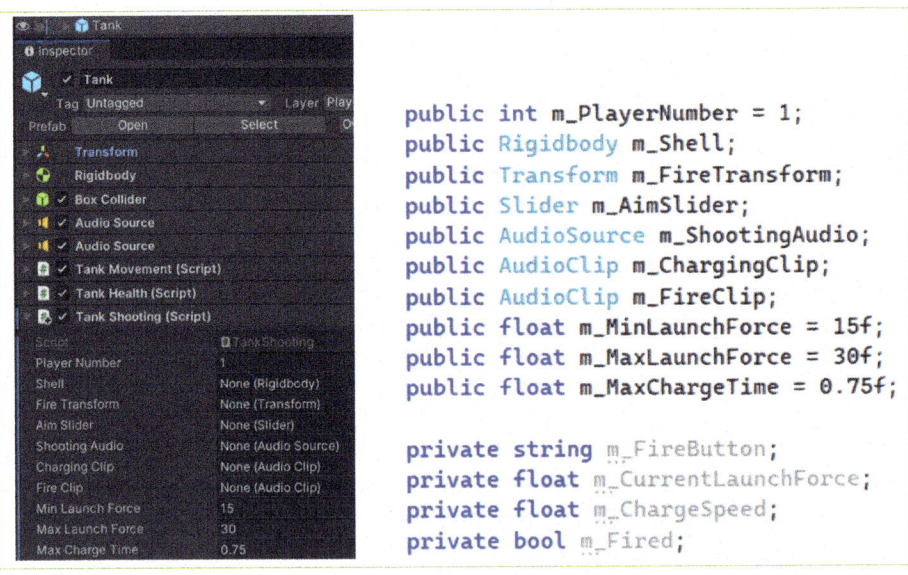

Figura 7.75 Añada el script TankShooting como componente del objeto "Tank".

```
public int m_PlayerNumber = 1;
public Rigidbody m_Shell;
public Transform m_FireTransform;
public Slider m_AimSlider;
public AudioSource m_ShootingAudio;
public AudioClip m_ChargingClip;
public AudioClip m_FireClip;
public float m_MinLaunchForce = 15f;
public float m_MaxLaunchForce = 30f;
public float m_MaxChargeTime = 0.75f;

private string m_FireButton;
private float m_CurrentLaunchForce;
private float m_ChargeSpeed;
private bool m_Fired;
```

La variable `m_PlayerNumber` indica el número de jugador, esto es necesario para controlar la tecla de disparo.

La variable `m_Shell` de tipo `Rigidbody` será una referencia al prefab del proyectil.

La variable `m_FireTransform` de tipo `Transform` será una referencia al objeto FireTransform que acabamos de crear. Lo necesitamos para saber su posición y colocar en ella los proyectiles

La variable `m_AimSlider` de tipo `Slider` será una referencia al objeto slider que acabamos de crear.

La variable `m_ShootingAudio` de tipo `AudioSource` será una referencia al segundo Audio Source que incluimos en el objeto "Tank". Lo utilizaremos para el sonido de carga y recarga del tanque.

La variable `m_ChargingClip` de tipo `AudioClip` será el sonido de carga.

La variable `m_FireClip` de tipo `AudioClip` será el sonido del disparo.

La variable `m_MinLaunchForce` será la velocidad mínima del disparo.

La variable `m_MaxLaunchForce` será la velocidad máxima del disparo.

La variable `m_MaxChargeTime` será el tiempo máximo que podemos tener pulsada la tecla de disparo.

En cuanto a las variables privadas:

La variable `m_FireButton` contendrá el nombre del botón de disparo (Fire1 o Fire2).

La variable `m_CurrentLaunchForce` contendrá la fuerza de disparo actual. Se actualizará en cada fotograma que se tenga pulsada la tecla de disparo.

La variable `m_ChargeSpeed` contendrá la velocidad con la que se cargará la energía del disparo.

La variable `m_Fired` indicará si ya se ha disparado el proyectil.

7.10.3 Métodos del script TankShooting

```
private void OnEnable()
{
    m_CurrentLaunchForce = m_MinLaunchForce;
    m_AimSlider.value = m_MinLaunchForce;
}

@ Mensaje de Unity | 0 referencias
private void Start()
{
    m_FireButton = "Fire" + m_PlayerNumber;
    m_ChargeSpeed = (m_MaxLaunchForce - m_MinLaunchForce) / m_MaxChargeTime;
}
```

Figura 7.76 Métodos iniciales del script TankShooting.

En el método `OnEnable()` cuando se activa el tanque inicializamos la fuerza actual de disparo a su mínimo. Lo mismo para el slider.

En el método `Start()` obtenemos el nombre del eje que vamos a utilizar para disparar y después se calcula la velocidad de carga de la energía.

```
private void Update()
{
    // Realiza un seguimiento del estado actual del botón de disparo y
    // toma decisiones basadas en la fuerza de lanzamiento actual.

    //Inicializar valor slider
    m_AimSlider.value = m_MinLaunchForce;

    if(m_CurrentLaunchForce >= m_MaxLaunchForce && !m_Fired)
    {//Si ya está cargado del todo y no se ha disparado
        m_CurrentLaunchForce = m_MaxLaunchForce;
        Fire();
    }
    else if (Input.GetButtonDown(m_FireButton))
    {//Se acaba de pulsar la tecla de disparo
        m_Fired = false;
        m_CurrentLaunchForce = m_MinLaunchForce;
        m_ShootingAudio.clip = m_ChargingClip;
        m_ShootingAudio.Play();
    }
    else if(Input.GetButton(m_FireButton) && !m_Fired)
    {//Se sigue pulsando la tecla de disparo
        m_CurrentLaunchForce += m_ChargeSpeed * Time.deltaTime;
        m_AimSlider.value = m_CurrentLaunchForce;
    }
    else if (Input.GetButtonUp(m_FireButton) && !m_Fired)
    {//Se ha soltado la tecla de disparo
        Fire();
    }
}
```

Figura 7.77 Método Update() del script TankShooting.

Si la fuerza actual que se está ejerciendo sobre la tecla de disparo es mayor o igual a la fuerza máxima de disparo y no se ha disparado, se igualan los valores de ambas fuerzas y se dispara.

Si se acaba de pulsar el disparo, la fuerza actual será igual a la fuerza mínima de disparo y se ejecutará el sonido de carga de disparo.

Si se está manteniendo pulsada la tecla de disparo, se incrementará la fuerza actual de disparo y el valor del slider que indica visualmente dicha fuerza.

Finalmente, si se deja de pulsar el botón de disparo y aún no se ha disparado, se llama al método `Fire()`.

```
private void Fire()
{
    // Instantiate and launch the shell.
    m_Fired = true;
    Rigidbody shellInstance = Instantiate(m_Shell, m_FireTransform.position, m_FireTransform.rotation) as Rigidbody;
    shellInstance.velocity = m_FireTransform.forward * m_CurrentLaunchForce;

    m_ShootingAudio.clip = m_FireClip;
    m_ShootingAudio.Play();

    m_CurrentLaunchForce = m_MinLaunchForce;
}
```

Figura 7.78 Método Fire() del script TankShooting.

En el método `Fire()` se instancian los objetos de tipo `Shell` (proyectil). Estos objetos aparecerán en la posición y con la rotación del objeto `m_FireTransform`.

Una vez creado el objeto de tipo `Shell` (proyectil) se le aplica una velocidad en el eje unitario *forward* multiplicado por la fuerza de disparo calculada con anterioridad.

Se carga y se ejecuta el audio del efecto del disparo.

Finalmente, la fuerza actual de disparo se iguala a la fuerza mínima de disparo.

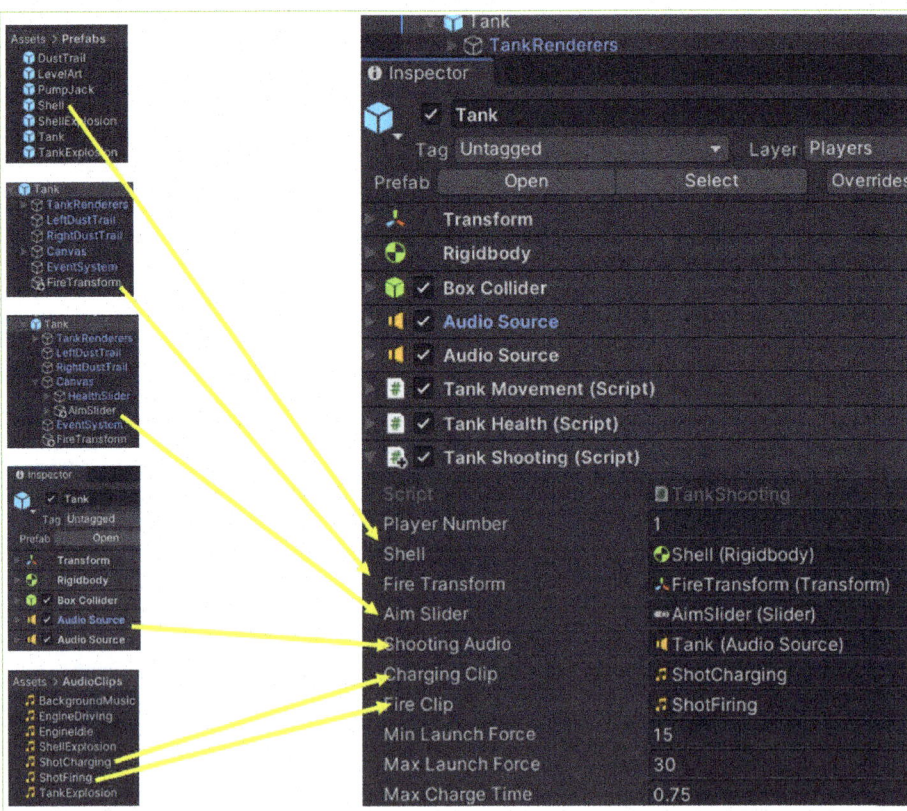

Figura 7.79 Asociamos los distintos elementos a los atributos públicos del script TankShooting.

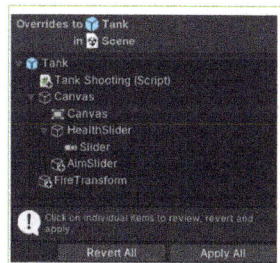  

Figura 7.80 Aplique los cambios al prefab del tanque. Una vez asociados todos los elementos podrá probar el juego.

- La mayoría de las manipulaciones de GameObjects se llevan a cabo a través del componente Transform y/o el Rigidbody de estos. Estos son accesibles dentro de los *behaviour* scripts a través de las variables miembro *transform* y *rigidbody*, respectivamente.

- Todas las instancias de Transform contienen al menos estos atributos: un Vector3 con las "direcciones" que apuntan hacia arriba, derecha y hacia delante en el espacio local de nuestro objeto, position, rotation, localPosition, localRotation, localScale y childCount.

- La aritmética de vectores es fundamental para las gráficas 3D, física y animación y es muy útil entenderlos para sacarle el mayor provecho a Unity. Las estructuras de tipo Vector3 se utilizan en Unity para pasar posiciones y direcciones en 3D.

- Para dar la sensación de movimiento continuo en cada frame cambiará la posición del GameObject modificando las coordenadas del eje X y las del eje Z.

- La clase Input gestiona todos los métodos de entrada: teclado, ratón, gamepad / joystick, pantallas táctiles, acelerómetro y giroscopio.

- En el Input Manager hay dos entradas para *Horizontal* y otras dos para *Vertical*. La primera corresponde a un **eje virtual** horizontal/vertical que se utiliza con las teclas (por ejemplo, en el horizontal las teclas a, d, flecha izquierda, flecha derecha), mientras que el segundo hace referencia al eje X del joystick.

- Mediante la clase Camera podemos manipular y consultar propiedades de las cámaras. Esta clase contiene métodos para transformar sistemas de coordenadas: del **mundo** (sistema de coordenadas donde habitan los objetos de nuestra escena) a Pantalla o **Viewport** (sistema de coordenadas normalizado, de la pantalla del dispositivo donde estamos ejecutando nuestro juego), de la pantalla a Mundo o Viewport y de Viewport a Pantalla o Mundo.

1. **El componente Transform contiene información sobre:**

a) Rotación, zoom y posición

b) Rotación, tamaño y escala

c) Posición, zoom y escala

d) Posición, rotación y escala

2. **El componente Transform:**

a) No puede ser eliminado.

b) Puede ser eliminado mediante código.

c) Puede ser eliminado directamente desde la pestaña Inspector.

d) No puede ser eliminado, salvo que el juego esté parado.

3. **El método LookAt() de la clase transform:**

a) Cambia el padre de un objeto o poner el padre a null.

b) Cambia la orientación de un objeto para hacer que "mire" a un punto en concreto.

c) Cambia de mundo a local y convierte de local a mundo.

d) Rota el objeto.

4. **Una estructura de tipo Vector3.up:**

a) Tiene el valor X igual a cero mientras que Y y Z serán uno.

b) Tiene el valor Z igual a uno mientras que Y y X serán cero.

c) Tiene el valor Y igual a uno mientras que X y Z serán cero.

d) Tiene el valor X igual a uno mientras que Y y Z serán cero.

5. **El método Input.GetKey(KeyCode) devuelve:**

a) False si la tecla está pulsada en ese momento.

b) True si la tecla acaba de ser soltada en ese momento.

c) True si la tecla está pulsada en ese momento.

d) False si la tecla acaba de ser soltada en ese momento.

6. **El método Input.GetKeyUp(KeyCode) devuelve:**

a) True si la tecla acaba de soltarse (será cierto solo durante un frame).

b) True si la tecla acaba de soltarse.

c) True si la tecla acaba de pulsarse (será cierto solo durante un frame).

d) True si la tecla acaba de pulsarse.

7. **El sistema de coordenadas WorldSpace:**

a) Es el lugar donde habitan los objetos de nuestra escena. Aquí el punto (0,0,0) es el origen.

b) Es el sistema de coordenadas de la pantalla del dispositivo donde estamos ejecutando nuestro juego.

c) Es el sistema de coordenadas de la pantalla del dispositivo donde estamos ejecutando nuestro juego pero "normalizado".

d) Es el lugar donde habitan los objetos de nuestra escena, pero "normalizado".

8. **El sistema de coordenadas ViewportSpace:**

a) Es el lugar donde habitan los objetos de nuestra escena. Aquí el punto (0,0,0) es el origen.

b) Es el sistema de coordenadas de la pantalla del dispositivo donde estamos ejecutando nuestro juego.

c) Es el sistema de coordenadas de la pantalla del dispositivo donde estamos ejecutando nuestro juego, pero "normalizado".

d) Es el lugar donde habitan los objetos de nuestra escena, pero "normalizado".

9. **Dónde puede ver cómo están configurados los input:**

a) Edit > Inputs

b) Edit > Project Settings

c) View > Project Settings

d) View > Inputs

10. **El atributo Size en una cámara de tipo Ortográfico es el número de unidades que separan:**

a) El centro de la pantalla (0,0) del borde en la vertical.

b) El centro de la pantalla (0,0,0) del borde en la vertical.

c) El centro de la pantalla (0,0) del borde en la horizontal.

d) El centro de la pantalla (0,0,0) del borde en la horizontal.

ACTIVIDAD 1

Como actividad se propone seguir avanzando en el tutorial Tanks realizando los pasos vistos en este capítulo.

GameManager

En esta unidad va a estudiar:

- La instrucción yield.
- Como crear, iniciar y parar corrutinas.
- Como crear ejecutables para PC y para Android.

Con su estudio, va a ser capaz de:

- Gestionar la lógica del juego mediante el uso de corrutinas.
- Añadir títulos y textos informativos de vidas, victorias, etc.
- Generar ejecutables para PC y para Android.

8.1 Introducción

En este último capítulo vamos a afrontar el desarrollo de una parte esencial en un videojuego. Tenemos que ver cómo controlar el estado global del videojuego, es decir, instanciar personajes, indicar el número de ronda, colocación de cámaras, coordinación entre escenas, etc.

Finalmente crearemos los ejecutables para PC y Android.

8.2 Corrutinas

Cuando llamamos a una función se ejecuta en su totalidad antes de devolver el control. Esto significa, efectivamente, que cualquier acción debe suceder en una sola actualización de frame; una llamada a una función no puede usarse para contener una animación procedimental o una secuencia de eventos en el tiempo.

Como ejemplo, considere el efecto de reducir gradualmente el valor alfa (alpha) de un objeto (opacidad) hasta que se vuelva completamente invisible. Si el código para conseguir el efecto se implementa en una función, esta se ejecutará en su totalidad en una sola actualización de frame y no obtendrá el efecto deseado.

Las corrutinas son métodos que pueden detener su ejecución, devolver el control al programa y, finalmente, continuar donde se quedaron más adelante.

– PARA SABER MÁS –
https://docs.unity3d.com/
es/530/Manual/Coroutines.
html

8.2.1 La instrucción yield

La instrucción `yield` se usa para devolver un valor y también se utiliza junto a los *iteradores* (las *corrutinas* son iteradores) para indicar si debemos o no continuar con la ejecución. Puede tomar dos formas:

`yield break` (Detiene instantáneamente la ejecución de la *corrutina*)

`yield return expresión`, donde dicha expresión puede valer:

- `WaitForSeconds`(float).
- `WaitForSecondsRealtime`(float). (Ignorando la escala de tiempo que podría haber sido alterada en la configuración del juego).
- `WaitForFixedUpdate`() (Espera a la finalización del método FixedUpdate.)
- `WaitUntil`(predicado). (Espera a que sea cierto el predicado pasado por parámetro.)
- `WaitWhile`(predicado.) (Espera mientras sea cierto el predicado pasado por parámetro.)
- `AsyncOperation` (Espera la finalización de operaciones asíncronas como la carga de escenas.)

8.2.2 Crear corrutinas

Una *corrutina* es un método que devuelve un objeto que implemente la interfaz `Enumerator`. Es decir, un `IEnumerator`. Además debe contener al menos una instrucción `yield` (¡aunque no se use nunca!).

```
IEnumerator CounterCoroutine()

{

    counter = 0f;

    while(counter < 1)

    {

        counter += .1f;
```

```
        Debug.Log("Contador : "+counter);

        yield return new WaitforSeconds(1f);

    }

}
```

Algunos métodos de Unity pueden ser *corrutinas* como `Start`. En lugar de declararlo de tipo `void` lo tendríamos que declarar como `IEnumerator` para que se comporte como una *corrutina*.

8.2.3 Iniciar corrutinas

Podemos ejecutar una *corrutina* usando el método `StartCoroutine()`, que tiene los siguientes parámetros:

- Cadena con nombre de la *corrutina*. Como máximo un parámetro:

```
StartCoroutine(string, [param])
```

- Pasándole un parámetro IEnumerator:

```
StartCoroutine(IEnumerator)
```

```
void Update()
{
    if(Input.GetKeyDown(KeyCode.C))
    {
        StartCoroutine(MiPrimeraCorrutina());
    }
}

1 referencia
IEnumerator MiPrimeraCorrutina()
{
    Debug.Log("Soy la corrutina, y voy a esperar un par de segundos");
    yield return new WaitForSeconds(2f);
    Debug.Log("Ya he esperado");
}
```

[12:17:31] Soy la corrutina, y voy a esperar un par de segundos
UnityEngine.Debug:Log (object)

[12:17:33] Ya he esperado
UnityEngine.Debug:Log (object)

Figura 8.1 Ejemplo de uso de corrutina. En cada fotograma comprueba si se pulsa la tecla C. Si dicha tecla es pulsada se lanza la corrutina que espera 2 segundos.

Como se aprecia en el ejemplo de la imagen anterior, para iniciar la corrutina puede utilizar el método `StartCoroutine` con un parámetro de entrada de tipo `IEnumerator`.

```
void Update()
{
    if(Input.GetKeyDown(KeyCode.C))
    {
        StartCoroutine("MiPrimeraCorrutina");
    }
}

0 referencias
IEnumerator MiPrimeraCorrutina()
{
    Debug.Log("Soy la corrutina, y voy a esperar un par de segundos");
    yield return new WaitForSeconds(2f);
    Debug.Log("Ya he esperado");
}
```

Figura 8.2 En este ejemplo, la llamada se hace utilizando una cadena y no puede llevar más parámetros.

8.2.4 Detener corrutinas

Para detener una *corrutina* lo podemos hacer usando el método `StopCoroutine`, el cual tiene las siguientes sobrecargas:

- StopCoroutine(string)
- StopCoroutine(IEnumerator)

```csharp
public class GameController : MonoBehaviour
{
    float counter;
    IEnumerator miCorrutina;

    // Start is called before the first frame update
    private void Start()
    {    }

    // Update is called once per frame
    void Update()
    {
        if(Input.GetKeyDown(KeyCode.C))
        {
            miCorrutina = MiPrimeraCorrutina(2f);
            StartCoroutine(miCorrutina);
        }
        if (Input.GetKeyDown(KeyCode.S))
        {
            miCorrutina = MiPrimeraCorrutina(2f);
            StopCoroutine(miCorrutina);
        }
    }

    IEnumerator MiPrimeraCorrutina(float t)
    {
        Debug.Log("Soy la corrutina, y voy a esperar un par de segundos");
        yield return new WaitForSeconds(t);
        Debug.Log("Ya he esperado");
    }
}
```

Figura 8.3 Ejemplo de parada de corrutina. En cada fotograma comprueba si se pulsa la tecla S. Si dicha tecla es pulsada se para la corrutina.

Y para detener todas las *corrutinas* asociadas al GameObject podemos utilizar el método StopAllCoroutines().

8.2.5 Concatenar corrutinas

En ocasiones, será necesario que las corrutinas deban esperar la finalización de otra corrutina.

```
yield return StartCoroutine(IEnumerator)
```

```csharp
public class GameController : MonoBehaviour
{
    IEnumerator miCorrutina;

    // Start is called before the first frame update
    private void Start()
    {    }
    // Update is called once per frame
    void Update()
    {
        if(Input.GetKeyDown(KeyCode.C))
        {
            StartCoroutine(PrimeraCorrutina(2f));
        }
    }
    IEnumerator PrimeraCorrutina(float t)
    {
        Debug.Log("Soy la corrutina, y voy a esperar "+ t +" segundos");
        yield return StartCoroutine(OtraCorrutina(t * 2));
        Debug.Log("La OtraCorrutina ya ha terminado");
        yield return new WaitForSeconds(t);
        Debug.Log("Ahora termina la PrimeraCorrutina");
    }
    IEnumerator OtraCorrutina(float t)
    {
        Debug.Log("Soy la OtraCorrutina, y voy a esperar " + t + " segundos");
        yield return new WaitForSeconds(t);
        Debug.Log("Ya he esperado");
    }
}
```

```
[13:02:26] Soy la corrutina, y voy a esperar 2 segundos
UnityEngine.Debug:Log (object)

[13:02:26] Soy la OtraCorrutina, y voy a esperar 4 segundos
UnityEngine.Debug:Log (object)

[13:02:30] Ya he esperado
UnityEngine.Debug:Log (object)

[13:02:30] La OtraCorrutina ya ha terminado
UnityEngine.Debug:Log (object)

[13:02:32] Ahora termina la PrimeraCorrutina
UnityEngine.Debug:Log (object)
```

Figura 8.4 Ejemplo de llamada a otra corrutina dentro de una corrutina que ya está iniciada.

Incluso podemos ejecutar corrutinas en "paralelo" (dentro del mismo frame):

```
Coroutine b = StartCoroutine(IEnumerator);

        ...

yield return b;
```

```
public class GameController : MonoBehaviour
{
    IEnumerator miCorrutina;

    // Start is called before the first frame update
    ⊕ Mensaje de Unity | 0 referencias
    private void Start()
    {   }
    // Update is called once per frame
    ⊕ Mensaje de Unity | 0 referencias
    void Update()
    {
        if(Input.GetKeyDown(KeyCode.C))
        {
            StartCoroutine(PrimeraCorrutina(2f));
        }
    }
    1 referencia
    IEnumerator PrimeraCorrutina(float t)
    {
        Debug.Log("Soy la corrutina, y voy a esperar "+ t +" segundos");
        yield return StartCoroutine(OtraCorrutina(t * 2));
        Debug.Log("La OtraCorrutina ya ha terminado");
        yield return new WaitForSeconds(t);
        Debug.Log("Ahora termina la PrimeraCorrutina");
    }
    1 referencia
    IEnumerator OtraCorrutina(float t)
    {
        Debug.Log("Soy la OtraCorrutina, y voy a esperar " + t + " segundos");
        yield return new WaitForSeconds(t);
        Debug.Log("Ya he esperado");
    }
```

```
[13:02:26] Soy la corrutina, y voy a esperar 2 segundos
UnityEngine.Debug:Log (object)

[13:02:26] Soy la OtraCorrutina, y voy a esperar 4 segundos
UnityEngine.Debug:Log (object)

[13:02:30] Ya he esperado
UnityEngine.Debug:Log (object)

[13:02:30] La OtraCorrutina ya ha terminado
UnityEngine.Debug:Log (object)

[13:02:32] Ahora termina la PrimeraCorrutina
UnityEngine.Debug:Log (object)
```

Figura 8.5 Ejemplo de llamada a otra corrutina dentro de una corrutina que ya está iniciada.

8.3 Tutorial Tanks – GameManager

Para comprender los ejemplos anteriores, lo mejor es implementar el bucle principal del "tutorial Tanks" que se ha venido desarrollando durante los capítulos anteriores.

La lógica del juego se implementará en el script GameManager, pero antes de pasar a implementar dicho script aún debe crear algunos elementos más del juego.

Figura 8.6 Primero debe crear dos objetos (SpawnPoint – Punto de aparición) vacíos que serán donde aparecerán los tanques de los jugadores.

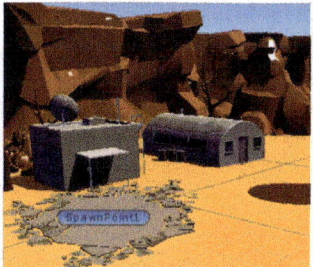

Figura 8.7 Para poder ver su posición en la escena vamos a utilizar los iconos de colores que nos proporciona la pestaña Inspector. Azul para el jugador 1 y Rojo para el jugador 2.

8.3.1 Títulos y mensajes

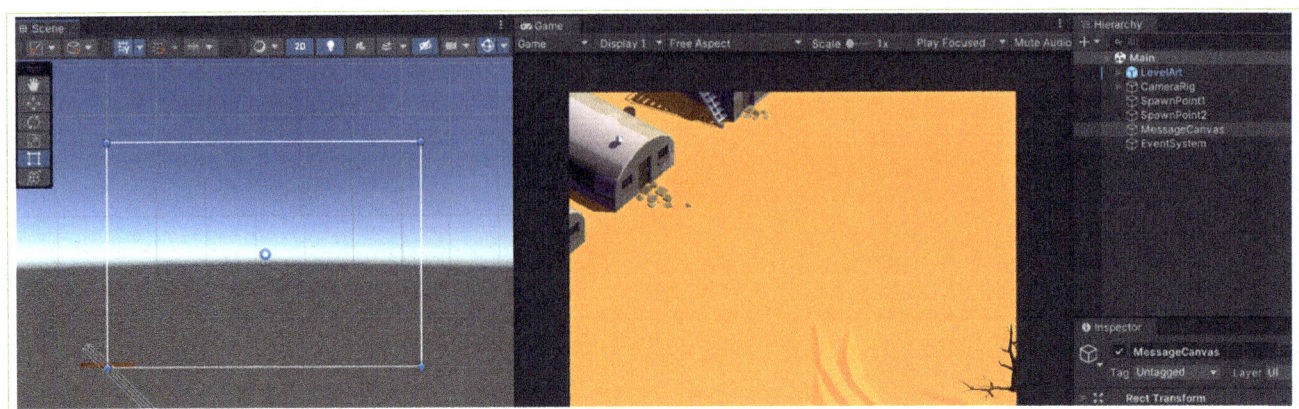

Figura 8.8 Cree un nuevo objeto tipo "Canvas" llamado "MessageCanvas".

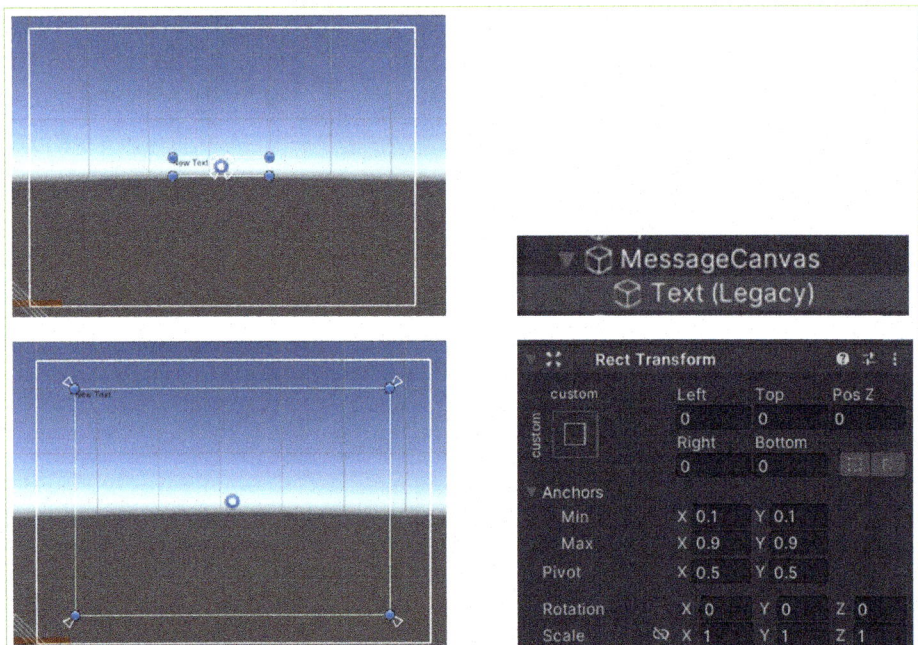

Figura 8.9 Añada un objeto de tipo texto como hijo del "Canvas".

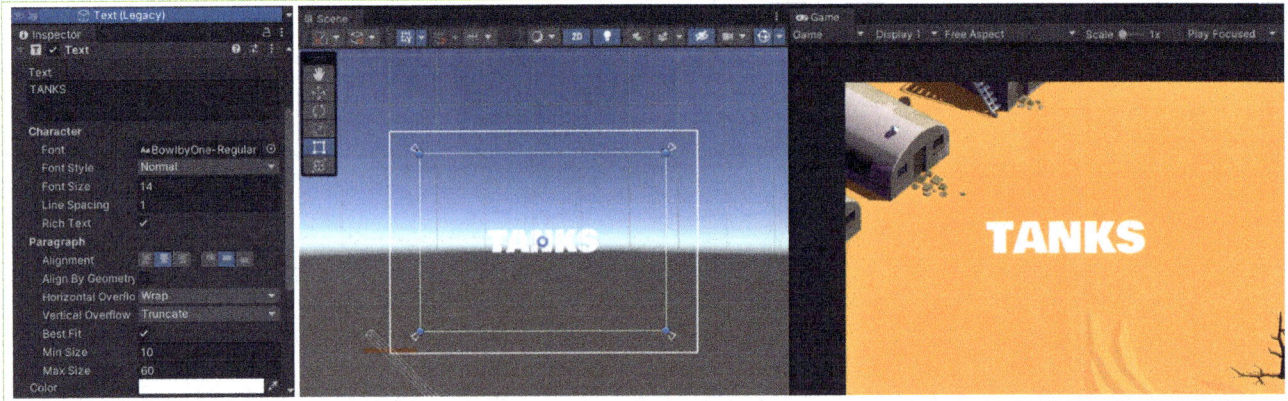

Figura 8.10 Añada un objeto de tipo texto como hijo del "Canvas".

Cambie el tipo de fuente, seleccionando BowlbyOne, la alineación debe ser centrada. Al marcar la casilla "Best Fit" el texto crecerá y decrecerá según el tamaño de pantalla. Además, cambie el tamaño máximo a 60 y el color a blanco.

Para conseguir el efecto de sombra, añada al propio texto un componente Shadow.

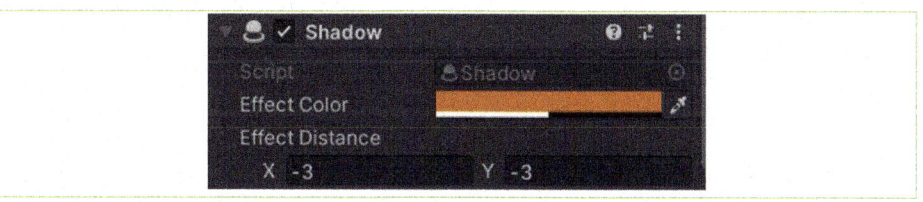

Figura 8.11 En "Effect Distance" se indica por dónde desea que aparezca la sombra.

Al haber eliminado el tanque de la escena, ya que serán instanciados por código, debe cambiar el script `CameraControl`, ya que en dicho script se creaba un array de tanques y para realizar pruebas se asignaban "a mano" arrastrándolos a la pestaña Inspector.

```
public class CameraControl : MonoBehaviour
{
    public float m_DampTime = 0.2f;
    public float m_ScreenEdgeBuffer = 4f;
    public float m_MinSize = 6.5f;
    [HideInInspector] public Transform[] m_Targets;
```

Figura 8.12 Simplemente descomente [HideInspector].

8.3.2 La clase TankManager

```
using System;
using UnityEngine;

[Serializable]
1 referencia
public class TankManager
{
    public Color m_PlayerColor;
    public Transform m_SpawnPoint;
    [HideInInspector] public int m_PlayerNumber;
    [HideInInspector] public string m_ColoredPlayerText;
    [HideInInspector] public GameObject m_Instance;
    [HideInInspector] public int m_Wins;


    private TankMovement m_Movement;
    private TankShooting m_Shooting;
    private GameObject m_CanvasGameObject;
```

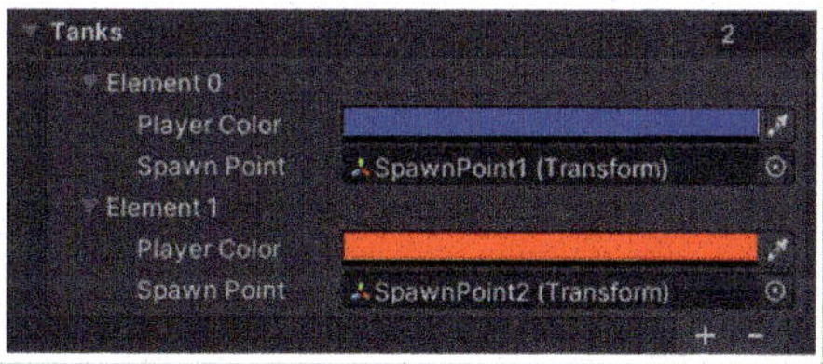

Figura 8.13 Esta clase no se puede asignar a ningún objeto, ya que no hereda de la clase Object de Unity.

El objeto `GameManager` tiene un array de objetos de tipo `TankManager`
`public TankManager[] m_Tanks;`

`[Serializable]` indica los atributos de estos objetos que pueden mostrarse en el Inspector.

`[HideInspector]` indica que aunque sean públicas, no se muestren en la pestaña Inspector. Estas variables se inicializan en el script `GameManager.cs`.

La variable `m_Instance` de tipo `GameObject` contiene una referencia al objeto tanque instanciado. Es decir, cada tanque del juego tendrá su "TankManager", el cual contendrá una referencia a su instancia.

La variable `m_CanvasGameObject` de tipo `GameObject` contiene una referencia al objeto "Canvas" del tanque. Es decir, una referencia a la barra de energía del tanque. Al finalizar una partida será desactivado mientras el juego cambia a la siguiente ronda.

La variable `m_Movement` de tipo `TankMovement` y la variable `m_Shooting` de tipo `TankShooting` serán utilizadas para desactivar esos scripts cuando se termine una partida, ya que no queremos que los tanques se puedan seguir moviendo y disparando una vez finalizada una partida. Se activarán al iniciarse la siguiente ronda.

8.3.2.1 Métodos de TankManager

```csharp
public void Setup()
{
    m_Movement = m_Instance.GetComponent<TankMovement>();
    m_Shooting = m_Instance.GetComponent<TankShooting>();
    m_CanvasGameObject = m_Instance.GetComponentInChildren<Canvas>().gameObject;

    m_Movement.m_PlayerNumber = m_PlayerNumber;
    m_Shooting.m_PlayerNumber = m_PlayerNumber;

    m_ColoredPlayerText = "<color=#" + ColorUtility.ToHtmlStringRGB(m_PlayerColor) + ">PLAYER " + m_PlayerNumber + "</color>";

    MeshRenderer[] renderers = m_Instance.GetComponentsInChildren<MeshRenderer>();

    for (int i = 0; i < renderers.Length; i++)
    {
        renderers[i].material.color = m_PlayerColor;
    }
}
```

Figura 8.14 Método Setup() de la clase TankManager.

En el método `Setup()` se obtienen las referencias al tanque, al disparo y al Canvas del tanque. También se asigna el número de jugador a `m_Movement` y a `m_Shooting`.

Lo siguiente que hace el método `Setup()` es crear una cadena con el texto "PLAYER" con etiquetas que le dan un color establecido en `m_PlayerColor`.

De la instancia del tanque, obtiene de los componentes hijos su MeshRenderer.

```csharp
public void DisableControl()
{
    m_Movement.enabled = false;
    m_Shooting.enabled = false;

    m_CanvasGameObject.SetActive(false);
}
1 referencia
public void EnableControl()
{
    m_Movement.enabled = true;
    m_Shooting.enabled = true;

    m_CanvasGameObject.SetActive(true);
}
1 referencia
public void Reset()
{
    m_Instance.transform.position = m_SpawnPoint.position;
    m_Instance.transform.rotation = m_SpawnPoint.rotation;

    m_Instance.SetActive(false);
    m_Instance.SetActive(true);
}
```

Figura 8.15 Métodos para habilitar o deshabilitar el movimiento y el disparo de los tanques.

Deshabilita los componentes de movimiento, disparo y la barra de energía. Como el Canvas es un objeto hay que desactivarlo con `SetActive()`. Los componentes se desactivan con `enabled`.

El método `Reset()` será invocado al iniciar cada partida. En dicho método se vuelven a poner los tanques en su punto de aparición. Después, dado que al finalizar una partida habrá un único tanque en escena (el otro habrá perdido y ya estará desactivado) para asegurarnos que todos los tanques son desactivados y activados de nuevo se ejecutan las dos líneas finales.

8.3.3 Objeto "GameManager"

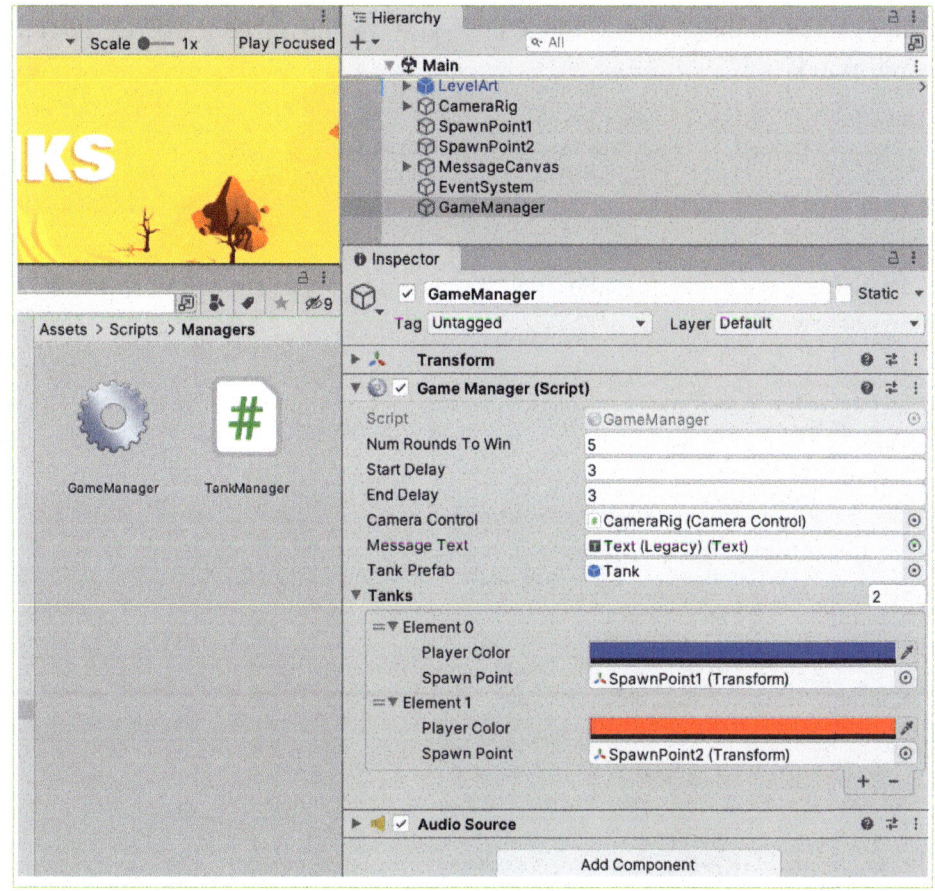

Figura 8.16 Añada en la pestaña Jerarquía un nuevo objeto denominado "GameManager".

A este nuevo objeto se le añadirán como componentes el script GameManager que contiene, entre otros, los siguientes atributos:

- Número de rondas que un jugador debe ganar para salir vencedor del juego.

- "Start Delay" para indicar el tiempo (3 segundos) antes de iniciar una nueva partida.

- "End Delay" para iniciar el tiempo (3 segundos) antes de finalizar la partida. Durante este tiempo se visualizará un mensaje indicando cuál ha sido el jugador que ha vencido.

El array de tanques se inicializa a dos ya que solo hemos puesto dos puntos de inicio en la escena. Además, puede configurar el color de cada uno de ellos y asociar su punto de aparición a los objetos que ha creado anteriormente.

8.3.3.1 Atributos del script GameManager

```
public class GameManager : MonoBehaviour
{
    public int m_NumRoundsToWin = 5;
    public float m_StartDelay = 3f;
    public float m_EndDelay = 3f;
    public CameraControl m_CameraControl;
    public Text m_MessageText;
    public GameObject m_TankPrefab;
    public TankManager[] m_Tanks;


    private int m_RoundNumber;
    private WaitForSeconds m_StartWait;
    private WaitForSeconds m_EndWait;
    private TankManager m_RoundWinner;
    private TankManager m_GameWinner;
```

Figura 8.17 Entre sus atributos destacan: el número de partidas para ganar, tiempos de espera, control de cámaras, etc.

La variable `m_RoundNumber` se utilizará para indicar el número de ronda.

La variable `m_StartWait` de tipo `WaitForSeconds`, tiempo de espera inicial. Durante este tiempo se visualizarán los textos "Round 1", "Round 2", etc., según corresponda.

La variable `m_EndWait` de tipo `WaitForSeconds`, tiempo de espera final. Durante este tiempo se visualizarán los textos "Ha ganado jugador…".

La variable `m_RoundWinner` de tipo `TankManager` referencia al tanque que ha ganado la ronda.

La variable `m_GameWinner` de tipo `TankManager` referencia al tanque que ha ganado el juego.

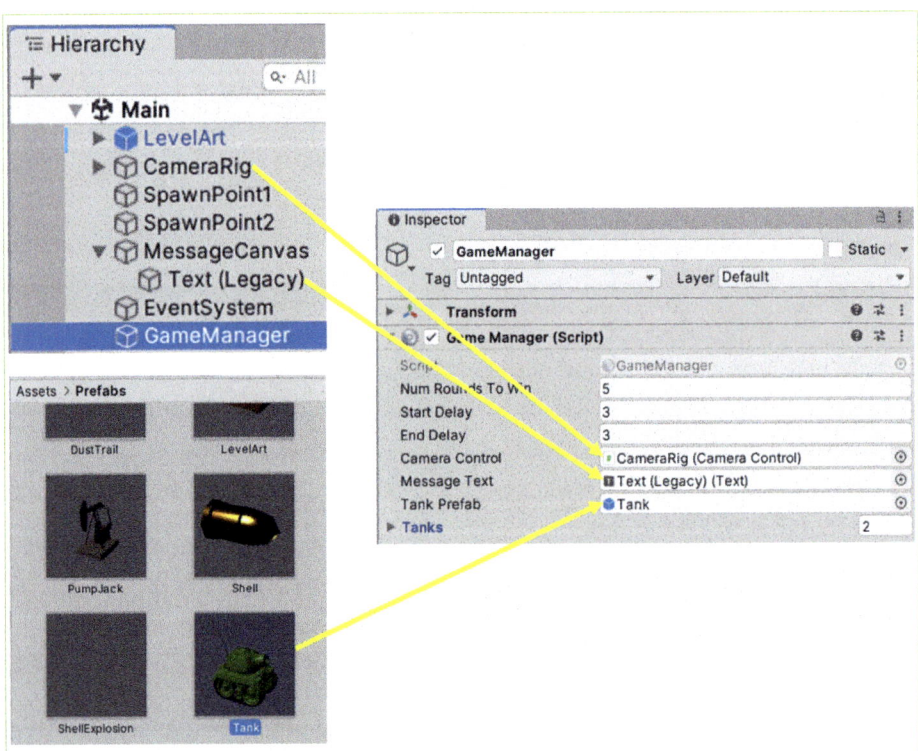

Figura 8.18 Arrastre los objetos al script donde serán referenciados.

8.3.3.2 Métodos de GameManager

```
private void Start()
{
    m_StartWait = new WaitForSeconds(m_StartDelay);
    m_EndWait = new WaitForSeconds(m_EndDelay);

    SpawnAllTanks();
    SetCameraTargets();

    StartCoroutine(GameLoop());
}
```

Figura 8.19 Método Start() del GameManager.

En el método `Start()` se inicializan los tiempos de espera, después se llama al método `SpawnAllTanks()` que instancia y coloca los tanques en su punto de partida.

El método `SetCameraTargets()` coloca la cámara según el punto donde se encuentren los tanques y finalmente se inicia la corrutina `GameLoop()`.

```csharp
private void SpawnAllTanks()
{
    for (int i = 0; i < m_Tanks.Length; i++)
    {
        m_Tanks[i].m_Instance =
            Instantiate(m_TankPrefab, m_Tanks[i].m_SpawnPoint.position, m_Tanks[i].m_SpawnPoint.rotation) as GameObject;
        m_Tanks[i].m_PlayerNumber = i + 1;
        m_Tanks[i].Setup();
    }
}
```

Figura 8.20 Método SpawnAllTanks () del GameManager.

Va instanciando los tanques que tenemos en el array de objetos `TankManager`. Y para cada uno de ellos llama a su método `Setup()`.

La instancia se guarda en la variable `m_Instance` que tienen los objetos de tipo `TankManager`.

```csharp
private void SetCameraTargets()
{
    Transform[] targets = new Transform[m_Tanks.Length];

    for (int i = 0; i < targets.Length; i++)
    {
        targets[i] = m_Tanks[i].m_Instance.transform;
    }

    m_CameraControl.m_Targets = targets;
}
```

Figura 8.21 Método SetCameraTargets() del GameManager.

En el método `SetCameraTargets()` se crea un array de `Transform` con tantos elementos como tanques haya instanciados. En cada `Transform` se guarda la posición de los tanques instanciados. Debe recordar que en el script del `CameraControl` se incluye un array de `Transforms`.

```csharp
private IEnumerator GameLoop()
{
    yield return StartCoroutine(RoundStarting());
    yield return StartCoroutine(RoundPlaying());
    yield return StartCoroutine(RoundEnding());

    if (m_GameWinner != null)
    {
        SceneManager.LoadScene(0);
    }
    else
    {
        StartCoroutine(GameLoop());
    }
}
```

Figura 8.22 Corrutina GameLoop().

En la corrutina `GameLoop()` se inician a su vez tres corrutinas. Una vez finalizadas las corrutinas se pregunta por la variable `m_GameWinner` de tipo `TankManager`. Si es distinta de nulo se carga la escena inicial, es decir, *vuelve a iniciarse la partida* y si es nula se vuelve a iniciar la corrutina `GameLoop()`.

```csharp
private IEnumerator RoundStarting()
{
    ResetAllTanks(); //llama al Reset() de cada tanque
    DisableTankControl(); //llama DisableControl() de cada tanque

    m_CameraControl.SetStartPositionAndSize();//Posiciona la cámara para una nueva ronda
    m_RoundNumber++;   //Incrementa el número de ronda

    m_MessageText.text = "ROUND " + m_RoundNumber;

    yield return m_StartWait;  //Espera tantos segundos como indique m_StartWait
}
```

Figura 8.23 Corrutina RoundStarting(). Mostrará el texto "ROUND …" durante tres segundos.

```
private IEnumerator RoundPlaying()
{//Activación de los controles de los tanques
 //Espera hasta victoria de un jugador

    EnableTankControl();
    m_MessageText.text = string.Empty;
    while (!OneTankLeft()) { //Mientras no haya un único tanque en la escena
        yield return null; //Esperamos un fotograma
    }
}
```

Figura 8.24 Corrutina RoundPlaying(). En ejecución mientras haya más de un tanque en escena.

```
private void EnableTankControl()
{
    for (int i = 0; i < m_Tanks.Length; i++)
    {
        m_Tanks[i].EnableControl();
    }
}
```

```
private bool OneTankLeft()
{
    int numTanksLeft = 0;

    for (int i = 0; i < m_Tanks.Length; i++)
    {
        if (m_Tanks[i].m_Instance.activeSelf)
            numTanksLeft++;
    }

    return numTanksLeft <= 1;
}
```

Figura 8.25 Métodos de objetos de tipo TankManager.

El método `EnableTankControl()` recorre el array de objetos de tipo `Tank-Manager` llamando a su método `EnableControl()` que activa el movimiento, el disparo y la barra de energía del tanque.

El método `OneTankLeft()` (falta un tanque) recorre el array de objetos de tipo `TankManager` preguntando a la instancia por su atributo `activeSelf`. Al final del bucle *for* se sabrá si solo queda un tanque en escena.

```
private IEnumerator RoundEnding()
{
    DisableTankControl();
    m_RoundWinner = GetRoundWinner(); //Devuelve referencia (TankManager) al tanque que ha ganado ronda
    if (m_RoundWinner != null)
    {
        m_RoundWinner.m_Wins++;
    }
    m_GameWinner = GetGameWinner(); //Devuelve referencia (TankManager) al tanque que ha ganado partida
    string message = EndMessage(); //Escribe el mensaje que se mostrará según resultado de la ronda o partida
    m_MessageText.text = message;

    yield return m_EndWait; //Esperamos los segundos indicados mostrando el mensaje
}
```

Figura 8.26 Corrutina RoundEnding().

En la corrutina `RoundEnding()` se obtiene la referencia al tanque que ha ganado la ronda y se incrementa su número de rondas ganadas, después llama al método `GetGameWinner()`.

```
private TankManager GetGameWinner()
{
    for (int i = 0; i < m_Tanks.Length; i++)
    {
        if (m_Tanks[i].m_Wins == m_NumRoundsToWin)
            return m_Tanks[i];
    }

    return null;
}
```

Figura 8.27 Método GetGameWinner().

El método `GetGameWinner()` recorre el array de objetos de tipo `TankManager` preguntando a la instancia por su atributo `m_Wins`. Si dicho atributo es igual a 5 significa que ese jugador (tanque) ha ganado la partida. Si no encuentra ninguno, devolverá nulo.

Tras la ejecución de este método, se llama al método `EndMessage()`.

```csharp
private string EndMessage()
{
    string message = "DRAW!";

    if (m_RoundWinner != null)
        message = m_RoundWinner.m_ColoredPlayerText + " WINS THE ROUND!";

    message += "\n\n\n\n";

    for (int i = 0; i < m_Tanks.Length; i++)
    {
        message += m_Tanks[i].m_ColoredPlayerText + ": " + m_Tanks[i].m_Wins + " WINS\n";
    }

    if (m_GameWinner != null)
        message = m_GameWinner.m_ColoredPlayerText + " WINS THE GAME!";

    return message;
}
```

Figura 8.28 Método EndMessage().

Inicializa la cadena mensaje que devolverá el método, con la palabra DRAW (en su acepción "*empate*"). Si no se cumple ninguna de las condiciones, será ese el mensaje mostrado.

En caso de encontrar un ganador, cambia la cadena buscando el color del ganador y añadiendo el texto que indica si ha ganado una ronda o la partida.

Figura 8.29 Textos mostrados en los mensajes.

8.4 Crear un ejecutable

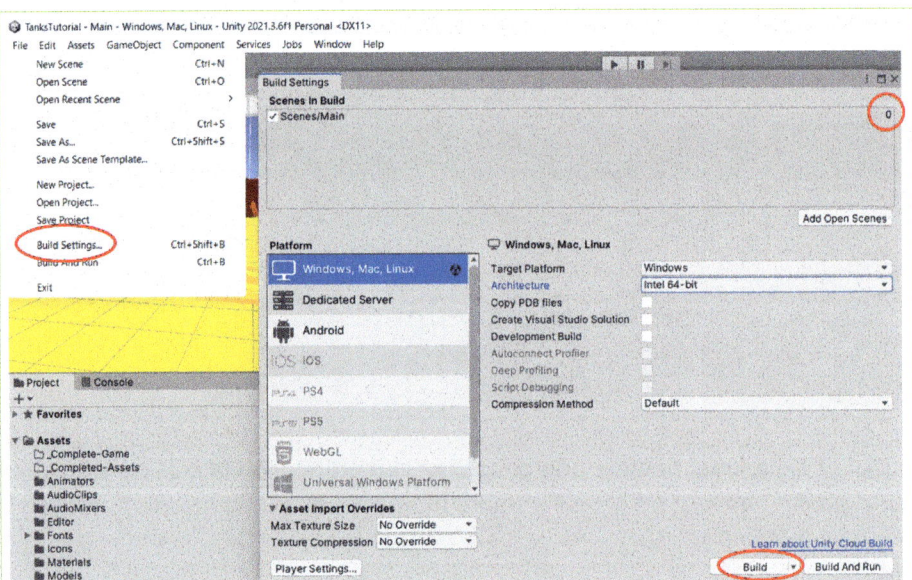

Figura 8.30 Build Settings.

Podemos especificar las escenas (parte superior – Scenes in Build) que se deben incluir. No importa el orden. Eso sí, la marcada en primer lugar será la primera que ejecutará Unity.

Puede modificar otras características pulsando en Player Settings.

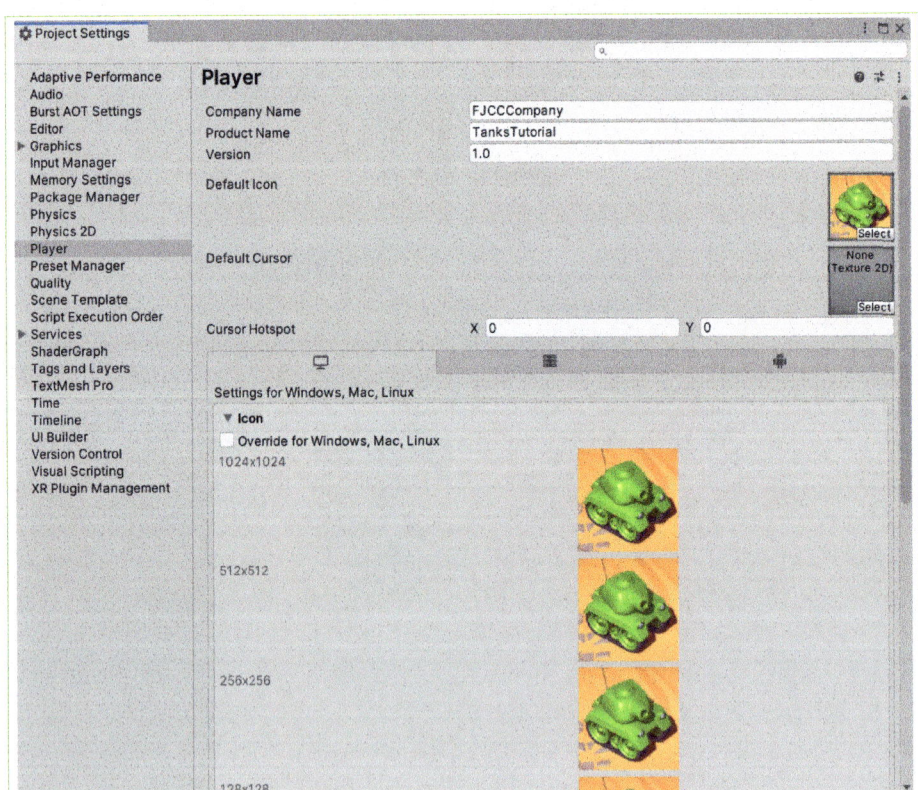

Figura 8.31 Project Settings.

Otras características que puede configurar son el nombre de la compañía, el nombre del producto, la versión y el icono que se mostrará junto al fichero ejecutable.

Figura 8.32 Archivos generados una vez pulsado el botón Build.

El ejecutable, apk o html generado tendrá el nombre que hayamos especificado en la opción *Product Name* de *Player Settings*.

Al terminar la construcción, Unity abre el directorio del juego compilado:

- *productName_Data/*: Directorio que contiene los recursos, librerías, etc., del juego.

- *productName.exe*: El ejecutable del juego.

- Otros directorios o librerías internas de Unity como *MonoBleedingEdge/* o *UnityPlayer.dll*.

En lugar de crear un ejecutable para Windows puede que quiera crear un APK para Android:

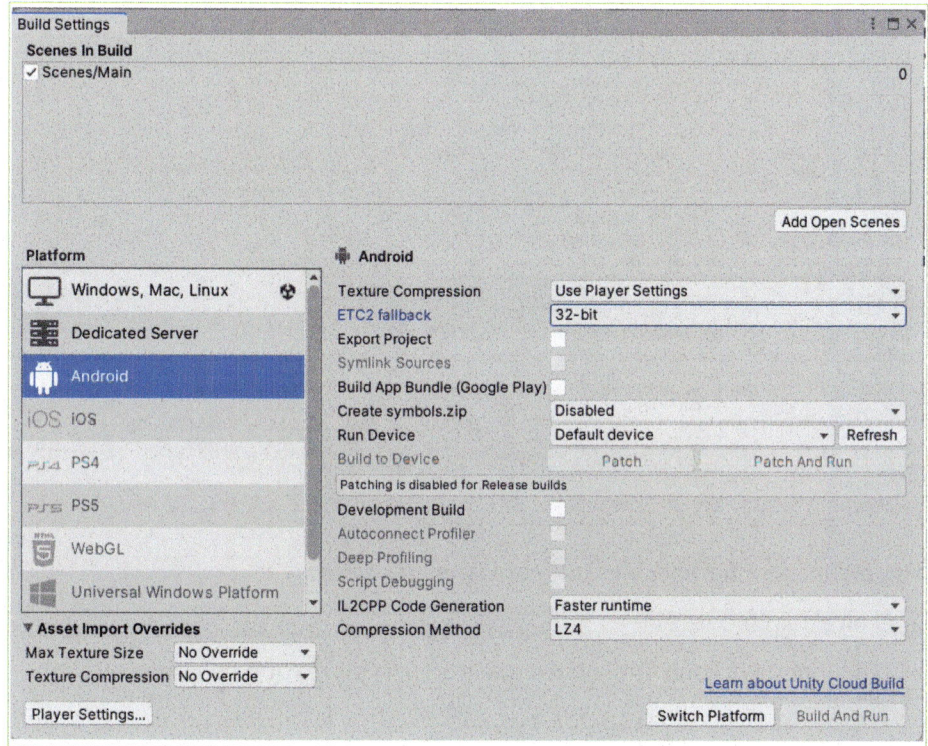

Figura 8.33 Seleccione la plataforma Android y pulse en la parte inferior derecha el botón Switch Platform.

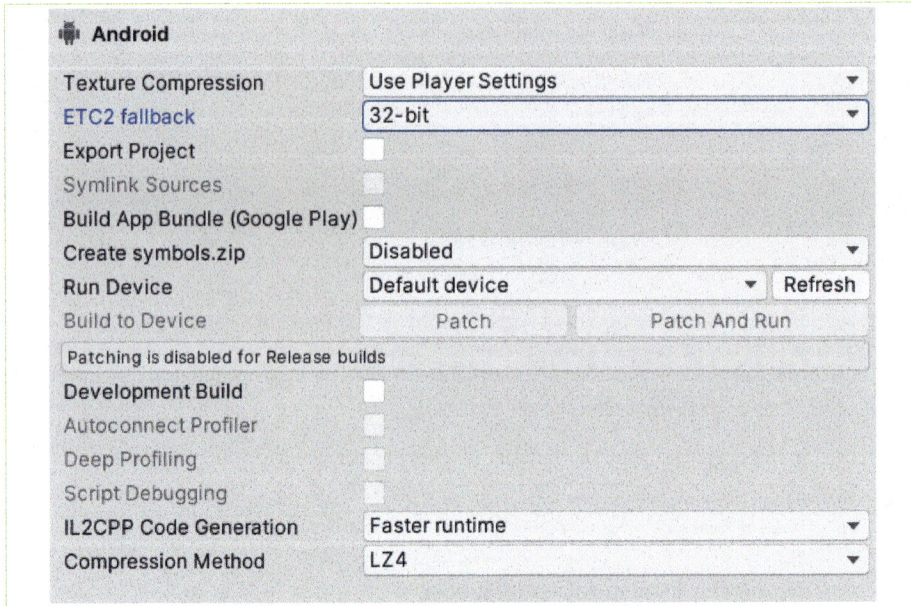

Figura 8.34 Build Settings para Android.

Antes de generar el ejecutable conviene modificar las características del proyecto, en este caso ajustando las que sean propias de Android. Pulse el botón **Player Settings...** para configurar dichas características.

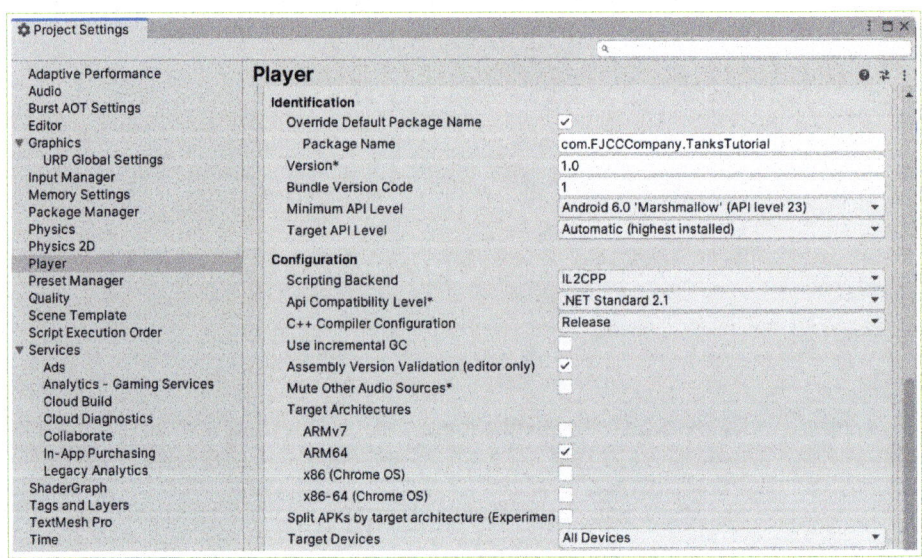

Figura 8.35 Project Settings para Android.

— PARA SABER MÁS —
https://docs.unity3d.com/
es/2018.4/Manual/android-
BuildProcess.html

Hay algunas configuraciones que conviene especificar:

• El nivel mínimo de API.

• El Scripting Backend es el marco que potencia la creación de scripts en Unity.

  ○ IL2CPP convierte el código C# en código C++ y luego crea un archivo binario nativo para la plataforma de destino, lo que ofrece un mejor soporte en varias plataformas.

• Arquitectura de destino. El procesador mínimo requerido para el dispositivo Android.

Al presionar **Build**, se le indicará a Unity que empaquete el proyecto y lo guarde como un archivo .APK que deberá transferirse manualmente al dispositivo Android. Al seleccionar **Build and Run**, con un dispositivo especificado para ejecutarlo, no solo empaquetará y guardará el proyecto como un archivo .APK, sino que también instalará la aplicación en el dispositivo y la ejecutará automáticamente.

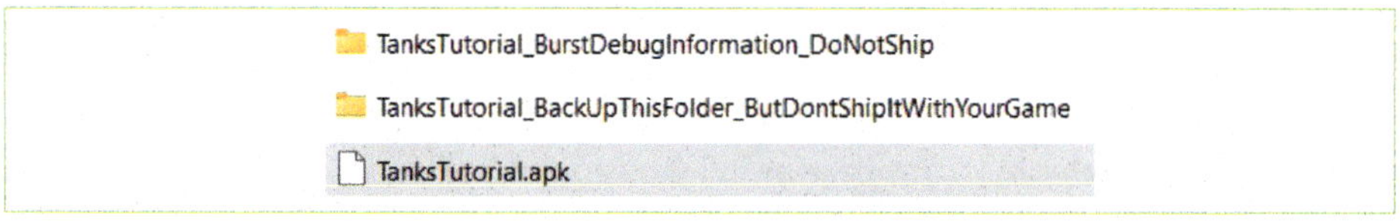

Figura 8.36 APK para Android.

RESUMEN

- Cuando llamamos a una función se ejecuta en su totalidad antes de devolver el control. Esto significa, efectivamente, que cualquier acción debe suceder en una sola actualización de frame; una llamada a una función no puede usarse para contener una animación procedimental o una secuencia de eventos en el tiempo.

- Las corrutinas son métodos que pueden detener su ejecución, devolver el control al programa y, finalmente, continuar donde se quedaron más adelante.

- La instrucción yield se usa para devolver un valor y también se utiliza junto a los *iteradores* (las *corrutinas* son iteradores) para indicar si debemos o no continuar con la ejecución.

- Una *corrutina* es un método que devuelve un objeto que implemente la interfaz Enumerator. Es decir, un IEnumerator. Además debe contener al menos una instrucción yield.

- Podemos ejecutar una corrutina usando el método StartCoroutine(). Como parámetros puede recibir una cadena o un IEnumerator.

- Para detener una corrutina podemos usar el método StopCoroutine(). Como parámetros puede recibir una cadena o un IEnumerator.

- Cuando creamos un ejecutable, en File > Build Settings, podemos especificar las escenas (parte superior – Scenes in Build) que se deben incluir y también se pueden modificar otras características (compañía, el nombre del producto, la versión y el icono que se mostrará junto al fichero ejecutable) pulsando en Player Settings.

- En Build Settings también podemos seleccionar la plataforma para la cual se generará el ejecutable.

- Si queremos generar un APK para Android hay algunas configuraciones en Player Settings que conviene especificar: el nivel mínimo de API, el Scripting Backend es el marco que potencia la creación de scripts en Unity. IL2CPP convierte el código C# en código C++ y luego crea un archivo binario nativo para la plataforma de destino, lo que ofrece un mejor soporte en varias plataformas y la arquitectura de destino, es decir, el procesador mínimo requerido para el dispositivo Android.

- Al presionar **Build**, se le indicará a Unity que empaquete el proyecto y lo guarde como un archivo .APK que deberá transferirse manualmente al dispositivo Android.

TEST DE EVALUACIÓN

1. Las corrutinas:

a) Son métodos que se ejecutan en un frame.

b) Son métodos que pueden detener su ejecución.

c) Son métodos que no pueden detener su la ejecución.

d) Son métodos que pueden detener su ejecución si no ha pasado un frame.

2. La instrucción `yield break`:

a) Detiene instantáneamente la ejecución de la corrutina.

b) Espera el tiempo indicado ignorando la escala de tiempo que podría haber sido alterada en la configuración del juego.

c) Detiene momentáneamente la ejecución de la corrutina.

d) Espera el tiempo indicado en segundos.

3. La instrucción `yield return WaitForSeconds(2f)`:

a) Detiene instantáneamente la ejecución de la corrutina.

b) Espera el tiempo indicado ignorando la escala de tiempo que podría haber sido alterada en la configuración del juego.

c) Detiene momentáneamente la ejecución de la corrutina.

d) Espera el tiempo indicado en segundos.

4. La instrucción `yield return WaitForFixedUpdate()`:

a) Espera a la finalización del método FixedUpdate.

b) Espera a que sea cierto el predicado pasado por parámetro.

c) Espera mientras sea cierto el predicado pasado por parámetro.

d) Solo se puede ejecutar dentro del método FixedUpdate.

5. El método `StartCoroutine`:

a) Solo puede recibir como parámetro de entrada un string.

b) Solo puede recibir como parámetro de entrada un IEnumerator.

c) Puede recibir como parámetro de entrada un string o un IEnumerator.

d) Puede recibir cualquier tipo de parámetro de entrada.

6. El script GameManager:

a) Será un componente de un objeto vacío.

b) Será un componente de un objeto tipo "Tank".

c) Será un componente de un objeto tipo "Camera".

d) Será un componente de un objeto tipo "IEnumerator".

7. En el "tutorial Tanks" la corrutina `GameLoop()`:

a) Se utiliza para cargar la escena inicial.

b) Se ejecuta una sola vez.

c) Inicia a su vez tres corrutinas.

d) Se ejecuta dos veces.

8. En el "tutorial Tanks" la corrutina `GameLoop()`:

a) Es iniciada en el método Setup().

b) Es iniciada en el método Start().

c) Es iniciada en el método Update().

d) Es iniciada en la propia corrutina.

9. El nombre del fichero ejecutable se especifica en:

a) Project Settings > Player > Package Name

b) Build Settings > Player > Product Name

c) Build Settings > Player > Package Name

d) Project Settings > Player > Product Name

10. Al pulsar en Build para generar el ejecutable de Unity:

a) Empaqueta y guarda el proyecto como un archivo .APK, además de instalar la aplicación en el dispositivo y ejecutarla automáticamente.

b) Empaqueta el proyecto y lo guarda como un archivo .APK que es transferido al dispositivo Android.

c) Empaqueta y guarda el proyecto como un archivo .APK, además de instalar la aplicación en el dispositivo.

d) Empaqueta el proyecto y lo guarda como un archivo .APK que deberá transferirse manualmente al dispositivo Android.

ACTIVIDADES

ACTIVIDAD 1

Como actividad se propone finalizar el "tutorial Tanks" realizando los pasos vistos en este capítulo.

ACTIVIDAD 2

Como actividad se propone generar un ejecutable para PC y otro para Android. Comprobar la instalación en un dispositivo móvil utilizando el APK generado.